Gostamos muito de tudo o que você escreveu nesse livro. É um guia muito abrangente que cobre todas as áreas essenciais. Este livro é muito útil para compreender a complexidade de uma equipe multicultural, o desafio de liderar essa equipe e como uma organização pode reestruturar, apoiar e ajudar os envolvidos, sejam eles líderes, membros ou mentores/treinadores. O livro dá muitos bons exemplos - é muito bem escrito e apresentado, e muito "substancioso".

Chiew Yoke e Phaik See Lee, Diretores Regionais da Ásia-Pacífico,<br>CME Internacional

O capítulo sobre conflitos é a melhor apresentação que já vi sobre formas interculturais de lidar com conflitos. Material extremamente necessário!

Treinador do Ministério com a Sociedade Missionária da Igreja,<br>Oriente Médio

Acho que este é o melhor livro que já li sobre o assunto, porque está atualizado, com muitas referências às pesquisas mais recentes e a par de toda a teoria mais recente. A bibliografia é uma mina de ouro. Ao mesmo tempo, é muito prático. Há muitas dicas e percepções para os líderes de equipe. Também é realista em relação à dor e à dificuldade de estabelecer equipes multiculturais que sejam realmente sinérgicas.

Julyan Lidstone, Líder de Área, Operação Mobilização,<br>Ásia Ocidental e Central

# LIDERANÇA DE EQUIPES MULTICULTURAIS

## POR EVELYN e RICHARD HIBBERT

visit us at missionbooks.org

*Liderança de equipes multiculturais*

Portuguese Edition Copyright @ 2025 por Evelyn e Richard Hibbert

Direitos autorais © 2014 por Evelyn e Richard Hibbert

Todos os direitos reservados. Nenhuma parte deste livro pode ser reproduzida, armazenada em um sistema de recuperação ou transmitida de qualquer forma ou por qualquer meio - eletrônico, mecânico, fotocópia, gravação ou outro - sem a permissão prévia por escrito do proprietário dos direitos autorais, exceto em breves citações usadas em conexão com artigos e resenhas em revistas ou jornais.

Salvo indicação em contrário, todas as citações das Escrituras foram extraídas da Bíblia Sagrada, New Living Translation, copyright © 1996, 2004, 2007, 2013 pela Tyndale House Foundation. Usado com a permissão da Tyndale House Publishers, Inc., Carol Stream, Illinois 60188. Todos os direitos reservados.

As citações das Escrituras marcadas com "NVI" foram extraídas da A BÍBLIA SANTA, NOVA VERSÃO INTERNACIONAL®, NVI® Copyright © 1973, 1978, 1984, 2011 por Biblica, Inc.® Usado com permissão. Todos os direitos reservados em todo o mundo.

Publicado por William Carey Publishing
10 W Dry Creek Circle
Littleton, CO 80120 | www.missionbooks.org

William Carey Publishing é um ministério da
Frontier Ventures
Pasadena, CA | www.frontierventures.org

ISBN: 978-1-64508-652-9 (paperback)
       978-1-64508-654-3 (epub)

Impreso en todo el mundo

29  28  27  26  25    1  2  3  4  5    IN

Library of Congress Catalog Number: 2024952439

# CONTEÚDO

Prefácio..................................................................vii
Agradecimentos ................................................... ix
*Capítulo 1*: O desafio de liderar equipes multiculturais..................1
*Capítulo 2*: Como as diferenças culturais afetam as equipes............19
*Capítulo 3*: Uma visão para a comunidade multicultural ...............47
*Capítulo 4*: Criação de uma comunidade multicultural
    saudável na equipe........................................69
*Capítulo 5*: Esclarecendo o objetivo e a abordagem da equipe...........93
*Capítulo 6*: Apreciando os membros da equipe ' personalidades,
    as funçõese e dons .......................................113
*Capítulo 7*: Gerenciando conflitos na equipe........................137
*Capítulo 8*: Qualidades de caráter a serem cultivadas ................165
*Capítulo 9*: Habilidades a serem trabalhadas........................183
*Capítulo 10*: Como as organizações podem apoiar os líderes
    de equipe ..............................................197
*Apêndice 1*: Perguntas para discussão sobre liderança................213
*Apêndice 2*: Identificando de suas suposições e expectativas ..........215
*Apêndice 3*: Inventário de líder de equipe multicultural ...............219
Bibliografia..........................................................221

# PREFÁCIO

Iniciamos nossa busca para fazer parte de uma equipe multicultural sinérgica há mais de vinte e cinco anos. Desde então, fizemos parte de muitos grupos que se autodenominavam equipes, mas apenas dois conseguiram sinergia - um multicultural e outro monocultural. Visitamos, treinamos e aconselhamos equipes e lecionamos sobre equipes em muitos países e contextos diferentes em todo o mundo. Equipes altamente eficazes, monoculturais ou multiculturais, são a exceção e não a regra em todos os contextos que vimos. Equipes multiculturais de alto desempenho são muito raras, mas não precisam ser assim.

Há uma maravilha e uma alegria em fazer parte de uma equipe que alcança a sinergia. Você quer se levantar todas as manhãs e estar com seus colegas. Há uma confiança de que vocês podem superar obstáculos juntos. Há uma expectativa sobre o que vocês conseguirão alcançar juntos. Há segurança em sentir que seus colegas de equipe estão 100% ao seu lado e sempre o apoiarão na frente dos outros. Há alegria em ver cada membro da equipe crescer e se desenvolver, e um prazer genuíno e contínuo em descobrir os diferentes pontos fortes que cada membro traz para a equipe. Fazer parte de uma equipe que se torna o que uma equipe deve ser é um privilégio incrível. Poucas equipes atingem esse estado de sinergia, mas ele está ao alcance da maioria das equipes. Alcançar a sinergia em equipes multiculturais requer um compromisso disciplinado com a construção de relacionamentos, especialmente durante a formação da equipe, e perseverança obstinada durante as grandes tempestades que surgem.

Este livro foi criado para ajudar líderes e organizações a ajudarem suas equipes a se tornarem altamente eficazes. Desenvolvemos as ideias deste livro refletindo sobre nossas experiências e estudando o que outros escreveram em muitos campos do conhecimento humano. Esses campos incluem estudos interculturais, antropologia cultural, missiologia, negócios, administração, estudos organizacionais, estudos sobre paz e conflitos, estudos sobre branquitude e indígenas, multiculturalismo, educação e justiça social. Às vezes, os cristãos podem pensar que não precisam aprender com os campos de estudo seculares. Mas muitas pessoas passaram muitos anos pesquisando e pensando sobre a interação humana em muitos contextos diferentes e obtiveram insights que podem nos ajudar a entender a dinâmica interpessoal e intercultural que ocorre no ambiente de uma equipe multicultural. Os líderes de equipes multiculturais, bem como os membros de suas equipes, precisam aprender continuamente, e temos muito a aprender com as pesquisas nessas áreas.

Se você não é cristão ou trabalha em uma organização secular, acreditamos que os princípios descritos neste livro sobre como facilitar o trabalho em equipe reflexivo, a comunidade saudável e os bons relacionamentos se aplicam a todas as equipes. Talvez você não ache as discussões bíblicas e teológicas sobre comunidade multicultural tão relevantes, mas a ênfase nos relacionamentos e na equidade nas estruturas organizacionais humanas é essencial para todas as equipes, assim como os insights sobre diferenças interculturais. Entrevistamos membros de equipes, líderes e supervisores de agências missionárias cristãs e organizações seculares como parte da pesquisa por trás deste livro. Nossos entrevistados enfatizaram qualidades de caráter como humildade e paciência; essas eram preocupações tanto dos supervisores, líderes e membros de equipes não cristãs quanto das cristãs.

Este livro começa descrevendo como é uma equipe saudável e estende isso às equipes multiculturais, considerando como as diferenças culturais afetam as equipes multiculturais e como é uma comunidade multicultural saudável. Em seguida, explora as implicações da compreensão dessas percepções para os líderes de equipes multiculturais, incluindo o que o líder precisa fazer para estabelecer a equipe, criar uma comunidade de equipe saudável, equilibrar personalidades e funções na equipe e gerenciar conflitos. Em seguida, são descritas as características e as competências de bons líderes de equipes multiculturais, e são exploradas as maneiras pelas quais os líderes podem desenvolvê-las. O livro termina com recomendações para as organizações sobre como selecionar e treinar líderes de equipes multiculturais e como desenvolver e fortalecer equipes multiculturais.

Recomendamos a aventura de fazer parte de uma equipe multicultural a todos que queiram experimentar a maravilha da sinergia que pode se desenvolver quando pessoas de origens muito diversas aprendem a apreciar umas às outras e a trabalhar juntas. No entanto, esteja preparado para uma viagem turbulenta! E só inicie a jornada se estiver convencido de que vale a pena chegar ao destino, pois será necessário muito comprometimento e perseverança para chegar lá. As equipes multiculturais são maravilhosas, mas também dão muito trabalho.

# AGRADECIMENTOS

Não poderíamos ter escrito este livro sem a ajuda de vários grupos de pessoas. Primeiramente, gostaríamos de agradecer aos nossos colegas de equipe que trabalharam conosco no Oriente Médio, na Bulgária, na Inglaterra e na Austrália. Vocês nos deram o privilégio de experimentar o que é alcançar mais juntos do que jamais poderíamos ter feito sozinhos. Este livro é o produto de sua luta conosco para descobrir como trabalhar juntos em equipes multiculturais.

Agradecemos também a todas as pessoas que entrevistamos sobre suas experiências de trabalho em outras equipes multiculturais. Vocês nos deram a esperança de que as equipes multiculturais podem funcionar e ser uma experiência profundamente enriquecedora. Suas experiências e percepções formaram uma parte vital deste livro. Agradecemos especialmente por estarem dispostos a compartilhar as dificuldades e a dor que sentiram durante o processo.

Um grupo dedicado de pessoas ocupadas, com muitos anos de experiência em trabalhar e liderar equipes multiculturais, dedicou um tempo de suas vidas ocupadas para revisar a primeira versão deste livro. Seus comentários e sugestões tornaram o produto final muito melhor do que seria de outra forma. Muito obrigado! Um dos revisores nos lembrou de que trabalhar em uma equipe multicultural é uma experiência transformadora. Mesmo quando é difícil, podemos ter certeza de que o Espírito de Deus está trabalhando em nós para nos moldar à imagem de Jesus.

Por fim, gostaríamos de agradecer a todos que acreditaram em nós e nos incentivaram ao longo dos anos. Sem seu incentivo, não teríamos tentado realizar essa tarefa. Agradecemos especialmente a Elizabeth Hentschel, que conduziu algumas das entrevistas enquanto visitava diferentes equipes ao redor do mundo.

# CAPÍTULO 1

# O DESAFIO DE LIDERAR EQUIPES MULTICULTURAIS

Liderar uma equipe multicultural é uma grande aventura. Mas também é uma tarefa complexa que envolve grandes desafios. Nos últimos vinte anos, à medida que nossas funções passaram de líderes de equipes missionárias para consultores e treinadores de equipes missionárias, conhecemos muitos líderes de equipes multiculturais que estão lutando contra esses desafios. Um líder nos disse: "Já participei de ... várias equipes multiculturais e, em pelo menos duas delas, se a pergunta fosse: 'As equipes multiculturais valem o esforço? Eu responderia inequivocamente que não". Outro líder admitiu: "Em um determinado momento da liderança de nossa equipe, comecei a duvidar do valor real das equipes multiculturais. Parecia muito trabalho duro com pouca recompensa em termos de eficácia do ministério."

Esses dois líderes não são os únicos a questionar se o esforço envolvido em equipes multiculturais vale a pena. Apesar desses questionamentos e dúvidas, as organizações, incluindo agências missionárias e igrejas, continuam a recrutar e formar equipes multiculturais, seja intencionalmente ou por necessidade. As equipes multiculturais realmente valem o esforço? Sim! Precisamos das respostas criativas para problemas complexos que as equipes multiculturais são capazes de gerar. Precisamos do compromisso mútuo que as equipes multiculturais eficazes oferecem para podermos lidar com as demandas do ministério em nosso mundo em rápida mudança. E precisamos de modelos práticos e bíblicos de harmonia intercultural em um mundo marcado por tensões interétnicas.

As equipes de ministérios multiculturais geralmente enfrentam desafios nas áreas de comunicação, tomada de decisões e administração de conflitos. Em nossas entrevistas com equipes de plantação de igrejas em uma grande agência missionária internacional, os membros da equipe relataram que seus líderes eram especialmente fracos no esclarecimento das expectativas e das funções dos membros da equipe e no enfrentamento de problemas. Eles e seus líderes de equipe sentiram fortemente a necessidade de mais apoio e treinamento nessas áreas. O Capítulo 10 abordará a questão de como as organizações podem apoiar mais proativamente seus líderes e equipes.

As pesquisas sobre equipes multiculturais sugerem que as equipes multiculturais têm o potencial de se tornarem excepcionalmente eficazes, mas também de sofrerem sérios conflitos. Em nossa própria pesquisa sobre equipes multiculturais de plantação de igrejas, descobrimos alguns relacionamentos seriamente prejudicados e muitos membros da equipe que sentiam que o estilo de liderança de seu líder estava prejudicando a eficácia da equipe.[1] Lorraine Dierck, uma missionária da Tailândia que estudou equipes missionárias multiculturais no país, descobriu que duas das doze equipes de sua pesquisa se desintegraram devido a conflitos interculturais.[2]

O fracasso de uma equipe ministerial pode ser uma experiência devastadora. Embora o conflito crônico nem sempre leve à dissolução da equipe, ele inevitavelmente resulta em danos aos relacionamentos. Os obreiros cristãos que não estão preparados para conflitos em relacionamentos de equipe esperam que a unidade e a harmonia sejam relativamente simples. Esse raramente é o caso. Conflitos e mal-entendidos são normais entre as pessoas em todos os contextos, mas na interação intercultural eles são muito ampliados. Os líderes de equipe precisam ser hábeis em administrar conflitos interculturais em suas equipes, e o capítulo 7 discute essa questão.

Uma das principais causas de conflito em equipes multiculturais são as diferenças entre os valores culturais dos membros da equipe. Paul Hiebert definiu cultura como "o sistema parcialmente integrado

---

1 Richard Hibbert, "Enhancing WEC Church Planting Teams: A Study of the Factors Influencing Their Effectiveness" (dissertação de mestrado, Universidade Internacional de Columbia, 2002), 167, 169.

2 Lorraine Dierck, "Teams That Work: Leadership, Power, and Decision-making in Multicultural Teams in Thailand" (dissertação de mestrado, Biola University, 2007), 9.

de ideias, sentimentos e valores codificados em padrões aprendidos de comportamento, sinais, produtos, rituais, crenças e visões de mundo compartilhados por uma comunidade de pessoas".[3] A cultura afeta todas as dimensões da experiência humana. Ela é inculcada em nós desde o nascimento e afeta profundamente a maneira como interagimos com outras pessoas.

Uma das funções mais poderosas da cultura é que ela define para os membros de cada grupo cultural o que é certo e aceitável e como as coisas devem ser feitas. Como nossa cultura é tão fundamental para quem somos, é difícil para nós entender e aceitar que o que parece óbvio para nós é apenas a perspectiva de nossa própria cultura. Essa atitude é chamada de etnocentrismo. Uma das consequências do etnocentrismo é que julgamos como erradas as pessoas que se comportam ou pensam de forma diferente da nossa. Quando as coisas parecem "erradas", nos sentimos mal. Queremos consertar essas coisas para que não nos sintamos mais mal. Sentimos a necessidade de que o mundo esteja "certo" e não podemos simplesmente deixar as coisas no que achamos ser um estado "errado".

Um exemplo de um valor cultural que varia entre as culturas é a orientação em relação ao tempo. Quando estávamos trabalhando no Oriente Médio, tivemos um colega de trabalho americano que nos convidou para o jantar. Para a maioria dos australianos, geralmente é aceitável e até mesmo considerado chegar até meia hora atrasado em um compromisso como esse. Quando chegamos com meia hora de atraso, ele ficou furioso com o que considerava ser nossa pecaminosa falta de pontualidade. Por outro lado, era normal que os anfitriões do país chegassem uma ou até duas horas atrasados para um compromisso, e não esperar pacientemente por eles era considerado extremamente falta de consideração. Se a sua equipe for composta por pessoas de muitas culturas diferentes com visões muito diferentes sobre os limites razoáveis da pontualidade, é muito provável que haja um grande conflito.

Os comportamentos externos estão ligados a valores culturais profundamente arraigados. No exemplo acima, nosso colega de trabalho americano acreditava que o tempo é valioso e não deve ser desperdiçado, enquanto os membros da cultura anfitriã acreditavam que as pessoas são de importância primordial e que o tempo é ilimitado, relativamente sem

---

3 Paul Hiebert, *The Gospel in Human Contexts: Anthropological Explorations for Contemporary Missions* [Explorações antropológicas para missões contemporâneas] (Grand Rapids: Baker Academic, 2009), 18.

importância e não controlável. Em ambos os casos, os valores culturais afetaram fortemente o comportamento e as emoções.

Quando pessoas de outras culturas agem de maneira que consideramos inadequada, tendemos a fazer julgamentos negativos sobre elas. Não é incomum que cristãos de uma cultura que trabalham com cristãos de outra cultura os julguem como se não fossem cristãos, porque os veem se comportando de maneira inaceitável em sua própria cultura. Em uma equipe de ministério multicultural, isso pode ter efeitos devastadores.

As diferenças nos valores culturais também significam que a boa liderança é percebida de forma diferente por pessoas de culturas diferentes. Os líderes naturalmente usarão o modelo de liderança que lhes é familiar, mesmo que isso possa ser inadequado ou até ofensivo para os membros da equipe de outras culturas, que esperam que seus líderes liderem de maneiras que lhes são familiares. Duas dimensões da cultura descritas por Geert Hofstede que afetam particularmente a visão das pessoas sobre liderança são a distância do poder e o coletivismo. [4]

A alta distância de poder faz com que as pessoas aceitem mais as decisões do líder, enquanto as pessoas de culturas com baixa distância de poder tendem a esperar um envolvimento mais direto na tomada de decisões. Se as diferenças na distância de poder não forem compreendidas e bem gerenciadas, elas podem ter consequências negativas para as equipes multiculturais. As culturas ocidentais geralmente são culturas de baixa distância de poder, e isso se reflete em sua forte ênfase na liderança democrática. A maioria das culturas do mundo se sente mais confortável com a alta distância de poder. Em culturas de alta distância de poder, os seguidores aceitam e esperam que seus líderes tenham mais poder do que eles. Os líderes têm status mais elevado, mas também se espera que estejam cientes das necessidades dos indivíduos. As culturas de alta distância de poder atribuem status de acordo com a idade e a antiguidade social e esperam que seus líderes dirijam em vez de discutir.

As diferenças na distância de poder podem causar tensões em equipes multiculturais. Os australianos, por exemplo, têm uma distância de poder relativamente baixa, enquanto os chineses e as pessoas da maior parte da Ásia têm uma distância de poder muito maior nessa dimensão cultural.

---

4 Geert Hofstede, Gert Jan Hofstede e Michael Minkov, *Cultures and Organizations: Software of the Mind* (New York: McGraw-Hill, 2010).

Peter,[5] um australiano de quarenta e poucos anos, tornou-se o pastor sênior de uma igreja multicultural com um grande número de membros chineses. Durante suas primeiras semanas na igreja, ele se esforçou para realizar reuniões democráticas com a equipe ministerial, nas quais falava pouco e tentava fazer com que todos os funcionários contribuíssem para as discussões a fim de chegar a um consenso sobre a direção da igreja. O co-pastor chinês parecia se afastar cada vez mais, e logo houve tensões significativas na equipe de liderança. O co-pastor chinês esperava que seu líder fosse muito mais diretivo em sua liderança. Em uma equipe ministerial na Europa Oriental, outro australiano foi nomeado líder de uma equipe que incluía crentes locais e missionários asiáticos, todos mais velhos do que ele e de culturas com alto poder de distância. Em poucos dias, ficou claro que havia grandes tensões na equipe. As discussões foram ineficazes e a tensão aumentou. Em cada um desses casos, o líder foi considerado jovem demais pelos membros da equipe com alto poder de distância, e sua abordagem não diretiva reforçou sua falta de credibilidade. Em ambos os casos, as equipes fracassaram. O efeito dessas e de outras dimensões culturais na liderança de equipes multiculturais é discutido em mais detalhes no capítulo 2.

Muitos cristãos entendem erroneamente o conceito de unidade cristã como algo que significa nunca ter nenhuma discordância e todos terem os mesmos valores. Portanto, eles podem achar difícil discutir suas reservas sobre equipes multiculturais e pensar que a unidade cristã significa que é inaceitável não estar sempre em total acordo com seus colegas de equipe.

Nem sempre conseguiremos trabalhar de forma harmoniosa com outros cristãos que têm valores culturais diferentes. Algumas pessoas talvez não consigam fazer as concessões necessárias para se tornarem parte de uma equipe multicultural eficaz. Um casal de missionários australianos foi recentemente designado para trabalhar em uma equipe com coreanos para sua orientação pré-campo. Eles descobriram que não conseguiam lidar com as diferenças de estilo de comunicação e valores culturais entre eles e seus colegas de equipe coreanos. Como resultado, eles decidiram não entrar para a agência missionária e disseram que o esforço de trabalhar em equipes multiculturais foi um dos principais motivos de sua decisão. Isso não foi um fracasso, mas um reconhecimento perspicaz de suas limitações

---

5 Embora todos os exemplos apresentados neste livro sejam da vida real, os nomes e alguns outros detalhes foram alterados para preservar o anonimato.

pessoais. As equipes multiculturais exigem compromissos por parte de todos que as integram. Se não for possível que os membros da equipe façam essas concessões, é totalmente aceitável que eles trabalhem em outro contexto.

## A VISÃO: UMA EQUIPE MULTICULTURAL SAUDÁVEL

Equipes multiculturais saudáveis são faróis de esperança em um mundo que luta contra conflitos interculturais, preconceito racial e desigualdade socioeconômica. Com o aumento da migração e a grande diversidade de cidades internacionais, as equipes multiculturais estão se tornando cada vez mais comuns. No entanto, muitos locais de trabalho e equipes ainda são dominados por uma cultura, e as pessoas de culturas minoritárias são frequentemente forçadas a comprometer pelo menos alguns de seus valores e práticas para sobreviver e ganhar a vida. As equipes multiculturais cristãs deveriam ser diferentes.

À medida que o mundo se torna cada vez mais complexo, precisamos da capacidade de resolver problemas de forma criativa, uma capacidade que as equipes multiculturais são capazes de oferecer. Uma equipe eficaz trabalha de forma que toda a equipe seja construída e se torne frutífera de uma maneira que seria impossível se cada indivíduo tivesse agido independentemente. Essa dinâmica é chamada de sinergia. A sinergia vem dos membros da equipe que trabalham de forma interdependente. Os membros da equipe precisam uns dos outros para atingir o objetivo da equipe. Muitas situações ministeriais são extremamente exigentes do ponto de vista espiritual, emocional, psicológico e, às vezes, físico. O apoio dos membros da equipe é inestimável. A sinergia e a interdependência são ilustradas em Efésios 4:1-16 e 1 Coríntios 12:12-31, em que os membros do corpo de Cristo usam seus dons para o benefício da igreja e toda a igreja cresce para se tornar mais parecida com o que Deus quer que ela seja, à medida que cada membro faz o trabalho que Deus lhe deu para fazer. A diferença cria um caleidoscópio de experiência humana que enriquece todos em uma equipe multicultural e aqueles que se beneficiam de seu trabalho.

A Bíblia apresenta uma imagem de pessoas de todas as culturas que são iguais, mas diferentes. A história da Torre de Babel (Gênesis 11:1-9), a descrição da vinda do Espírito Santo no Pentecostes (Atos 2:5-11), o ensinamento de Paulo de que os cristãos de diferentes origens são "todos filhos de Deus pela fé em Cristo Jesus" (Gl 3:26) e as descrições da multidão de todas as tribos, povos, nações e línguas adorando no céu (Apocalipse 5:6-14; 7:9-12) enfatizam essa realidade. A unidade e a harmonia cristãs são muitas vezes mal interpretadas como significando uniformidade. Entretanto, ao redor do trono do Cordeiro, há uma celebração da diversidade daqueles que foram salvos para adorar a Deus por toda a eternidade. O desafio para os cristãos que trabalham em equipes multiculturais é aprender na prática como a igualdade na diversidade pode produzir uma sinergia criativa.

## O QUE É UMA EQUIPE?

Uma boa equipe é aquela em que você quer trabalhar. Os relacionamentos são saudáveis, cada pessoa se sente segura e valorizada, há um senso de identidade comum e os membros estão aprendendo e crescendo. Juntamente com esses indicadores relacionais de saúde, a equipe está progredindo em direção às suas metas e há entusiasmo, alegria e expectativa de sucesso gerados por atividades criativas, corporativas e com propósito. Esse é o tipo de equipe que este livro pretende ajudar os líderes e as organizações a desenvolver. Ela pode ser definida como um pequeno número de pessoas com habilidades complementares que estão comprometidas com um único objetivo, umas com as outras, e com uma abordagem de trabalho e valores comuns pelos quais se responsabilizam mutuamente.[6]

Uma equipe, portanto, é um grupo de pessoas comprometidas com uma visão comum e umas com as outras, que se responsabilizam mutuamente pela realização dessa visão e que trabalham de forma interdependente e de acordo com valores acordados em comum para realizar sua visão.

Nem todo grupo que é chamado de equipe é uma equipe. A palavra "equipe" costuma ser usada indiscriminadamente para se referir a qualquer grupo de pessoas que trabalham juntas, mas muitos desses grupos não têm as qualidades descritas na definição acima. Isso pode causar confusão e frustração para os novos membros da equipe que têm expectativas conflitantes sobre o que é uma equipe.

João e Maria eram jovens profissionais que se juntaram a uma grande organização missionária internacional que divulgava seu compromisso de

---

6 Essa definição foi desenvolvida a partir da definição fornecida em Jon Katzenbach e Douglas Smith, *The Wisdom of Teams: Creating the High-performance Organization* (New York: HarperCollins, 1999), 45.

trabalhar em equipes multiculturais. Eles haviam trabalhado em equipes interdisciplinares em suas profissões seculares antes de se tornarem missionários. Eles eram apaixonados pelas metas da organização e estavam ansiosos para trabalhar em conjunto com colegas de equipe altamente comprometidos de outras nações para plantar igrejas em uma área não alcançada. A organização continuou a usar e promover a linguagem de equipe, mas no contexto em que João e Maria foram designados, as pessoas estavam dispersas pelo país e buscavam seus próprios objetivos com pouca responsabilidade. Quando João e Maria questionaram a falta de foco, coesão e responsabilidade, foi explicado que essa equipe era como uma equipe de atletismo, na qual cada membro tinha seu próprio ministério individual que funcionava independentemente dos outros, em contraste com uma equipe de basquete, na qual todos os membros trabalham de forma interdependente para atingir os mesmos objetivos. Quando João e Maria tentaram estabelecer uma equipe no estilo do basquete, entraram em conflito com o restante do grupo, que se sentiu ameaçado pela responsabilidade concentrada que esse tipo de equipe exige. João e Maria acabaram se demitindo por frustração e desilusão.

Quando as pessoas trabalham em paralelo para atingir metas individuais ou organizacionais, isso é chamado de grupo de trabalho. Em seu livro *The Wisdom of Teams (A sabedoria das equipes)*, Jon Katzenbach e Douglas Smith definem um grupo de trabalho como aquele em que

> [Os membros interagem principalmente para compartilhar informações, práticas recomendadas ou perspectivas e para tomar decisões que ajudem os indivíduos a atuar em sua área de responsabilidade. Além disso, não há um objetivo comum realista ou verdadeiramente desejado para um "pequeno grupo", metas de desempenho incrementais ou produtos de trabalho conjunto que exijam uma abordagem de equipe ou responsabilidade mútua.[7]

Não há nada de errado com os grupos de trabalho. Em muitas situações, um grupo de trabalho pode ser a melhor opção para trabalhar em conjunto. As equipes, no entanto, são caracterizadas pela sinergia e interdependência. Sua tarefa exige que elas trabalhem juntas de forma interdependente.

Este livro é para aqueles que desejam trabalhar, apoiar ou facilitar equipes no estilo do basquete, em que todos se esforçam de forma

---

7 Katzenbach e Smith, *The Wisdom of Teams (A sabedoria das equipes)*, 91.

interdependente para fazer a bola passar pela mesma cesta. Em uma equipe de basquete, não há glória ou agenda individual. Os membros da equipe pensam em termos de "nós" em vez de "eu". A equipe alcança ou fracassa em conjunto.

## PRINCIPAIS INGREDIENTES E ESTÁGIOS DO DESENVOLVIMENTO DA EQUIPE

A característica mais importante de uma equipe é que ela é formada para um propósito específico. Uma equipe gira em torno desse objetivo e deve se dissolver quando esse objetivo for alcançado. Se o grupo decidir adotar um novo foco, ele se tornará efetivamente uma nova equipe, pois a dinâmica da equipe é inseparável de sua visão e de suas metas específicas. A sinergia de uma equipe vem do trabalho conjunto em prol de um objetivo comum. A eficácia, o indicador mais potente do sucesso de uma equipe, está intimamente relacionada ao seu propósito. A eficácia da equipe é o grau em que os membros da equipe acreditam que ela é capaz de atingir seu objetivo.

Uma equipe eficaz tem três ingredientes principais: metas claras, funções equilibradas e relacionamentos saudáveis ("almas"). Esses ingredientes estão descritos na tabela abaixo.

| | |
|---|---|
| Objetivos | Compromisso compartilhado com uma visão clara, metas e estratégias mutuamente acordadas |
| Funções | Funções e habilidades equilibradas, com compreensão e apreciação das funções e habilidades de cada um |
| Almas | Saudável em termos de cuidado, comunicação, resolução de conflitos e responsabilidade<br>Altos níveis de confiança, apoio e participação<br>Interdependência |

*Tabela 1: Ingredientes de uma equipe eficaz*

As equipes têm estágios distintos pelos quais passam e aos quais podem retornar antes de atingir a eficácia ideal. Esses estágios são comumente chamados de "formação", "tempestade", "normatização" e "desempenho".[8] Esses estágios de desenvolvimento da equipe estão descritos na tabela a seguir:

---

8 Bruce Tuckman, "Developmental Sequence in Small Groups", *Psychological Bulletin* 63 (1965): 384-99.

| ETAPA | CARACTERÍSTICAS |
|---|---|
| Formação | A FASE DA LUA DE MEL<br><br>As expectativas não são claras. Os membros testam a água. À medida que exploram os limites do comportamento aceitável do grupo, eles tendem a evitar conflitos e a observar cuidadosamente o comportamento uns dos outros. Há polidez, formalidade e uma sensação de constrangimento. Os membros sentem expectativa e otimismo, mas têm apenas um apego provisório à equipe. Pouco é alcançado na tarefa da equipe. |
| Tempestade | CONFLITO<br><br>As diferenças entre os membros da equipe se tornam mais óbvias e a equipe se esforça para negociar essas diferenças. Há conflito e polarização em torno de questões interpessoais e um questionamento do comprometimento. Há impaciência com a falta de progresso na tarefa, e alguns membros podem recorrer à tentativa de trabalhar sozinhos em vez de trabalhar com a equipe. Podem surgir discussões, competitividade e facções. |
| Normatização | ACEITAÇÃO<br><br>Os membros começam a aceitar a equipe, seus valores fundamentais, suas próprias funções e os outros membros. Eles desenvolvem normas para trabalhar em conjunto, resolver conflitos e tomar decisões. Os padrões e procedimentos são acordados, os valores centrais são estabelecidos e as funções dos membros são definidas. A competição dá lugar à cooperação. Há mais cordialidade e abertura do que no estágio de "tempestade". |
| Desempenho | TRABALHO SINÉRGICO E EFICAZ<br><br>A maioria das questões sobre como trabalhar em conjunto foi resolvida. Os papéis são mais flexíveis e funcionais, e a energia do grupo é canalizada para a tarefa. Os membros são tolerantes com os pontos fortes e fracos uns dos outros e estão satisfeitos com o progresso. O trabalho é feito de forma eficaz. |

*Tabela 2: Estágios de desenvolvimento da equipe (adaptado de Tuckman 1965)*

Saber em que estágio de desenvolvimento uma equipe se encontra pode nos ajudar a entender a dinâmica da equipe. Por exemplo, a falta de conflito no estágio de formação de uma equipe é um resultado natural da incerteza dos membros da equipe em relação uns aos outros e da falta de interação profunda entre eles. As equipes no estágio de tempestade podem ser incentivadas a acreditar que o desconforto que estão sentindo é normal e acabará sendo reduzido a um nível mais gerenciável. A função do líder da equipe também deve ser modificada de acordo com o estágio em que a equipe se encontra, sendo que os estágios iniciais da equipe exigem mais orientação e intervenção.[9]

As equipes multiculturais levam muito mais tempo do que as equipes monoculturais para superar o estágio de tempestade e alcançar o estágio de normalização. A diversidade tem um efeito prejudicial sobre o funcionamento da equipe nos estágios iniciais de formação e normalização. O período inicial de turbulência no início de uma nova equipe multicultural é muito maior do que em uma equipe monocultural. As equipes multiculturais sempre precisam de mais tempo para resolver problemas e tomar decisões do que os grupos homogêneos. Há mais dificuldades iniciais na solução de problemas e maior potencial de conflito na negociação de tarefas e processos. Os membros da equipe geralmente interpretam mal o que seus colegas de equipe estão dizendo, o que atrasa o progresso da equipe. Negociar esses mal-entendidos e diferenças entre os membros da equipe e trabalhar para entender uns aos outros leva tempo. As diferenças devem ser enfrentadas e trabalhadas, e as equipes que tentarem evitar esse processo descobrirão que encontrarão problemas muito maiores no futuro e correrão o risco de fracassar.[10]

A concordância e a harmonia perfeitas não são realistas nem mesmo em equipes monoculturais. Em organizações que valorizam muito a existência de equipes multiculturais, os membros da equipe podem tender a evitar conflitos e fazer concessões desnecessárias por medo de que a unidade da equipe seja prejudicada e de que ela não atenda às expectativas da organização. Não é possível ou útil evitar o estágio de conflito na formação de equipes multiculturais.

Há poucos recursos projetados especificamente para ajudar as equipes multiculturais a lidar com questões relacionadas à cultura que surgem no estágio de tempestade. A grande maioria dos livros sobre trabalho em equipe é escrita com a suposição de que todos os leitores e membros da

---

9 Uma ferramenta para avaliar a fase em que uma equipe se encontra pode ser encontrada em Donald Clark, "Teamwork Survey," Big Dog and Little Dog's Performance Juxtaposition, 22 de agosto de 2010, http://www.nwlink.com/~donclark/ leader/ equipesuv.html.

10 Christopher Earley e Elaine Mosakowski, "Creating Hybrid Team Cultures: An Empirical Test of Transnational Team Functioning", *Academy of Management Journal* 43 (2000): 26–49.

equipe vêm da mesma cultura e que responderão da mesma forma que as pessoas da cultura do escritor (que geralmente é norte-americano ou europeu). No entanto, é fundamental que o histórico cultural dos membros da equipe seja valorizado, pois a cultura afeta todas as dimensões da experiência e da interação das pessoas com o mundo. As culturas dos membros da equipe afetam seu conceito do que é uma equipe, sua compreensão da eficácia da equipe e como eles veem as metas.[11]

Há um consenso generalizado de que o aumento do número de culturas em uma equipe leva a um aumento da diversidade e da complexidade da equipe. Como resultado, o potencial de conflito e insatisfação pessoal também aumenta com o aumento do número de culturas.

As diferenças culturais nem sempre são reconhecidas, mesmo em organizações cristãs internacionais. Às vezes, isso pode se dever ao medo de estereotipar as pessoas de culturas minoritárias, mas o motivo mais comum é a suposição inconsciente, por parte das pessoas de culturas mais dominantes, de que seu modo de agir é o "certo". Para desenvolver equipes multiculturais saudáveis, as diferenças culturais devem ser reconhecidas e valorizadas.

# EM DIREÇÃO A UMA TEORIA DE LIDERANÇA DE EQUIPES MULTICULTURAIS

As equipes multiculturais são mais complexas e difíceis de estabelecer do que as equipes monoculturais, principalmente devido às diferenças de valores entre as culturas. As diferenças facilmente visíveis entre as culturas, como as diferenças nas saudações e no roteiro do idioma, são relativamente simples de descrever, entender e gerenciar. Os valores, por outro lado, são menos visíveis, mais difíceis de articular e associados a fortes emoções. Os membros de equipes multiculturais geralmente não estão cientes de seus valores mais profundos até que seus colegas de equipe de outras culturas contrariem esses valores. Mesmo assim, um membro da equipe cujo valor foi desafiado geralmente não consegue explicar o que aconteceu, mas se sente confuso, irritado ou deprimido. Quando as pessoas vêm de origens culturais muito diferentes, algumas diferenças de

---

11 Cristina Gibson e Mary Zellmer-Bruhn, "Metaphors and Meaning: An Intercultural Analysis of the Concept of Teamwork", Administrative Science Quarterly 46, nº 2 (2001): 274–303.

valores são irreconciliáveis, a menos que os membros da equipe estejam dispostos a fazer grandes ajustes.

Os valores culturais estão profundamente arraigados nas pessoas por meio da família e da educação. Eles garantem que todos em cada cultura saibam exatamente o que se espera deles. Esses valores estão, em sua maioria, implícitos na cultura, o que significa que as pessoas presumem que suas maneiras de fazer as coisas são "normais" e "corretas", e não apenas uma expressão cultural de como as pessoas podem interagir. Neste livro, usaremos o termo "valores da equipe" para descrever os valores segundo os quais as pessoas da comunidade de uma equipe concordam em interagir umas com as outras. Em uma equipe monocultural, os valores da equipe são, em grande parte, implícitos e compartilhados por todos os membros da equipe porque são os mesmos valores culturais comumente compartilhados. Em uma equipe multicultural, os valores da equipe precisam ser negociados, explicitamente articulados e acordados.

Os líderes de equipe são seres humanos que têm recursos pessoais finitos de tempo e energia. Quando todos os membros da equipe vêm da mesma cultura, os valores culturais para relacionamentos, comunicação, tomada de decisões e gerenciamento de conflitos são bem compreendidos por todos. Quando há disfunção na equipe, o entendimento compartilhado dos membros da equipe sobre esses valores culturais significa que eles são capazes de tomar iniciativas para ajudar a resolver a disfunção de maneiras que sejam compreendidas por toda a equipe. Isso permite que o líder concentre seu tempo e sua energia na visão, nas metas e na estratégia da equipe.

O diagrama abaixo (fig. 1) ilustra o processo de formação da equipe em uma equipe monocultural. O líder e os membros da equipe têm a mesma formação cultural e não precisam comprometer nenhum valor cultural para trabalharem juntos. Seus valores culturais compartilhados de interação permitem que eles se encaixem bem em uma unidade de trabalho. O processo de formação da equipe é relativamente simples, pois os membros da equipe são capazes de ajudar o líder no processo de formação da equipe aplicando os valores culturais compartilhados.

## 14  DIRIGIR EQUIPOS MULTICULTURALES

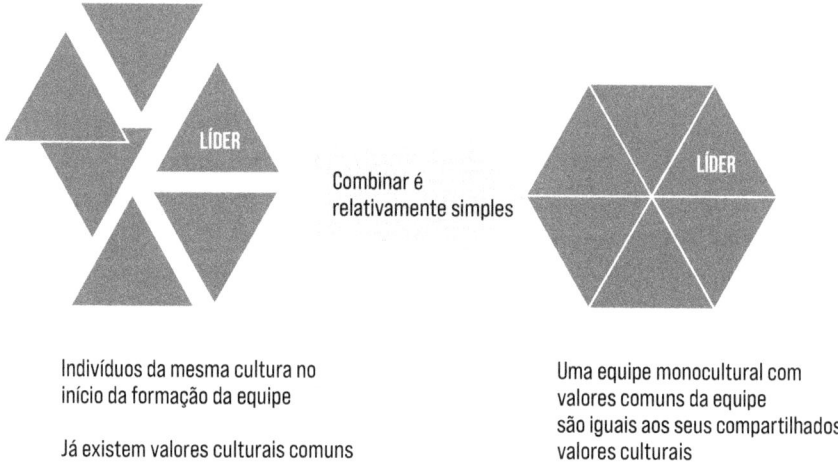

Indivíduos da mesma cultura no início da formação da equipe

Já existem valores culturais comuns

Uma equipe monocultural com valores comuns da equipe são iguais aos seus compartilhados valores culturais

*Figura 1: Formação de equipe monocultural*

Quando há duas culturas em uma equipe (ou seja, a equipe é bicultural), o líder tem duas opções. A primeira delas é impor os valores da cultura dominante à equipe. Isso acontece principalmente em países ou organizações em que uma cultura é tradicionalmente dominante, como um gerente europeu em uma empresa europeia que opera em um país asiático. A outra opção é a regra da maioria. Isso significa que os valores culturais da maioria são impostos, geralmente por padrão e não por escolha informada, pelos membros da equipe que são a maioria. Se o líder não for da cultura majoritária (por exemplo, um americano liderando uma equipe majoritariamente coreana em um país africano), ele precisará aprender, entender e operar de acordo com os valores culturais da cultura majoritária para que a equipe se torne eficaz. Neste livro, vamos nos referir a essa abordagem de liderança como abordagem transcultural.

Se os membros de ambas as culturas de uma equipe bicultural não conseguirem chegar a um acordo sobre os valores comuns da equipe, poderá haver competição e um sentimento de "nós contra eles" entre eles. Nessa situação, os líderes precisam tomar a iniciativa de aprender os costumes da cultura que não é familiar e ajudar cada grupo a se adaptar aos costumes do outro. No mundo real de tempo e energia finitos, isso significa que o líder transcultural precisa investir muito mais tempo no gerenciamento da dimensão interpessoal do trabalho em equipe do que o líder da equipe monocultural.

O diagrama abaixo (fig. 2) ilustra o processo de formação de uma equipe bicultural, em que todos os membros da equipe vêm de uma origem cultural e o líder da equipe vem de outra. Nessa situação, os membros da equipe não precisam comprometer nenhum valor cultural para trabalharem juntos. O líder precisa aprender os valores culturais da cultura dos membros da equipe e estar disposto a fazer grandes adaptações em seus próprios valores e estilo de liderança para se adequar bem ao restante da equipe. A facilidade de formação da equipe depende da capacidade de adaptação do líder transcultural.

Indivíduos de uma cultura e de um Líder de outra cultura no início. formação de equipe

Os valores culturais são familiares para membros da equipe, mas não o líder

Uma equipe intercultural líder e equipe comuns valores onde o líder tem adaptado à equipe valores culturais dos membros

*Figura 2: Formação da equipe quando o líder é de uma cultura e todos os membros são de outra cultura*

Em uma equipe multicultural, na qual os membros vêm de mais de duas culturas, não há valores culturais que sejam compartilhados por toda a equipe. Como os membros da equipe geralmente não têm consciência da maioria de seus valores culturais porque eles estão implícita e profundamente arraigados, eles precisam ser ajudados a entender seus próprios valores, aprendendo a refletir sobre suas reações emocionais quando esses valores são inadvertidamente transgredidos, confrontados ou desrespeitados por seus colegas de equipe. Essa reflexão precisa ser intencionalmente facilitada pelo líder ou por um treinador de equipe, pois raramente acontece sem ajuda externa. Sem treinamento ou experiência que aumente a conscientização sobre as possíveis áreas de conflito de valores, o líder não consegue prever e preparar a equipe para o conflito e só consegue reagir a ele depois que os problemas surgem. Essa abordagem reativa aos problemas geralmente resulta em conflitos prolongados e, muitas vezes, agonizantes, especialmente durante os estágios iniciais da vida da equipe.

Mesmo quando o líder é experiente, a formação de equipes multiculturais leva mais tempo do que em equipes monoculturais. O tempo extra e o conflito que são intrínsecos e inevitáveis na formação de equipes multiculturais decorrem da dificuldade de estabelecer valores de equipe acordados em comum que regem a forma como os membros da equipe interagem e trabalham juntos. Esses novos valores da equipe serão específicos e exclusivos de cada equipe multicultural e só podem ser estabelecidos por meio de um processo de negociação complexo. Isso significa que o tempo e a energia limitados do líder da equipe multicultural, especialmente durante os estágios iniciais da vida da equipe, serão quase totalmente utilizados nos processos interpessoais de construção de bons relacionamentos e de uma forte comunidade de equipe. O líder da equipe terá pouco tempo ou energia para se concentrar nas tarefas e metas da equipe. O líder de uma equipe multicultural deve investir muito mais tempo na formação da equipe do que o líder de uma equipe monocultural ou transcultural.

O diagrama abaixo (fig. 3) ilustra o processo de formação da equipe em uma equipe multicultural. O líder e os membros da equipe vêm de diferentes origens culturais e não compartilham nenhum valor da equipe. O processo de aprendizagem mútua e de adaptação suficiente para que os indivíduos comecem a se encaixar bem em uma unidade de trabalho é complexo e altamente exigente para todos os membros da equipe e, principalmente, para o líder. A falta de valores compartilhados da equipe, a falta de consciência dos valores culturais profundamente arraigados e a dificuldade de se comunicar e construir relacionamentos com pessoas de culturas desconhecidas significam que os membros da equipe têm dificuldade em ajudar o líder no processo de formação da equipe. Na verdade, a formação de equipes multiculturais é tão difícil que é raro que um líder inexperiente consiga fazer isso bem sem ajuda de fora da equipe.

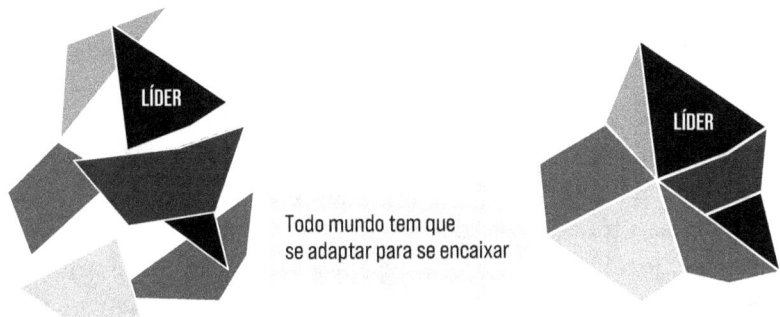

Os indivíduos são todos diferentes culturas no início da formação da equipe. Não existem valores culturais comuns.

Uma equipe multicultural com valores comuns da equipe

*Figura 3: Formação de equipe multicultural*

A regra em equipes multiculturais, especialmente quando os membros vêm de culturas diferentes, é que todos terão de aceitar compromissos. A função do líder é facilitar os processos de negociação e compromisso mútuos, ao mesmo tempo em que constrói uma comunidade de equipe forte e saudável, capaz de administrar bem seus conflitos.

## CARACTERÍSTICAS DE BONS LÍDERES DE EQUIPES MULTICULTURAIS

Um bom líder de equipe multicultural permite que todos os membros da equipe se tornem membros totalmente participativos da equipe. Hofstede descreve a liderança multicultural da seguinte forma:

> Aprender a se tornar um líder eficaz é como aprender a tocar música: além de talento, exige persistência e a oportunidade de praticar. Líderes monoculturais eficazes aprenderam a tocar um instrumento; eles geralmente se provam por meio de uma forte motivação e opiniões rápidas e firmes. Liderar em um ambiente multicultural e diversificado é como tocar vários instrumentos. Em parte, exige atitudes e habilidades diferentes: moderação no julgamento e a capacidade de reconhecer que as músicas conhecidas podem ter de ser tocadas de forma diferente. As mesmas qualidades que fazem de alguém um líder monocultural eficaz podem torná-lo menos qualificado para um ambiente multicultural.[12]

---

12 Geert Hofstede, prefácio a de *Leadership in a Diverse and Multicultural Environment: Developing Awareness, Knowledge, and Skills*, ed. Mary L. Connerley e Paul Pedersen (Thousand Oaks, CA: SAGE, 2005), ix.

A diferença cultural não pode ser ignorada, pois afeta todas as dimensões da existência humana. Os líderes de equipes multiculturais bem-sucedidos reconhecem e entendem a diferença cultural. Eles estão cientes e aceitam os valores culturais profundamente arraigados dos membros da equipe, que podem até estar em oposição aos valores culturais dos próprios líderes. Como a transgressão de valores culturais geralmente evoca uma reação emocional, os líderes de equipes multiculturais precisam ser capazes de reconhecer as variações interculturais na expressão emocional e de ajudar com tato os membros da equipe a refletir sobre suas respostas emocionais e os valores culturais que as sustentam. Como as diferenças de valores culturais podem ser difíceis e, em alguns casos, impossíveis de conciliar, o líder da equipe multicultural precisa ser um negociador e mediador habilidoso, capaz de facilitar um processo que permita que todos os membros da equipe cheguem a um acordo sobre um conjunto único de valores da equipe que formará a base para uma comunidade de equipe saudável.

CAPÍTULO 2

# COMO AS DIFERENÇAS CULTURAIS AFETAM AS EQUIPES

Todos os seres humanos são seres culturais. Desde o momento em que nascemos, somos aculturados com os valores, as crenças e as práticas de nossos pais, famílias e sociedades. O idioma e a cultura também estão inextricavelmente interligados, pois a maneira como o idioma é construído e desenvolvido reflete os valores da cultura. Quando crescemos em um contexto monocultural, geralmente não temos consciência de que existem outras maneiras de fazer as coisas e de perceber o mundo. Essa falta de consciência tende a nos fazer presumir que nossa maneira de fazer as coisas é a melhor.

Assumir que a nossa maneira é a melhor ou a única maneira de fazer as coisas funciona bem, desde que não encontremos pessoas de outras culturas; isso mantém a sociedade coesa e protege seus valores. No entanto, quando nos deparamos com uma cultura muito diferente da nossa, presumir que o modo de agir da nossa cultura é o melhor geralmente significa que julgamos os modos de agir da outra cultura como errados ou perigosos. Essa é uma reação humana completamente normal, mas é muito inútil quando pessoas de culturas diferentes tentam viver e trabalhar juntas. Todos os seres humanos são etnocêntricos até certo ponto, o que significa que todos nós presumimos que as formas de pensar e agir de nossa própria cultura são a maneira correta. Este capítulo explora algumas das profundas diferenças de pensamento e comportamento entre as culturas e o impacto que elas podem ter em equipes multiculturais.

A cultura envolve mais do que diferenças nas formas de cumprimentar, comer e outros comportamentos fáceis de ver. Geert Hofstede descreve a cultura como sendo um "software da mente", ou seja, padrões de pensamento, sentimento e ação que são como programas mentais de computador que determinam o que fazemos.[1] Diferentes grupos culturais têm diferentes programas mentais - diferentes padrões de pensamento, sentimento e ação. Cada um de nós vê e interage com o mundo de acordo com o ambiente social em que crescemos, e essa programação está "conectada" à nossa linguagem. Independentemente de nossa formação e treinamento ou experiência transcultural, tendemos a nos relacionar com os outros usando nosso próprio estilo cultural.

Nossa programação mental aprendida culturalmente nos leva a nos comportar de forma diferente com pessoas de outras origens culturais de maneiras que são fáceis de ver, como, por exemplo, maneiras diferentes de cumprimentar outras pessoas ou de lavar a louça. Os livros sobre interação intercultural geralmente se concentram nessas diferenças fáceis de ver entre pessoas de culturas diferentes, especialmente ações que podem facilmente causar ofensa. Esse é um bom ponto de partida que nos ajuda nos primeiros estágios de conhecimento das pessoas, mas é inadequado para trabalhar em estreita colaboração com pessoas de outras culturas. Esses elementos culturais superficiais são fáceis de ver e de comunicar aos outros, e relativamente fáceis de perdoar quando transgredidos. Mas as culturas também incluem suposições sobre o mundo que geralmente são difíceis de identificar e articular. São esses valores e suposições profundamente arraigados que modelam a maneira como as pessoas pensam sobre a vida.

A maioria das pessoas não tem consciência de sua programação mental, e isso é especialmente verdadeiro em relação aos níveis mais profundos e implícitos de cultura - valores culturais e suposições de visão de mundo. Essas são o que as pessoas usam para pensar, e não o que pensam sobre. Assim como os seres humanos se desenvolvem e se adaptam às circunstâncias variáveis que encontram, as culturas também estão em constante mudança. Cada cultura humana incorpora o que uma sociedade considera mais importante para sua identidade e bem-estar coletivos. Ter um senso de identidade coletiva é profundamente importante para todas as sociedades, e a preservação desse senso de "nós"

---

1 Hofstede, Hofstede e Minkov, *Cultures and Organizations*, 4–5.

é tão fortemente defendida que qualquer percepção de ameaça, como uma contradição de nossos valores por parte dos outros - como ocorre com frequência nas interações interculturais - pode resultar em uma resposta emocional forte e negativa.

Embora seja possível aprender muito sobre outras culturas lendo sobre elas ou ouvindo falar delas de segunda mão, é somente quando interagimos cara a cara com pessoas de outra cultura que experimentamos as emoções fortes e profundas que surgem quando nossos valores culturais e nossa visão de mundo são desafiados. É esse desafio ao que é mais precioso para nós e a resposta emocional decorrente desse desafio que dificulta o trabalho em uma equipe multicultural. Mesmo as pessoas que aprenderam muito sobre outras culturas antes de entrar em uma equipe multicultural ainda sentem essas fortes emoções.

Pode ser difícil para os cristãos de países em que um grande grupo étnico domina trabalhar bem em equipes multiculturais. Um dos principais motivos para isso é que tendemos a presumir que existe uma cultura bíblica que é supracultural e que essa cultura bíblica se reflete em nossa igreja ou grupo cristão. Embora certamente existam valores bíblicos supraculturais, como o mandamento de amar o próximo como a nós mesmos (Lv 19:18; Mt 22:39) e de perdoar uns aos outros (Ef 4:32; Cl 3:13), esses valores de amor e perdão são expressos de maneiras diferentes em culturas diferentes. Os cristãos de diferentes culturas expressam os valores bíblicos de maneiras que são moldadas por suas próprias culturas. Presumir que nossa cultura cristã é a maneira mais piedosa de fazer as coisas faz parte de nossa tendência etnocêntrica de presumir que nossa maneira é a correta. Infelizmente, essa suposição pode nos levar a julgar os cristãos de outras origens culturais que expressam valores bíblicos de maneiras diferentes das nossas como sendo pecaminosas, e pode até nos levar a pensar que eles não são cristãos.

A maioria dos livros sobre trabalho em equipe e liderança escritos em inglês reflete os valores culturais de origem inglesa/holandesa/alemã (EDG).[2] Esses valores incluem individualismo, eficiência, orientação para

---

[2] Temos nos esforçado para encontrar um termo que melhor descreva o grupo cultural dominante que incorpora os valores individualistas e de baixo contexto (descritos mais adiante neste capítulo) expressos por pessoas de origem britânica, alemã e holandesa, incluindo seus descendentes nos EUA, Canadá, Nova Zelândia e Austrália. Esse grupo cultural é particularmente significativo devido ao grande número de missionários enviados por esses países nos últimos dois séculos. Outros termos que às vezes são usados incluem ocidental, norte global, norte da Europa, mundo minoritário, origem anglo-

tarefas, ênfase em acordos de equipe por escrito e relativamente pouca ênfase em relacionamentos, exceto como um fator instrumental para a realização de tarefas. Amanda Sinclair sugere que os "valores americanos de individualismo e universalismo ... se infiltraram no trabalho sobre liderança". Ela descreve as consequências disso como sendo "explicações centradas no indivíduo para o sucesso e ... regras universais para a liderança que podem ser destiladas e aplicadas independentemente do contexto". [3]

Essa orientação instrumental da EDG para a liderança também permeou grande parte da literatura sobre liderança transcultural. Os valores de liderança da EDG se concentram principalmente no que o líder deve fazer para que os seguidores realizem as tarefas. Da mesma forma, a maioria dos livros sobre liderança transcultural se concentra em ajudar os líderes a entender as diferenças culturais para que possam ajustar seu estilo de liderança a fim de fazer com que seus liderados alcancem o que a organização deseja. Nessa abordagem, que chamamos de abordagem transcultural da liderança, explicada no capítulo 1, o fardo recai sobre o líder para se adaptar a cada cultura representada na equipe. Os líderes que usam essa abordagem tornam-se instrumentos ou ferramentas para manipular a cultura e fazer com que a equipe cumpra sua tarefa. Eles tentam adaptar seu estilo de liderança à cultura de cada membro da equipe para que se ajuste melhor às expectativas de liderança de cada membro e fazem o possível para não ofendê-los. De fato, os líderes que adotam a abordagem transcultural precisam se tornar camaleões culturais. A adaptação é um processo em série e unidirecional que exige muito do líder.

Uma abordagem transcultural da liderança pressupõe que, se os líderes aprenderem o suficiente sobre as culturas de cada membro da equipe, eles poderão replicar suficientemente o estilo de liderança de cada cultura para cada membro, de forma a garantir a adesão. Um líder que usa essa abordagem tem uma tarefa extremamente complexa e exigente,

---

saxônica ou australiano/americano branco. Cada um desses termos é problemático, seja porque é muito amplo (por exemplo, ocidental) ou porque as pessoas têm dificuldade em aceitá-lo (australiano branco). Os termos também são problemáticos porque dificultam a contabilização de identidades mistas, como chinês-americano, australiano de Fiji ou libanês australiano. Decidimos adotar o acrônimo EDG (de English/Dutch/German-speaking background) para indicar o background cultural individualista, de baixo contexto e de língua inglesa/alemã/holandesa como um grupo geral, mas não exclusivo, com o qual os leitores podem optar por se identificar ou atribuir a outros, conforme apropriado.

3 Amanda Sinclair, *Leadership for the Disillusioned: Moving beyond Myths and Heroes to Leading That Liberates* (Crows Nest, Australia: Allen & Unwin, 2007), 23.

pois precisa fazer vários ajustes para se adequar a cada membro. O líder da equipe tem o ônus de fazer adaptações em seu estilo de liderança para anular os efeitos da diferença cultural, de modo que a equipe funcione como uma equipe monocultural. Nessa abordagem de liderança, a cultura é tratada como algo que pode ser manipulado. Ela pressupõe que, quando o líder é capaz de fazer os ajustes necessários às normas culturais dos membros da equipe, a equipe será harmoniosa e eficaz. Os membros da equipe são considerados como elementos passivos no processo.

A abordagem transcultural da liderança é um bom ponto de partida para liderar uma equipe multicultural, mas é inadequada por si só. Ela ajuda como ponto de partida porque enfatiza a necessidade de o líder, bem como todos os membros da equipe, estarem cientes e sensíveis ao histórico cultural de cada membro. Mas isso se torna insustentável quando um líder precisa lidar simultaneamente com membros da equipe de culturas muito diferentes que têm expectativas opostas em relação aos líderes. Quando as expectativas culturais de liderança dos membros da equipe são irreconciliáveis, a abordagem transcultural para liderar uma equipe multicultural é uma receita para o fracasso e o esgotamento da liderança. Na próxima seção, exploraremos as dimensões da diferença cultural que ajudam a esclarecer por que pode haver diferenças irreconciliáveis nas expectativas dos membros da equipe de culturas diferentes.

## ENTENDENDO A CULTURA E AS DIFERENÇAS CULTURAIS

Uma cultura é a maneira pela qual um grupo de pessoas organiza suas vidas e determina o que é ou não um comportamento adequado. As culturas estão mudando constantemente em resposta ao mundo ao seu redor. Algumas pessoas resistem às definições culturais, principalmente devido ao medo de estereótipos ou de serem colocadas em caixas. No entanto, sempre que grupos de pessoas de culturas diferentes se reúnem - em uma sala de aula de universidade, por exemplo - eles invariavelmente falam sobre as diferenças entre as culturas, como idioma, saudações, alimentação ou cuidados com as crianças. A diferença cultural é um fato da vida.

A cultura tem uma influência estabilizadora, pois forma uma grande parte do senso de identidade de qualquer grupo. Como todos nós adquirimos nossa cultura por meio da socialização que começa muito cedo na vida, a cultura é uma influência profunda e geralmente subconsciente em nossos valores e comportamentos e no desenvolvimento de nosso conceito de quem somos. Uma das principais maneiras pelas quais os membros de cada grupo étnico definem a identidade distinta de seu grupo é encontrar características culturais que o tornam distinto e enfatizá-las como marcadores de limites em torno de seu grupo. As principais características culturais são usadas para definir os limites do grupo étnico e, dessa forma, excluir outras pessoas do grupo.[4] O teólogo Miroslav Volf explica que excluímos os outros porque vemos a diferença como perigosa e sentimos a necessidade de remover essas diferenças para "afastar a ameaça percebida de águas caóticas que se precipitam".[5]

Uma maneira de as pessoas excluírem outras pessoas culturalmente diferentes é estereotipando-as. Geralmente, esses estereótipos são negativos. Paul Hiebert traçou um exemplo extremo de estereótipo na forma como muitos europeus definiram os povos que encontraram em suas viagens pela África e América Latina nos séculos XVIII e XIX. Os exploradores europeus inicialmente viam os novos povos que encontravam em suas viagens como selvagens que poderiam usar como escravos. Mais tarde, a percepção dominante passou a vê-los como primitivos que precisavam de esclarecimento e civilização ou como crianças que precisavam de educação. Foi somente no século XX que a maioria dos europeus começou a ver as pessoas de outras culturas como totalmente humanas.[6] Esse estereótipo desumanizador não se restringe ao passado e aos europeus; é uma resposta humana generalizada à diferença étnica e cultural. A maioria das pessoas tem expectativas negativas em relação à comunicação com pessoas de outras culturas, tem estereótipos negativos sobre elas e está convencida de que a maneira de ver as coisas de seu próprio grupo é a correta. [7]

Para entender o que acontece e o que geralmente dá errado quando pessoas de culturas diferentes tentam trabalhar juntas, é útil, desde o início, ter um modelo para entender a cultura. Hiebert propôs um

---

4 Fredrik Barth, introdução a *Ethnic Groups and Boundaries: The Social Organization of Culture Difference*, ed., Fredrik Barth (Long Grove, IL: Waveland, 1969), 9–38.

5 Miroslav Volf, *Exclusion and Embrace: A Theological Exploration of Identity, Otherness, and Reconciliation* (Nashville: Abingdon, 1996), 78.

6 Paul Hiebert, "Western Images of Others and Otherness", em *This Side of Heaven: Race, Ethnicity, and Christian Faith*, ed. Robert Priest e Álvaro Nieves (Oxford: Oxford University Press, 2007), 97–110.

7 William Gudykunst, *Bridging Differences: Effective Intergroup Communication* (Londres: SAGE, 2004), 115–31.

modelo de cultura em três níveis muito útil. No nível superficial estão os comportamentos das pessoas que são facilmente observáveis e a primeira coisa que uma pessoa de fora vê. Subjacentes a eles estão as crenças e os valores das pessoas, que fornecem uma estrutura para a interpretação do mundo. No nível mais profundo, estão as suposições, em grande parte implícitas, que fundamentam as crenças e os comportamentos e fornecem a justificativa para que as pessoas acreditem e se comportem como o fazem.[8]

Na prática, a cultura é complexa e dinâmica. Os comportamentos e as suposições não são independentes uns dos outros. As pressuposições afetam os comportamentos, mas, ao mesmo tempo, à medida que as pessoas interagem com o mundo físico, elas podem ter de mudar a maneira como fazem as coisas, como passar da agricultura de subsistência para abordagens agrícolas baseadas em tecnologia, e isso afeta as pressuposições que elas têm sobre o mundo.

As pessoas buscam continuamente entender e explicar seu mundo. Para isso, criam estruturas de significado que as ajudam a interpretar as coisas que vivenciam. Jack Mezirow propõe que, quando encontramos algo que é estranho à nossa estrutura, tentamos descobrir como anexá-lo ou incorporá-lo à nossa estrutura pessoal. Se não formos capazes de incorporá-la, tendemos a rejeitá-la.[9]

As estruturas de significado formam uma ponte entre as suposições profundas e implícitas das pessoas e as coisas que elas fazem, que estão na superfície de sua cultura e são fáceis de observar. As estruturas de significado incorporam crenças, valores e sentimentos. As crenças são declarações que resumem suposições e são consideradas fatos amplamente aceitos pelas pessoas de qualquer cultura. As crenças são construídas com palavras. É mais difícil descrever a essência dos valores e sentimentos, porque eles não se baseiam em palavras. Mas para tentar entendê-los, ainda temos que usar palavras. Os valores definem o que é bom, certo e belo e como as coisas deveriam ser. Eles permitem que as pessoas façam julgamentos sobre o que é bom, certo e belo. Eles permitem que as pessoas façam julgamentos sobre o que é aceitável e o que não é. Os sentimentos são as respostas emocionais positivas ou negativas das pessoas ao que encontram.

As culturas EDG são altamente tendenciosas em relação às crenças.

---

8 Paul Hiebert, *Transforming Worldviews: An Anthropological Understanding of How People Change* (Grand Rapids: Baker Academic, 2008), 32-33.

9 Jack Mezirow, "How Critical Reflection Triggers Transformative Learning", en *Fostering Critical Reflection in Adulthood*, ed. (San Francisco: Jossey-Bass, 1991), 1-20.

As pessoas de culturas EDG tendem a confundir valores com crenças e praticamente ignoram as emoções. Elas são rápidas em julgar negativamente as outras pessoas quando consideram que elas não usaram as palavras certas para expressar o que as pessoas da EDG consideram de valor. A maioria das outras culturas dá muito menos ênfase às palavras e interpreta e avalia o que encontra usando sentimentos, intuição, experiência e a sabedoria acumulada da tradição. Há uma enorme incompatibilidade entre as estruturas de significado de diferentes culturas. Como a estrutura de significado de cada cultura fornece a estrutura para a forma como a experiência é interpretada e respondida, os membros da equipe de diferentes culturas veem e vivenciam as mesmas coisas, mas as interpretam e reagem a elas de maneiras completamente diferentes. Ajudar os membros de equipes multiculturais a entender, articular e negociar uma estrutura de significado comum compatível é um dos desafios da formação de equipes.

Um exemplo simples de como usamos nossa estrutura de significado ocorre quando nos dão algo para comer que é proibido em nossa própria cultura. Embora nosso amigo culturalmente diferente esteja comendo a mesma comida, nós nos recusamos a sequer pensar em comê-la porque nossa estrutura de significado não permite isso. Não são apenas as coisas que são estranhas à nossa estrutura que rejeitamos; também decidimos não nos envolver com as coisas quando consideramos que são iguais à nossa experiência anterior. Isso geralmente acontece em equipes missionárias de curto prazo quando as pessoas interpretam o que estão vendo como sendo o mesmo que em sua própria cultura e presumem que entendem o que está acontecendo quando, na verdade, há diferenças cruciais. Os membros de uma equipe de curto prazo de um país relativamente rico, por exemplo, podem ter recebido uma refeição do povo anfitrião, muito menos rico, para dar-lhes as boas-vindas e interpretar isso como equivalente a uma refeição de boas-vindas em sua própria cultura. Eles podem facilmente deixar de apreciar a hospitalidade sacrificial de seus anfitriões e, como não conseguem ver sua natureza sacrificial, não podem ser desafiados por ela ou aprender com ela.

Mezirow sugere que há um nível ideal de desconforto que faz com que as pessoas que sentem esse desconforto percebam as inadequações ou falhas em suas próprias estruturas de significado, de modo que queiram consertar essas inadequações. O líder da equipe multicultural deve ajudar cada membro da equipe a perceber a incompletude de sua própria estrutura de significado e ajudá-los a aprender uns com os outros para que possam, juntos, construir uma estrutura de significado corporativo que seja compatível com a estrutura pessoal de cada membro da equipe e que os una.

O diagrama abaixo (fig. 4) é um modelo de cultura desenvolvido a partir das ideias de Hiebert e Mezirow. Os comportamentos são representados no nível superficial da cultura e as suposições no nível mais profundo. A estrutura de significado une as duas camadas usando crenças, valores e sentimentos. Essas três camadas são dinâmicas e estão constantemente interagindo e afetando umas às outras.

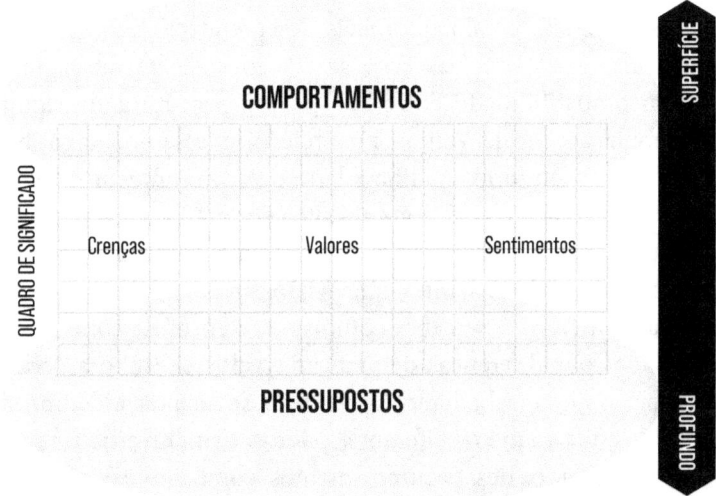

*Figura 4: Modelo para entender a cultura (adaptado de Hiebert, Transforming Worldviews, 32-33; e Mezirow, "Critical Reflection")*

Quando as pessoas interagem com uma nova cultura pela primeira vez, as diferenças superficiais, como o clima, a nova comida, os novos meios de transporte, a presença ou ausência de pessoas nas ruas e a maneira como as pessoas fazem compras são o que primeiro as impressionam. Eles também começam a observar diferenças no comportamento das pessoas, como a maneira de cumprimentar, falar e comer. Embora essas diferenças sejam um desafio para os novos visitantes, eles geralmente conseguem se ajustar a elas. Esse estágio do encontro transcultural é geralmente chamado de fase de "lua de mel". Nesse momento, os visitantes estão se envolvendo principalmente com as diferenças de comportamento. Essas expressões de cultura podem ser vistas e tocadas de alguma forma e encontradas com o mínimo de linguagem. Muitos trabalhadores transculturais desenvolvem estratégias pessoais para gerenciar esses tipos de diferenças, mas não conseguem progredir para um envolvimento mais profundo com o sistema de crenças da cultura anfitriã.

Se os visitantes permanecerem por mais tempo, começarem a aprender o idioma e se aprofundarem na superfície da cultura, logo descobrirão barreiras de diferença às quais é mais difícil se adaptar. Eles começarão a interagir com as crenças e os valores das pessoas que são aprendidos desde cedo, repetidos com frequência e, muitas vezes, não examinados. Essas crenças e valores fornecem uma estrutura de significado pela qual a população local avalia novas informações. Os visitantes geralmente acharão essas crenças e valores difíceis de entender e terão dificuldades para comunicar suas próprias crenças e valores de forma significativa devido à incompatibilidade entre sua própria estrutura de significado e a da população local. Vamos nos referir a essa incompatibilidade como dissonância cultural. A dificuldade de se comunicar ou entender claramente a população local pode resultar em grande frustração e é um aspecto importante do estresse cultural ou choque cultural.[10]

Com o tempo, os visitantes que ficam mais tempo e aprendem o idioma local começam a perceber como as diferenças de comportamento são sustentadas por diferenças de crenças e valores. Embora geralmente seja fácil para o novo trabalhador aprender a se adaptar a cumprimentar as pessoas de uma maneira diferente, pode ser muito difícil para ele se ajustar aos significados desses cumprimentos, como, por exemplo, quando os cumprimentos incorporam diferentes abordagens à hierarquia social. Um indiano que prefere a hierarquia pode achar quase impossível se referir a um colega de trabalho holandês igualitário, que é mais velho e mais graduado, usando o primeiro nome, e o holandês pode achar muito difícil demonstrar o devido respeito ao colega indiano mais velho e mais graduado. Ser obrigado a fazer isso pode parecer um ataque à integridade pessoal, pois força as pessoas a agirem de forma contrária a tudo o que já fizeram e em que acreditam. O mesmo se aplicaria a um australiano igualitário que fosse obrigado a aceitar e seguir as instruções de um líder coreano sem nenhuma oportunidade de discutir as instruções.

---

10 Marjory Foyle, *Honourably Wounded: Stress among Christian Workers* (Londres: Monarch Books, 2001), 69–82.

O nível mais profundo da cultura - as pressuposições profundamente arraigadas e, em grande parte, implícitas que as pessoas têm sobre a realidade - é muito mais difícil de acessar e, geralmente, leva vários anos para que uma pessoa de fora comece a entender. As pressuposições de um povo sobre a realidade geralmente são expressas por meio de suas artes criativas, como poesia, danças, músicas, provérbios e histórias, e em rituais e cerimônias relacionadas a nascimento, maioridade, casamento e morte. As suposições ajudam as pessoas a entender e aceitar por que as coisas são como são. Como as pessoas absorvem esses entendimentos implícitos por meio de experiências, geralmente não os analisam nem refletem sobre eles. Um exemplo de pressuposto nas culturas EDG é que uma garota será salva (ou encontrada) por seu príncipe encantado e que eles "viverão felizes para sempre". Essa suposição se concentra no fato de o rapaz encontrar e conquistar a moça, mas não reflete sobre o relacionamento após o dia do casamento.

Entre as suposições de nível profundo que formam a visão de mundo de um grupo estão as suposições sobre lógica, ou o processo pelo qual as ideias e os argumentos são aceitos como dignos de consideração. O pessoal da EDG é convencido pela lógica linear e dialética. O povo Millet, com o qual trabalhamos na Bulgária, faz um círculo em torno de uma questão para chegar ao seu ponto de vista. Os árabes argumentam por analogia. Nenhum deles é convencido pelas abordagens alternativas e, de fato, podem ficar frustrados e até mesmo ofendidos quando outras abordagens são usadas. Algumas culturas não estão interessadas no conteúdo do argumento, apenas nos sentimentos despertados pela interação.[11]

As culturas diferem na forma como avaliam se algo é verdadeiro. Um exemplo de uma suposição mantida pela maioria das pessoas da EDG é que as coisas que são testadas e comprovadas pelos cientistas são verdadeiras e confiáveis. Um exemplo para os Millet é que, se você é um parente, você é confiável e digno de confiança. Esses valores não são, em grande parte, examinados e tendem a ser mantidos independentemente das evidências em contrário.

---

11 Duane Elmer, *Conexiones interculturales: Stepping Out and Fitting In Around the World* (Downers Grove, IL: InterVarsity Press, 2002), 150–59.

## COMO AS DIFERENÇAS DE IDIOMA AFETAM AS EQUIPES MULTICULTURAIS

Parte do comportamento que está no nível superficial de cada cultura é o idioma. As diferenças de idioma são um fator fundamental que contribui para os problemas de comunicação em equipes multiculturais. Descobrimos que a capacidade de comunicação das equipes multiculturais de plantação de igrejas era consideravelmente prejudicada pelo fato de os membros não terem proficiência no idioma da equipe.[12] Os idiomas incorporam as suposições e estruturas das culturas que representam. É por isso que idiomas diferentes não têm uma correspondência de um para um entre palavras e significados. Para nos comunicarmos com eficiência em outro idioma, precisamos não apenas aprender seu vocabulário e estruturas gramaticais, mas também conhecer as estruturas sociais, os valores e as pressuposições da cultura.

A proficiência dos membros da equipe no idioma comum da equipe afeta profundamente a qualidade da interação entre eles. Os falantes não nativos do idioma comum da equipe podem se sentir excluídos das discussões se a falta de fluência os impedir de expressar seus pensamentos com rapidez ou clareza suficientes. É muito fácil para os falantes nativos do idioma da equipe pensar que, quando os falantes não nativos não participam das discussões, eles não estão interessados no tópico ou não conseguem entender as questões. Outro motivo pelo qual os falantes não nativos, mas relativamente fluentes, do idioma da equipe podem enfrentar problemas de comunicação é que mesmo diferenças sutis na pronúncia ou na estrutura gramatical podem fazer com que os falantes nativos não entendam o que eles estão dizendo ou pensem que são rudes.[13]

Mesmo quando todos os membros da equipe se sentem livres para contribuir, podem ocorrer mal-entendidos facilmente, pois os membros da equipe e os líderes de diferentes origens culturais tendem a usar palavras e conceitos de maneiras diferentes. Os líderes do Kuwait, da Turquia e do Catar, por exemplo, usam palavras como "consulta" e "participação" principalmente para induzir sentimentos de pertencimento ao grupo, com

---

12 R. Hibbert, "Church Planting Teams", 190.

13 Stephen Chen, Ronald Geluykens e Chong Ju Choi, "The Importance of Language in Global Teams: A Linguistic Perspective", *Management International Review* 46 (2006): 679–96.

o entendimento de que o líder ainda tomará as decisões finais.[14] Os líderes das culturas EDG, por outro lado, geralmente entendem essas palavras como implicando o envolvimento em um processo de tomada de decisão que resultará em um plano de ação compartilhado.

## COMO AS DIFERENÇAS CULTURAIS AFETAM AS EQUIPES MULTICULTURAIS

As diferenças subjacentes no comportamento entre as culturas são diferentes conjuntos de valores e suposições. Descobrimos que seis dimensões de valores e pressuposições culturais são particularmente significativas em equipes multiculturais e frequentemente causam mal-entendidos:

1. Individualismo versus coletivismo
2. Comunicação com alto contexto versus comunicação com baixo contexto
3. Orientação para tarefas versus orientação para pessoas
4. Comunicação direta versus indireta
5. Distância de alta potência versus distância de baixa potência
6. Evasão de alta incerteza versus evasão de baixa incerteza[15]

A dimensão do individualismo versus coletivismo descreve o grau de importância que as pessoas atribuem ao seu grupo e o grau em que preferem agir como indivíduos ou como parte de um grupo. Os coletivistas são orientados para o grupo. Eles estão intimamente ligados a seus grupos e se consideram parte de grupos que duram a vida toda, como sua família,

---

14 Selda Pasa, Hayat Kabasakal e Muzaffer Bodur, "Society, Organisations, and Leadership in Turkey", *Applied Psychology: An International Review* 50 (2001): 559-89; Ikhlas Abdalla e Moudi Al-Homoud, "Exploring the Implicit Leadership Theory in the Arabian Gulf States", *Applied Psychology: An International Review* 50 (2001): 506-31.

15 O individualismo e o coletivismo foram descritos detalhadamente em Harry Triandis, *Individualism and Collectivism: New Directions in Social Psychology* (Boulder, CO: Westview, 1995). Esta dimensão também é descrita em Hofstede, Hofstede e Minkov, *Cultures and Organizations*, 89-134. Culturas de alto e baixo contexto foram descritas pela primeira vez em Edward Hall, *Beyond Culture* (Nueva York: Anchor, 1976), 85-103. A orientação para tarefas e pessoas é descrita em Elmer, *Cross-cultural Connections*, 125-34. A comunicação direta e indireta é descrita em Sarah Lanier, *Foreign to Familiar: A Guide to Understanding Hot- and Cold-climate Cultures* (Hagerstown, MD: McDougal, 2000). A distância do poder e a prevenção da incerteza são descritas em Hofstede, Hofstede y Minkov, *Cultures and Organizations*, 53-86, 187-233.

sua tribo ou sua nação. Eles baseiam sua identidade principalmente nos grupos aos quais pertencem e tomam decisões considerando o que será melhor para o grupo. Eles são motivados pelas normas e deveres impostos pelo grupo. Os individualistas, por outro lado, definem sua identidade de forma muito mais independente, tomam decisões com base no que será melhor para o indivíduo e dão prioridade às metas pessoais em vez das metas do grupo. Eles enfatizam as conquistas pessoais e os direitos individuais e escolhem os grupos dos quais fazem parte.

As pessoas de culturas de alto contexto estão cientes das muitas pistas não verbais do contexto, como a sala em que a comunicação está ocorrendo, a maneira como as pessoas com quem estão se vestindo, como as pessoas estão sentadas ou em pé, o tom de voz e os gestos e outras coisas que estão acontecendo na sala. Elas dão tanto ou mais valor a esses elementos não verbais da comunicação do que às próprias palavras. As pessoas de culturas de baixo contexto, por outro lado, prestam atenção quase que exclusivamente às palavras da comunicação e ignoram muitos dos elementos do contexto mais amplo, como os sinais não verbais. Essa diferença causa inúmeros problemas em situações multiculturais. Se algo foi dito ou escrito, as pessoas de baixo contexto esperam que isso seja cumprido. As pessoas de alto contexto são muito mais sensíveis às mensagens não verbais em torno das palavras, como a impaciência da pessoa de baixo contexto, e se importam muito menos com o que foi escrito. Para as pessoas de baixo contexto, as palavras são obrigatórias. Para as pessoas de alto contexto, os relacionamentos são vinculativos e as palavras são irrelevantes.

Em situações em que são usados acordos escritos, como em muitas equipes e parcerias comerciais, as pessoas de culturas de baixo contexto (como as culturas EDG) consideram que tudo foi resolvido quando uma assinatura é colocada no papel. Embora possam ter investido várias horas ou até mesmo dias se comunicando com seus parceiros para que o documento fosse assinado, uma vez assinado, elas o consideram concluído. Eles não se importam com o contato visual entre as pessoas da cultura de alto contexto, a inquietação, a sinalização para outras pessoas fora da sala ou até mesmo os protocolos de interação, exceto em termos de atingir a meta da assinatura no documento. Quando, após a assinatura, parece que os outros signatários ignoram o documento, eles ficam irritados e frustrados. Para os parceiros de alto contexto, o documento era apenas parte do processo de construção do relacionamento e de pouca importância para as outras coisas que estavam sendo comunicadas.

As pessoas de culturas de alto contexto geralmente também são orientadas para as pessoas, e não para as tarefas. Elas querem ajudar as pessoas de baixo contexto a superar sua impaciência e frustração e a relaxar e aproveitar o tempo que passam com elas. Elas consideram a tarefa de importância secundária em comparação com a qualidade do relacionamento entre elas. No entanto, muitas vezes têm dificuldade em lidar com a situação, porque as pessoas de baixo contexto são muito diretas e parecem rudes ao se comunicarem. As pessoas de baixo contexto não demonstram nenhuma consideração por seus sentimentos ou pela complexidade da situação. As pessoas de alto contexto continuam a insinuar indiretamente, mas as pessoas de baixo contexto parecem alheias ao que estão dizendo. As pessoas de baixo contexto acham que se comunicaram claramente porque disseram as palavras da forma mais simples e clara possível. As pessoas de alto contexto também acham que se comunicaram com clareza porque se referiram gentilmente a algumas coisas que podem estar afetando o que elas acham que as pessoas de baixo contexto querem alcançar. Na verdade, as pessoas de contexto baixo parecem estar ficando bastante quentes e agitadas, e as pessoas de contexto alto acham que as pessoas de contexto baixo só precisam se acalmar e, por isso, sugerem que elas comam alguma coisa.

As culturas também têm maneiras diferentes de estruturar suas hierarquias. A distância do poder refere-se ao grau em que os seguidores esperam e aceitam que seus líderes tenham mais poder do que eles. [16]Diferentes culturas se sentem confortáveis com diferentes graus de distância de poder. A principal maneira pela qual isso afeta as equipes multiculturais é na tomada de decisões. Pessoas de culturas com alta distância de poder se sentem muito mais confortáveis com líderes que tomam decisões unilaterais em seu nome. As pessoas de culturas com menor distância de poder esperam que os líderes as envolvam igualmente na tomada de decisões. Elas esperam participar do processo. Essa diferença é praticamente irreconciliável em muitas equipes. Uma distância maior do poder também pode estar associada à expectativa de que os líderes estendam sua responsabilidade sobre a vida pessoal dos membros da equipe, até mesmo ao ponto de ser um patrono que atende às suas necessidades pessoais.

O último aspecto da diferença cultural que causa problemas em equipes multiculturais é a prevenção de incertezas. Esse é o grau em que as pessoas toleram a incerteza e a ambiguidade. Em culturas com alto índice

---

16 Hofstede, Hofstede e Minkov, *Cultures and Organizations*, 53–86.

de aversão à incerteza, as pessoas tentam minimizar o risco e a ansiedade fazendo tudo o que podem para planejar todas as contingências. Em suas culturas, há regras e procedimentos definidos culturalmente para cada circunstância. Em contrapartida, as pessoas provenientes de culturas com baixa aversão à incerteza sentem-se confortáveis em situações não estruturadas e ambientes mutáveis e tentam ter o mínimo de regras possível. Elas relutam em desperdiçar tempo e recursos em coisas que talvez nunca aconteçam. O planejamento da equipe para o futuro pode ser significativamente afetado pela tensão entre essas duas perspectivas. É provável que isso seja particularmente relevante para a conformidade com os requisitos burocráticos das atividades da equipe. Os membros da equipe de culturas com alto nível de aversão à incerteza desejarão obter todas as permissões do governo e a documentação necessária antes de realizar uma atividade, mesmo que o processo leve muitos meses ou até anos. Os membros da equipe que evitam a baixa incerteza preferem simplesmente prosseguir com a atividade e estarão prontos para lidar com quaisquer problemas se e quando eles surgirem.

Essas diferentes dicotomias não são categorias ou/ou, mas espectros de possibilidades. Elas ajudam os membros da equipe que trabalham com colegas de equipe culturalmente diferentes a perceber que existem muitas variações diferentes de diferença e que a diferença não é errada, mas simplesmente diferente. Para os membros da equipe que não tenham encontrado ou refletido anteriormente sobre a diferença cultural, a compreensão dessas dimensões da diferença cultural também pode ajudá-los a perceber que sua orientação cultural é simplesmente uma possibilidade em um espectro. A incrível criatividade da humanidade significa que as culturas podem variar em inúmeras dimensões, incluindo variações sutis de temas comuns.

Os membros da equipe de diferentes culturas percebem o mundo ao seu redor, inclusive a tarefa da equipe, de maneiras diferentes. Praticamente todos os aspectos do processo, da vida, da função e da comunicação da equipe serão percebidos e gerenciados de forma diferente por pessoas de culturas diferentes. Elas terão diferentes maneiras de se comunicar, diferentes fontes de motivação, diferentes visões do que é eficácia e diferentes visões de integridade e confiança. Se essas visões não puderem ser integradas com sucesso, a equipe não conseguirá funcionar com todo o seu potencial. [17]

---

[17] Martha Maznevski e Mark Peterson, "Societal Values, Social Interpretation, and Multinational Teams", em *Cross-cultural Work Groups*, ed. Cherlyn Granrose e Stuart Oskamp (Thousand Oaks, CA: SAGE, 1997), 62.

## A PROFUNDA INFLUÊNCIA DAS DIFERENÇAS CULTURAIS NAS EMOÇÕES

Nossos valores e suposições culturais estão tão profundamente enraizados em nós desde o nascimento que evocam fortes emoções em nós, mesmo que não consigamos articular o motivo. Um exemplo particularmente claro disso é encontrado na comparação de abordagens a bebês e crianças entre as culturas individualistas EDG e a cultura coletivista Millet. Os pais da EDG trazem seus bebês do hospital para casa e os colocam em seus próprios quartos para dormir, separados dos pais, em suas próprias camas cercadas por grades, e os colocam em cercados com paredes. Essas grades e paredes existem para proteger os bebês, mas também criam um limite muito claro entre o bebê e outras pessoas. Se os bebês se opõem a serem deixados sozinhos, há um sistema elaborado de treinamento psicológico para ensinar aos bebês que eles devem ficar sozinhos no mundo e ficar quietos para que as outras pessoas no mundo dos bebês possam continuar com suas próprias vidas. À medida que os bebês crescem, eles são colocados no chão e cercados por brinquedos com os quais se espera que eles se ocupem. Considera-se que os brinquedos pertencem a cada criança e, embora sejam feitos grandes esforços para ensinar a criança pequena a compartilhar, reconhece-se que os brinquedos pertencem a ela e que ela tem o direito de ficar com os brinquedos se assim desejar. Não é surpresa, portanto, descobrir que os adultos das culturas EDG preferem casas nos subúrbios, cercadas por jardins e cercas, e não gostam que seus limites sejam ultrapassados, exceto por convite explícito. Também não é surpresa que essas culturas sejam defensoras dos direitos humanos individuais.

Em grande contraste, os bebês Millet nunca saem dos braços das pessoas. Eles dormem na cama da mãe por muitos anos e, durante seus dias, são passados de parente para parente. Eles fazem parte continuamente da interação humana e raramente, ou nunca, recebem brinquedos. As crianças estão sempre presentes em todos os lugares onde os adultos se reúnem, e é impensável que uma criança se retire para seu próprio quarto para atividades individuais. Para Millet, a solidão é um conceito desconhecido e muito difícil de entender. Eles vivem em casas de famílias extensas com uma área central para reuniões, refeições e trabalho em conjunto. O problema de qualquer pessoa é o problema de todos. Eles se visitam continuamente e se movimentam em grupos. As crianças são sempre ensinadas a compartilhar. Mesmo que as crianças tenham um pequeno biscoito, elas devem doá-lo ou quebrá-lo e compartilhá-lo com outras pessoas. É inconcebível que alimentos ou bens sejam mantidos para si; eles devem sempre ser compartilhados. Nessa cultura, a dívida é uma honra, especialmente para várias pessoas, porque indica que os outros o valorizam o suficiente para emprestar dinheiro a você. Como os Millet são um povo minoritário e pobre, o dinheiro geralmente é escasso para todos, portanto, eles geralmente se endividam para fornecer uma refeição a um visitante, o que não apenas afirma o valor do anfitrião (que recebe o empréstimo), mas preserva a honra do grupo perante o visitante.

Agora deve ser fácil imaginar o potencial de grandes conflitos quando os EDGs e os Millet tentam trabalhar juntos em uma equipe. Mesmo que um EDG e um membro da equipe Millet tenham estudado comunicação intercultural e compreendam intelectualmente o individualismo e o coletivismo, muitas das ações de seus colegas de equipe parecerão erradas e evocarão fortes reações emocionais. O coletivismo é um conceito agradável e até mais bíblico do que o individualismo, até que o filho de um colega de equipe da Millet pegue o brinquedo novo e caro do seu filho que você mandou vir especialmente do seu país. O individualismo, tão pitorescamente simbolizado por aquelas camas esquisitas para bebês em celas de prisão, é bom até que seu colega de equipe o afaste rudemente na porta porque precisa de "tempo para a família". Cada membro da equipe se sente ofendido com as ações do outro e acha que a cultura do outro é simplesmente errada. Eles se sentem irritados e magoados, embora compreendam intelectualmente a dinâmica intercultural.

É difícil entendermos o quanto do que pensamos, sentimos e valorizamos é determinado por nossa cultura, principalmente se pertencermos a um grupo dominante ou majoritário e não tivermos tido contato prolongado com outra cultura. A consciência de nossa própria cultura geralmente só se desenvolve quando conhecemos pessoalmente outra cultura por um longo período. Quando não tivemos essa exposição profunda a outras formas de ver o mundo, não vemos a cultura como um problema, porque as formas de nossa cultura são tudo o que vemos e são a forma correta. Por causa disso, inconscientemente assumimos a superioridade nas interações com pessoas de outras culturas e tentamos impor a maneira de nossa cultura de fazer as coisas aos outros. Os obreiros cristãos, os missionários e as agências missionárias podem se comportar dessa maneira etnocêntrica sem perceber e pensar que a maneira como as coisas são feitas em suas igrejas locais é a única que realmente agrada a Deus.

Cada um de nós faz julgamentos sobre as coisas com base em nossas suposições sobre o que é bom, correto e belo. Nossos conceitos do que é bom, correto e belo são um mosaico complexo baseado em uma vida inteira de histórias, imagens e experiências que vivenciamos com membros de nossa comunidade cultural e que foram continuamente reforçadas e afirmadas por pessoas importantes de nossa comunidade. Esse mosaico de suposições difere de cultura para cultura. As pessoas de cada cultura têm uma maneira única de ordenar seu mundo classificando as coisas como boas ou ruins, certas ou erradas, bonitas ou feias.

Algumas das diferenças mais óbvias entre as culturas em nível comportamental estão no que as pessoas vestem e na música que ouvem. Embora essas diferenças sejam relativamente superficiais, muitas vezes é difícil para as pessoas de uma cultura apreciar a música de outra cultura, pois a música é construída com instrumentos, sons e ritmos desconhecidos. Não é incomum que pessoas de uma cultura que tenham de ouvir música de outra cultura a descrevam como "errada" e sintam que não a suportam. Recentemente, ouvimos um membro de uma cultura se referir à dança de outra cultura como "horrível". O mesmo se aplica às roupas. As pessoas de uma cultura muitas vezes não gostam das cores e dos estilos das roupas de outro grupo e se referem a elas como extravagantes ou até mesmo feias. Em um nível mais profundo, as pessoas de culturas que valorizam muito a independência das mulheres podem condenar rapidamente as culturas que atribuem beleza e honra ao casamento, à maternidade e à manutenção da casa. Quando as pessoas se deparam com essas diferenças, elas se sentem impelidas a mudar o que está "errado" na sociedade anfitriã, como quando um missionário se sente compelido a ensinar os novos conversos a cantar "corretamente" - o que significa que eles devem cantar usando o estilo musical com o qual o missionário se sente confortável.

As pessoas de uma cultura podem facilmente julgar as ações das pessoas de outra cultura como ruins, erradas ou feias com base em suas suposições. Em culturas coletivistas, por exemplo, a maneira como as pessoas se comportam umas com as outras e sua capacidade de preservar a harmonia é vista como boa e bonita. Quando os individualistas perdem a paciência e atacam pessoas, animais ou objetos, os coletivistas percebem isso como um comportamento particularmente feio. Quando um índio Lengua local viu um missionário norte-americano batendo em um cavalo por ter danificado seus vegetais, por exemplo, o índio concluiu que o missionário devia ser sub-humano. O que o missionário fez foi, de acordo com as suposições dos Lengua sobre a necessidade de preservar a harmonia dentro de si e no mundo ao seu redor, completamente inapropriado e feio. [18]

---

18 Jacob A. Loewen, *Culture and Human Values: Christian Intervention in Anthropological Perspective* (Pasadena: William Carey Library, 1975), 142–43.

Quando fazemos julgamentos negativos sobre práticas culturalmente diferentes, estamos essencialmente definindo nossas maneiras de fazer as coisas como limpas e as da outra cultura como sujas. A antropóloga Mary Douglas argumentou que a sujeira é fundamentalmente "matéria fora do lugar".[19] A terra, por exemplo, que é útil e boa em seu devido lugar no jardim, torna-se sujeira quando é pisada dentro de casa e no carpete. As coisas que vemos como ruins, erradas ou feias ofendem nosso senso de ordem e, portanto, nesse sentido, são sujas. Quando a sujeira, em qualquer forma, se intromete, ela não está certa e precisa ser tratada; sentimo-nos compelidos a limpá-la. Nas interações interculturais, mesmo entre missionários altamente treinados, não é incomum que as pessoas considerem que seus colegas talvez nem sejam cristãos por causa da "sujeira" que manchou o contexto que compartilham.

Os membros da equipe de culturas coletivistas tendem a se preocupar muito mais em preservar a harmonia do grupo e evitar a perda de prestígio do que os individualistas. Eles podem evitar dizer coisas que possam perturbar essa harmonia ou causar perda de prestígio, como relatar danos a um carro ou o comportamento inaceitável de um colega. Os membros da equipe de culturas individualistas que observam esse comportamento podem considerar seus colegas de equipe coletivistas pouco confiáveis. Eles podem vê-los como mentirosos e possivelmente questionar se são mesmo cristãos. O coletivista, por outro lado, pode ver o individualista que relata negativamente o comportamento de um colega de equipe como algo que perturba a harmonia do grupo e ameaça os relacionamentos, e pode se perguntar se o individualista pode ser um cristão.

Os sentimentos associados aos julgamentos que fazemos podem ser muito fortes. Algumas culturas são mais conscientes desses sentimentos e têm uma linguagem bem desenvolvida para identificar e explorar as emoções. A maioria dos coreanos, por exemplo, compartilha uma emoção subjacente chamada *han*. *Han* é um sentimento amplamente compartilhado de dor e frustração interior, um "coração ferido" que resulta de abuso, exploração e violência.[20] As pessoas de culturas EDG, nas quais a expressão emocional evidente é vista como algo que turva o mundo ordenado, acham difícil se identificar ou entender emoções como *han*. Os membros da equipe que vêm de culturas em que a expressão emocional é considerada ruim geralmente não têm as habilidades necessárias para identificar ou

---

19 Mary Douglas, *Purity and Danger* (Londres: Routledge, 1966), 37.

20 Dongsoo Kim, "The Healing of Han in Korean Pentecostalism", *Journal of Pentecostal Theology* 15 (1999): 125–26.

se relacionar com esses tipos de expressão emocional em seus colegas de equipe. Os coreanos e muitos chineses, por outro lado, costumam ter muito mais consciência das emoções dos outros. Descobrimos que os membros da equipe coreana geralmente reconhecem e entendem a raiva ou a mágoa de um membro da equipe ofendido mais prontamente do que os membros da equipe EDG.

Quando alguém de nossa própria cultura contraria a maneira aceita de fazer e ver as coisas, todos se sentem ofendidos, mas nossa reação emocional é relativamente pequena, pois todos tomam medidas imediatas para colocar o infrator na linha e restaurar a ordem no mundo. Entretanto, quando nosso modo de agir é violado em uma interação intercultural, as regras são completamente diferentes. Se o seu grupo for dominante, você pode insistir que a sua versão da ordem do mundo seja restaurada, forçando o infrator a se comportar como você. Se você for minoria e não tiver poder, sua visão de mundo será ameaçada, o que pode ser muito angustiante. Mesmo que você se conforme ou permita que as pessoas do outro grupo cultural façam as coisas do jeito delas, ainda terá de resolver a dissonância cultural interna e as emoções negativas associadas a ela. Muitas vezes ouvimos membros de equipes missionárias multiculturais dizerem sobre seus colegas de equipe: "Eles não podem ser cristãos se agem dessa forma". David Greenlee dá um bom exemplo disso:

> Nos primeiros dias do ministério da Operação Mobilização por meio do navio Doulos, "Hans", do norte da Europa, era o supervisor de "Ray", do sudeste asiático. A tarefa de Ray era atender os clientes na grande livraria do navio e garantir que suas prateleiras estivessem estocadas e em ordem; Hans supervisionava o turno de trabalhadores do qual Ray fazia parte.
>
> Pelo que me lembro do incidente, Hans foi visitar o diretor do navio um dia. "Acho que Ray não pode ser cristão", disse ele. "Ele passa tanto tempo conversando com as pessoas que raramente tem suas prateleiras estocadas e em ordem."
>
> Pouco tempo depois, Ray veio para uma consulta sem saber da visita anterior de Hans. "Não é possível que Hans seja cristão!", insistiu ele com o diretor. "Ele só se preocupa com o trabalho e os horários, não em passar tempo com as pessoas."[21]

---

21 David Greenlee, *One Cross, One Way, Many Journeys* [*Uma Cruz, Um Caminho, Muitas Jornadas*]: *Thinking Again about Conversion* [*Pensando novamente sobre a conversão*] (Tyrone, GA: Authentic, 2007), 7

## IMPLICAÇÕES DAS DIFERENÇAS CULTURAIS NA COMUNICAÇÃO DA EQUIPE

Toda comunicação é profundamente influenciada pela cultura. Nós nos comunicamos mal quando não levamos em conta nossa própria cultura e a cultura da pessoa com quem estamos nos comunicando. As dificuldades de comunicação entre culturas não se devem tanto às diferenças culturais em si, mas às nossas interpretações inúteis e imprecisas dessas diferenças. É por isso que compreender as diferenças culturais e como essas diferenças afetam a comunicação é tão importante para as equipes multiculturais. À medida que começarmos a entender os valores culturais de outras pessoas em nossas equipes, também começaremos a interpretar a comunicação delas com mais precisão e a entendê-las melhor.

William Gudykunst explica que, quando nos comunicamos com pessoas de outras culturas, sentimos incerteza e ansiedade, e que precisamos gerenciá-las para que fiquem em um nível ideal - nem muito alto nem muito baixo. Se nossa incerteza for muito alta, nossa capacidade de interpretar as mensagens dos outros ou prever com precisão seu comportamento diminuirá. Se nossa ansiedade for muito alta, interpretamos o comportamento dos outros de acordo com nosso próprio quadro de referência ou com estereótipos, em vez de pensar no que esse comportamento significa no quadro de referência da outra pessoa. Da mesma forma, se nossa incerteza ou ansiedade for muito baixa, tenderemos a interpretar as ações da outra pessoa usando nossa própria estrutura familiar, ignorando as diferenças culturais e sem motivação para explorar perspectivas alternativas. O que precisamos fazer, de acordo com Gudykunst, é nos tornarmos "atentos". Quando as pessoas se comunicam sem pensar, elas tendem a usar categorias amplas e estereótipos para interpretar o comportamento dos outros. Tornar-se atento envolve trabalhar conscientemente em nossas formas de comunicação para maximizar o entendimento. Isso significa que pensamos em como nossas ações e palavras serão interpretadas por nossos colegas de equipe e também que trabalhamos para interpretar suas ações em termos de seu quadro de referência.[22]

É importante que os membros de equipes multiculturais percebam que o idioma é apenas uma pequena parte de qualquer mensagem que

---

22 William Gudykunst, "Applying Anxiety/Uncertainty Management (AUM) Theory to Intercultural Adjustment Training", *International Journal of Intercultural Relations* 22, nº 2 (1998): 227–50.

eles ou seus colegas de equipe comunicam. Uma das maiores dificuldades em situações interculturais é a nossa incapacidade de "ler" os sinais de comunicação não verbal dos membros da equipe de outras culturas. Da mesma forma, os membros da equipe de culturas diferentes da nossa podem estar "lendo" nossos sinais como se significassem coisas que não pretendíamos comunicar. Um estudo que comparou a capacidade de pessoas dos EUA e da Jordânia de perceberem enganos entre culturas fornece um bom exemplo disso: julgamentos dentro da cultura - ou seja, julgamentos feitos por americanos sobre americanos e julgamentos feitos sobre jordanianos por jordanianos - foram relativamente precisos, mas julgamentos entre culturas foram extremamente imprecisos e pouco melhores do que jogar uma moeda.[23] Como a comunicação não-verbal é uma parte muito importante da comunicação, especialmente para pessoas de culturas de alto contexto, conscientizar-se e aprender a interpretar com precisão a comunicação não-verbal entre culturas é uma habilidade vital para os membros e líderes de equipes multiculturais.

## IMPLICAÇÕES DAS DIFERENÇAS CULTURAIS PARA OS LÍDERES DE EQUIPE

Os líderes de equipes multiculturais precisam desenvolver competência intercultural - a capacidade de responder e se relacionar de forma eficaz com os membros da equipe de uma ampla variedade de culturas. A competência intercultural permite que o líder da equipe reconheça as expectativas que os diversos membros da equipe têm em relação à liderança, promova a comunicação eficaz da equipe e aprimore os relacionamentos entre os membros da equipe. Ao compreender outras culturas, o líder da equipe se torna mais consciente de como suas palavras e comportamentos podem ser mal interpretados e é mais capaz de interpretar com precisão as respostas dos indivíduos em discussões e tomadas de decisão. A competência intercultural pode evitar que o líder da equipe ofenda desnecessariamente os membros da equipe e se sinta pessoalmente ofendido pelas diferenças culturais. Os líderes que têm algum conhecimento das culturas específicas representadas em sua equipe também são mais capazes de discernir quais problemas estão relacionados à cultura e quais são resultado de outras diferenças, como personalidades individuais. A competência intercultural

---

23 Charles Bond, Adnan Omar, Adnar Mahmoud e Richard Bonser, "Lie Detection across Cultures", *Journal of Nonverbal Behavior* 14, no. 3 (1990): 189–204.

ajuda o líder a facilitar a negociação da equipe em relação a uma abordagem mutuamente acordada para administrar conflitos. Ela também ajuda o líder a administrar rivalidades interétnicas na equipe.

Um líder interculturalmente competente pode ajudar sua equipe a se comunicar de forma mais eficaz. As diferenças culturais significam que a comunicação em uma equipe multicultural é um campo minado complexo. Cada cultura representada na equipe trará para o processo de comunicação diferentes suposições culturais, interpretações contextuais, comportamentos não verbais e abordagens para preservar a face dos participantes. Não é realista esperar que os líderes de equipe ajustem continuamente seu estilo de comunicação para se adequar à cultura de cada membro da equipe simultaneamente no contexto das reuniões de equipe. A interação é muito complexa e rápida para que eles possam fazer isso. Embora os líderes de equipes multiculturais precisem ter competência intercultural para entender e gerenciar a comunicação com cada membro individual da equipe, no contexto de toda a equipe eles precisam ajudar os próprios membros da equipe a desenvolver a competência intercultural para se comunicarem uns com os outros.

A complexidade da comunicação em uma equipe multicultural é um dos motivos pelos quais a formação de equipes geralmente leva mais tempo em equipes multiculturais do que em equipes monoculturais. Grande parte do trabalho de base para a formação de uma equipe multicultural é feita nos estágios iniciais de formação e de formação de equipes. Nessas fases iniciais, o líder da equipe precisa ajudar a equipe a explorar os valores culturais e os significados dos comportamentos não verbais. O líder deve incentivar a equipe a explicitar o maior número possível de suposições culturais. As suposições relacionadas às dimensões da diferença cultural discutidas neste capítulo são um bom ponto de partida.

A competência intercultural também é necessária para entender e responder adequadamente às expectativas dos membros da equipe em relação aos seus líderes. A cultura afeta essas expectativas. Pessoas de culturas diferentes têm ideias diferentes sobre o que é uma boa liderança. Elas têm visões diferentes sobre a importância, o valor, o status e a influência dos líderes.[24] Essas diferentes visões de liderança significam que os líderes de equipe só terão credibilidade como líderes aos olhos dos

---

24 Robert House, Paul Hanges, Mansour Javidan, Peter Dorfman e Vipin Gupta, *Culture, Leadership, and Organizations: The GLOBE Study of 62 Societies* (Thousand Oaks, CA: SAGE, 2004), 5.

membros da equipe quando liderarem de uma forma que corresponda às expectativas culturais dos membros da equipe, pelo menos em alguns aspectos fundamentais. Os membros de equipes multiculturais geralmente não esperam que os líderes de outras culturas se tornem completamente iguais aos líderes de sua própria cultura.[25] Eles fazem concessões aos líderes de culturas diferentes, mas, ainda assim, têm expectativas inconscientes em relação a seus líderes que são moldadas por suas próprias origens.

Em sua pesquisa sobre agências missionárias multiculturais, Lianne Roembke descobriu que os missionários europeus e norte-americanos frequentemente se ofendiam com o que consideravam ser o estilo de liderança autoritário dos líderes de equipes africanos e asiáticos. Por outro lado, os asiáticos e africanos questionavam a competência dos líderes que queriam envolver todos em todas as decisões. Muitos membros asiáticos da equipe relataram que se sentiam entediados e frustrados com as reuniões de tomada de decisão participativa no estilo ocidental e que só queriam continuar com a tarefa.[26] Em nossa pesquisa sobre equipes de plantação de igrejas, descobrimos que os membros asiáticos de equipes multiculturais de plantação de igrejas eram muito menos positivos em relação ao estilo de seus líderes do que os membros da EDG. Muitos membros asiáticos da equipe achavam que seus líderes eram indecisos. Esses membros da equipe também tinham expectativas mais altas de que seus líderes dessem uma direção clara, esclarecessem as funções na equipe e prestassem assistência pastoral.[27] Outros pesquisadores descobriram que os membros de equipes da Ásia, do Oriente Médio e da África têm maior probabilidade de preferir um estilo de liderança autocrático e que estão mais preocupados com a harmonia na equipe do que com o desempenho.[28] Quanto maior for a diferença no conceito de liderança entre líderes e seguidores, menor será a influência do líder.

Outra maneira pela qual as expectativas de liderança diferem entre as culturas é em relação a quanto de suas vidas os membros da equipe permitem e esperam que seus líderes influenciem. Os norte-americanos,

---

25 David Matsumoto, *Culture and Psychology: People around the World* (Londres: Wadsworth, 2000), 476.

26 Lianne Roembke, *Building Credible Multicultural Teams* (Pasadena: William Carey Library, 2000), 130-31.

27 R. Hibbert, "Church Planting Teams" (Equipes de plantação de igrejas), 166.

28 Kamel Mellahi, "The Teaching of Leadership on UK MBA Programmes: A Critical Analysis from an International Perspective", *Journal of Management Development* 19 (2000): 297-308.

por exemplo, esperam que haja uma forte distinção entre o tempo de trabalho e o tempo pessoal ou familiar. Eles não esperam que seus líderes tenham qualquer influência sobre o que acontece em seu tempo pessoal ou familiar.[29] Por outro lado, no Japão e na Índia, os trabalhadores geralmente esperam que seus líderes se envolvam em suas vidas pessoais, até mesmo para ajudá-los a encontrar parceiros para o casamento. Um primeiro passo para os líderes de equipes multiculturais é aumentar a compreensão dessas diferentes expectativas.

Há duas maneiras principais de desenvolver a competência intercultural necessária para ser um bom líder de equipe multicultural. A primeira delas é familiarizar-se com as categorias gerais de diferenças culturais, como as descritas neste capítulo, e ganhar experiência observando como elas são expressas em uma ampla variedade de culturas. A segunda maneira é aprender os valores de cada uma das culturas específicas dos membros da equipe, inclusive seus valores relativos à liderança. Os líderes podem desenvolver essa competência intercultural mais específica perguntando aos membros da equipe sobre seus valores e expectativas em relação à liderança. Essas discussões podem ser incluídas em algumas das reuniões da equipe durante o primeiro ano de operação. Exemplos de perguntas que os líderes podem fazer aos membros da equipe sobre as visões de liderança de suas culturas estão listados no Apêndice 1.

Não é realista esperar que os líderes de equipes multiculturais estejam pessoalmente familiarizados com todas as culturas representadas em sua equipe. Os líderes de equipes multiculturais precisam se tornar estudantes de cultura por toda a vida. Ao continuar a aprender sobre outras culturas, eles se tornam cada vez mais conscientes da variedade de maneiras pelas quais os seres humanos ordenam e dão sentido ao seu mundo e se relacionam uns com os outros dentro dele. Tornar-se mais consciente dessa variedade também significa que os líderes são mais sensíveis às diferenças entre os sistemas de valores de diferentes culturas e mais capazes de prever possíveis problemas que possam surgir. A mente aberta torna os líderes mais capazes de aceitar práticas, interpretações e abordagens dos membros da equipe que sejam diferentes das suas e de tornar essas diferenças explícitas de forma a ajudar a equipe a aceitar as diferenças ou a negociar um meio-termo. Se os líderes da equipe não tiverem conhecimento das bases culturais dessas diferenças, eles poderão julgá-las como erradas e inibir a discussão em vez de abri-la como um caminho para a negociação.

---

29 Matsumoto, *Culture and Psychology*, 473–74.

Os líderes de equipe que viveram em outra cultura têm uma grande vantagem, pois têm pelo menos uma compreensão geral da diferença cultural e experimentaram pessoalmente o desafio de se adaptar a uma nova cultura e o grau de esforço necessário para realmente se conectar com pessoas de outras culturas. A sensação de inadequação, o desgaste emocional e o trauma, bem como o desenvolvimento da autoconsciência por meio da experiência de sofrer danos em interações interculturais anteriores, tudo isso permite que o líder de equipe com experiência intercultural aprecie e tenha empatia com os membros da equipe de outras culturas. Não há substituto para esse tipo de experiência prática de imersão prolongada e interação face a face com pessoas de outra cultura.

# CAPÍTULO 3

# UMA VISÃO PARA A COMUNIDADE MULTICULTURAL

A razão mais convincente para apreciarmos a diversidade - especialmente a diversidade cultural - é a criação de Deus. Deus se deleita com a diversidade. Em toda a criação, nem mesmo um floco de neve ou uma folha de grama é exatamente igual a outro. Há uma forte ênfase na narrativa da criação em que todos os seres vivos foram criados "segundo as suas espécies" (Gn 1:11,12,21,25 NVI), e o relato termina com o resumo: "Assim, os céus e a terra foram completados em toda a sua vasta gama" (Gn 2:1 NVI). Em contraste, desde a Torre de Babel, os seres humanos têm despendido uma grande quantidade de energia tentando criar conformidade. Fábricas monolíticas produzem milhares de produtos que são exatamente iguais. Os subúrbios estão repletos de casas construídas exatamente com a mesma planta, e os políticos e advogados trabalham arduamente para definir leis e políticas que garantam que os procedimentos sociais sejam seguidos com exata reprodutibilidade. Os conselheiros matrimoniais geralmente precisam aconselhar maridos e esposas a pararem de tentar mudar seus cônjuges para que se comportem como eles mesmos.

A diferença parece perigosa para nós porque é imprevisível e está fora de nosso controle. A diferença, ou "alteridade", com sua inerente "falta de controle", nos deixa ansiosos. Em encontros interculturais, tentamos controlar nossa ansiedade usando uma de duas estratégias em relação a outras pessoas culturalmente diferentes. Miroslav Volf usa os termos "abraçar" e "excluir" para descrever essas duas estratégias.[1] Abraçar os outros significa aceitá-los e incluí-los. Excluir os outros, por outro lado,

---
1 Volf, *Exclusion and Embrace*.

cria uma dicotomia nós/eles, na qual algumas pessoas são consideradas inaceitáveis e são mantidas fora do grupo. Para excluir ou abraçar, criamos limites entre nós e os outros. As fronteiras funcionam como marcadores de identidade, e os membros de cada grupo étnico mantêm a fronteira de seu grupo controlando quem pode cruzar a fronteira para ser incluído e o que deve fazer para cruzá-la.[2]

O controle é a estratégia mais comum que as pessoas usam para gerenciar as diferenças culturais e é frequentemente usado em equipes multiculturais. O controle é, na verdade, um abraço condicional. Quando há uma diferença de poder entre os grupos culturais de uma equipe, o grupo mais poderoso geralmente estabelece as condições para que o menos poderoso seja aceito. Os que abraçam condicionalmente estão na verdade dizendo: "Você pode se juntar a nós se se tornar como nós ou esconder sua diferença onde não possamos vê-la". Como o grupo menos poderoso precisa seguir as regras do grupo dominante, a ansiedade do grupo dominante é aliviada porque eles tornaram a diferença controlável ao colocá-la sob seu controle. O(s) grupo(s) reprimido(s) ou oprimido(s) fica(m) ansioso(s) porque sente(m) que sua identidade está sendo ameaçada; ele(s) sente(m) que precisa(m) negar algo de quem é(são) para ser(em) aceito(s) e colher os benefícios de pertencer ao grupo mais poderoso. O uso da exclusão ou do abraço pelo grupo dominante é, em sua maioria, inconsciente. A exclusão e o abraço condicional são respostas humanas automáticas a uma ameaça ao nosso senso de identidade de grupo ou ao bem-estar do grupo.

Neste capítulo, exploramos a dinâmica entre diferentes culturas quando elas vivem e trabalham juntas; um dos maiores desafios ocorre quando um grupo cultural é mais dominante ou poderoso do que os outros. Também apresentamos um esboço do que a Bíblia ensina sobre diversidade em geral e diversidade cultural em particular. Por fim, descrevemos como as organizações e os líderes de equipe precisam adaptar seus pensamentos e abordagens para criar equipes multiculturais saudáveis.

## O DESAFIO DO ETNOCENTRISMO

Todos nós tendemos a presumir que as maneiras de fazer as coisas de nosso grupo étnico são corretas e verdadeiras e que os outros grupos são incivilizados ou, de alguma forma, menos humanos. Isso é conhecido como etnocentrismo. O etnocentrismo afeta a maneira como nos sentimos em

---

2 Barth, *Ethnic Groups and Boundaries*, 9–38.

relação a outras pessoas culturalmente diferentes e, muitas vezes, nos leva a não gostar delas ou a desprezá-las. Ele é comum a todos os grupos étnicos. Em Irian Jaya, por exemplo, o povo Dani via os missionários ocidentais que estavam tentando alcançá-los com o evangelho como fantasmas, enquanto os missionários consideravam os Dani incivilizados. Cada grupo considerava o outro menos do que totalmente humano.[3]

A percepção de que "nosso jeito é o certo" nos leva a presumir que temos o monopólio da verdade e a pensar que outras maneiras de fazer as coisas são deficientes ou anormais. Qualquer grupo que seja a maioria em uma sociedade ou equipe tende a impor sua maneira de fazer as coisas aos outros. Mas não são apenas os grupos majoritários que podem fazer isso. Um grupo pode dominar mesmo quando é minoria, por exemplo, quando um grupo minoritário ganha poder político em um país e tenta moldar o país à sua própria imagem. Em uma equipe multicultural, o líder pode pertencer a um grupo minoritário da equipe, mas, mesmo assim, achar que pode dominar os outros porque seu grupo cultural é o mais poderoso da organização.

Quando um grupo dominante (majoritário ou minoritário) define as ações ou os valores de outros grupos como deficientes, é fácil para esse grupo dominante presumir que deve corrigir esses déficits. Embora os membros do grupo dominante tenham boas intenções, sua tentativa de consertar o comportamento dos outros se baseia na ideia de que os modos dos outros são inadequados. Seus esforços geralmente são ignorados ou rejeitados pelos membros dos grupos não dominantes, pois eles consideram as intervenções prejudiciais ao seu bem-estar e reforçam a impressão de que são deficientes em comparação com o grupo dominante. Esse problema comum ocorre quando grupos com mais dinheiro, recursos e poder tentam intervir para consertar o que consideram déficits nos grupos menos privilegiados. Os projetos de desenvolvimento entre os pobres ou entre os povos indígenas geralmente sofrem com essa mentalidade de deficiência.

Quando as pessoas são definidas como deficientes em relação ao grupo dominante, elas podem facilmente se sentir desvalorizadas e subumanas. Elas não têm como mudar a opinião do grupo dominante ou ganhar respeito pelo que têm a oferecer. É como se uma sala cheia de

---

[3] Charles Farhadian, "Comparing Conversions among the Dani of Irian Jaya", em *The Anthropology of Religious Conversion*, ed. Andrew Buckser e Stephen Glazier (Oxford: Rowman & Littlefield, 2003), 58.

pessoas estivesse discutindo sobre eles, mas eles não têm oportunidade de contribuir com a discussão. Edward Said dá um exemplo pungente desse tipo de discussão em seu livro *Orientalism (Orientalismo)*. Ele descreve como todo um campo de estudo acadêmico e discussão popular surgiu no mundo ocidental sobre o Oriente Médio e o Islã, mas não incluiu os pontos de vista das pessoas do Oriente Médio. Como resultado, os ocidentais mantiveram uma visão extremamente distorcida do Oriente Médio e do Islã, fortemente influenciada pelo etnocentrismo ocidental. A visão orientalista do Oriente Médio e dos muçulmanos tornou-se uma forma de controlar a alteridade e um abraço condicional que comunicava: "Você pode fazer parte da nossa discussão, desde que definamos a pauta."[4]

Em situações multiculturais, a discriminação inconsciente ocorre quando os membros do grupo étnico dominante não dedicam tempo para ouvir e entender as perspectivas de outras pessoas culturalmente diferentes. Em vez disso, presumindo que todos pensam como eles, assumem o controle da tomada de decisões. Quando o outro grupo ou grupos expressam opiniões alternativas, o grupo dominante atribui a eles motivos negativos. Um exemplo disso é uma igreja afro-americana e uma igreja euro-americana que tentaram uma fusão em meados da década de 1990. Embora compartilhassem as mesmas crenças, após dois meses de reuniões de adoração compartilhadas, elas votaram para abandonar a fusão e voltar para suas congregações separadas. Mas nem todos queriam se separar. Os membros da igreja de origem europeia mais dominante acreditavam que a fusão tinha dado certo. Eles não perceberam as diferenças que levaram os membros afro-americanos da igreja a votar contra a fusão. As práticas de adoração afro-americanas não eram apreciadas pelo grupo dominante, e os valores que eles prezavam eram ignorados.[5]

Esse tipo de problema é frequentemente encontrado em equipes multiculturais. Os membros do grupo dominante podem tender a falar sobre os membros da equipe de outras culturas em vez de incluí-los nas conversas. Quando os incluem, pode ser apenas para corrigir os problemas que seu grupo está causando ou enfrentando, em vez de trabalhar genuinamente em conjunto para chegar a soluções colaborativas. Os membros dominantes da equipe podem ter medo de permitir que os

---

4 Edward Said, *Orientalism* (Londres: Penguin, 1995).

5 Kersten Priest e Robert Priest, "Divergent Worship Practices" (Práticas de adoração divergentes), em *This Side of Heaven: Race, Ethnicity, and Christian Faith*, ed. Robert Priest e Alvaro Nieves (Oxford: Oxford Press, 2007), 275–91.

membros não dominantes da equipe tenham muita voz, temendo que suas sugestões possam ameaçar a maneira como as coisas devem ser.

## A DIVERSIDADE CULTURAL É O DESÍGNIO DE DEUS

A diversidade é criada por Deus. A variedade infinita é inerente ao projeto de Deus para o mundo. Embora todos surjam do DNA e 75% dos genes de todos sejam idênticos, há uma infinidade de variações criadas a partir dos mesmos blocos de construção.[6] Não há duas pessoas, nem mesmo gêmeos idênticos, que sejam exatamente iguais. A diferença é normal; devemos esperá-la e aceitá-la. Vemos isso pela primeira vez nos capítulos 1 e 2 de Gênesis. Deus cria uma variedade rica e colorida de formas e criaturas. Além do dia e da noite, da terra e dos mares, do sol, da lua e das estrelas, o Senhor cria muitos tipos de plantas, pássaros, peixes e animais.

Quando Deus criou os seres humanos, ele os criou diversos no sentido de serem homens e mulheres (Gênesis 1:27). Para que a humanidade cumprisse o mandato de Deus de encher a Terra, subjugá-la e dominar todos os animais (Gênesis 1:28), as pessoas precisavam se adaptar às diversas condições ambientais. Assim como foi dada liberdade a Adão na forma como ele abordou as tarefas de cuidar do jardim do Éden e nomear os animais (Gênesis 2:15,19,20), foi dada liberdade a toda a humanidade quanto às especificidades de como ela realizaria a tarefa de governar a Terra. À medida que as pessoas se espalharam pela Terra e enfrentaram diferentes ambientes, elas criaram diferentes maneiras de resolver problemas e diferentes abordagens para a vida familiar, relacionamentos, trabalho e diversão. Isso gerou diferentes modos de vida; em outras palavras, diferentes culturas. Mesmo antes da Queda, portanto, Deus previu a diversidade cultural e desfruta dessa diversidade.[7]

O mistério da sinergia por meio da diversidade é inerente ao projeto de criação de Deus. Esse efeito sinérgico, em que a diferença complementa e aumenta o impacto dos indivíduos, é um tema comum na Bíblia. É um mistério porque não podemos explicá-lo ou medi-lo facilmente. O mistério dessa sinergia é expresso na Trindade, nos quatro seres vivos que parecem diferentes, mas servem a Deus juntos (Ez 1; Ap 4; 5), no casamento, nas famílias e no corpo de Cristo. São o homem e a mulher

---

6 Noah Rosenberg et al., "Genetic Structure of Human Populations" (Estrutura genética das populações humanas), *Science* 298 (2002): 2381–85.

7 Frank Chan, "Biblical Materials for a Theology of Cultural Diversity: A Proposal", em *Understanding Diversity: Theological Views on Diversity* (Dubuque, IA: Kendall Hunt, 2005), 140–41.

juntos que refletem a imagem de Deus e que juntos formam uma unidade (Gn 5:1,2). Deus disse que não era bom que Adão ficasse sozinho e criou uma ajudante que era ideal para ele. Ela foi criada a partir de Adão, mas era diferente dele. Em sua diferença em relação a ele, ela completou a incompletude do homem sozinho (Gn 2:18-24). Da mesma forma, nenhum cristão individual pode expressar adequadamente quem é Jesus. É o corpo de Cristo, com todas as suas diferentes partes, que, em conjunto, reflete Jesus (1 Cor 12). Paulo escreve à igreja em Corinto: "Todos vocês juntos são o corpo de Cristo, e cada um de vocês é parte dele" (1 Cor 12:27). Há algo na união na diferença que fortalece e cria algo novo. Equipes eficazes têm sinergia. Isso ocorre quando o efeito do trabalho conjunto interdependente é maior do que a soma do que cada indivíduo da equipe poderia alcançar se trabalhasse sozinho.

A rebelião da humanidade contra Deus chegou ao clímax na Torre de Babel quando, como um só povo falando a mesma língua, eles começaram a construir uma cidade e uma torre. Eles disseram que a razão para fazer isso era "para fazermos um nome para nós mesmos [e não] sermos espalhados sobre a face de toda a terra" (Gn 11:4 NVI). Quando Deus confundiu a linguagem deles, a consequência foi que "o Senhor os espalhou dali por toda a terra" (Gn 11:8 NVI). Em vez de ser simplesmente uma punição pelo pecado, essa foi a maneira que Deus encontrou de corrigi-los e colocar seu propósito para a humanidade de volta nos trilhos.

O principal problema em Babel foi a recusa do povo em obedecer à ordem de Deus de se espalhar pela Terra. Ao se espalharem, encontrariam ambientes físicos diferentes e diversificariam o estilo de vida e o idioma. Em vez disso, o povo decidiu construir um monólito que se estendia até os céus. Eles estavam demonstrando a predileção humana pela uniformidade - não muitas comunidades, mas uma; não muitos estilos de vida, mas um; não muitos governos, mas um. Toda a engenhosidade humana estava concentrada em um único objeto, em vez de ser aplicada aos desafios da vasta diversidade física do mundo. O que aconteceu com aqueles que não queriam morar na cidade? Que opções havia para aqueles que tinham habilidades mais adequadas para navegar pelos oceanos do que para assar tijolos para um arranha-céu? Deus viu o que as pessoas estavam fazendo e não se agradou. Ele havia criado as pessoas para a criatividade e a diversidade, mas elas queriam a conformidade monolítica em oposição à sua vontade. Ele viu que elas precisavam de ajuda para se dispersar e, por isso, garantiu que elas não pudessem impor a mesmice, fazendo com que não pudessem se entender. Sob essa perspectiva, a diferença - especialmente a diferença de idiomas - é uma bênção. A história da Torre de Babel explica não apenas como e por que as pessoas se espalharam pelo mundo falando idiomas diferentes, mas também o desenvolvimento das diferentes nações e clãs descritos no capítulo 10 de Gênesis. A Torre de Babel "explica por que a construção de impérios sempre envolve um impulso em direção à uniformidade linguística e cultural".[8]

Deus continuou a afirmar a diversidade étnica e cultural depois de espalhar o povo pelo mundo. Imediatamente após Babel, Deus apresentou seu plano redentor para abençoar todos os povos da Terra (Gn 12:1-3). Ele planejou fazer isso por meio de Abraão, transformando-o em uma nação que seria um canal de bênção para todas as outras nações. No entanto, a maneira que Deus escolheu para redimir o mundo não foi a de Israel submeter outras nações a si mesmo. As pessoas de outras nações que Deus abençoou por meio de Israel continuaram a ser identificadas por sua origem étnica, embora algumas delas tenham se casado com israelitas e vivido entre eles. Alguns dos muitos exemplos disso são Raabe (Js 2), Rute, a moabita (Rute 1:4), Itai, o giteu (2Sm 15; 18), a viúva de Sarepta (1Rs 17; cf. Lc 4:24-26) e Naamã, o sírio (2Rs 5).

Não se exigia que pessoas de outras nações se tornassem judeus para receber as bênçãos de Deus. Naamã não foi condenado por ser um general inimigo com um prisioneiro de guerra israelense em sua casa, e Jesus enfatizou que Deus curou um sírio em vez de um dos muitos leprosos judeus em seu discurso na sinagoga de Nazaré (Lucas 4:27). As leis do Antigo Testamento referentes aos estrangeiros em Israel não exigiam que eles se tornassem judeus, mas ainda assim os protegiam, cuidavam deles e garantiam a justiça (Lv 19:33,34; Nm 15:15; Dt 24:17-22). Os estrangeiros eram incluídos na comunidade sem terem de ser incorporados a ela. Eles podiam participar sem ter de abrir mão de sua identidade não judaica. Eles podiam participar do povo de Deus até o ponto de serem incluídos como ancestrais do Messias, como Raabe e Rute foram (Mt 1:5).

As nações não foram condenadas por serem diferentes de Israel, mas por adorarem outros deuses. A Bíblia registra diferentes costumes e parece se deleitar em dar exemplos de quando pessoas de outras nações buscaram a Deus. Deus exortou os egípcios na época de Moisés, os ninivitas nos dias de Jonas, os babilônios e especialmente o rei Nabucodonosor na época de Daniel e os persas a ouvir e obedecer a Deus, mas não exigiu que se tornassem judeus. Isaías previu que "muitos povos" acorreriam a Deus para

---

8 Dewi Hughes, *Ethnic Identity from the Margins: A Christian Perspective* (Pasadena: Biblioteca William Carey, 2011), 50.

adorá-lo e aprender com ele, mas que ainda seriam identificados como outras nações (Is 2:2-4), e que haveria uma estrada do Egito à Assíria para que os egípcios e assírios pudessem adorar a Deus, mas que continuariam a ser egípcios e assírios (Is 19:23-25).

Quando Jesus veio, ele serviu de modelo para o cuidado e a inclusão de pessoas de todas as nações na família de Deus. Um exemplo particularmente pungente disso é o fato de ele ter saído de seu caminho para estender a salvação de Deus à mulher samaritana e às pessoas de sua aldeia (João 4). Sua última ordem aos discípulos foi a de fazer discípulos de todas as nações (Mt 28:19). No processo de cumprir essa ordem, os primeiros crentes lutaram para saber como incluir os gentios no povo de Deus. Alguns estavam convencidos de que os gentios deveriam ser circuncidados e se tornar efetivamente judeus para se tornarem cristãos. Mas Paulo lutou para que os gentios não precisassem ser circuncidados, e os líderes da igreja acabaram concordando (Atos 15). Os gentios não precisavam se tornar judeus para se tornarem seguidores de Jesus e, da mesma forma, os judeus não precisavam comer comida gentia para provar sua conversão ao Caminho de Jesus. Nem os judeus nem os gentios precisavam mudar sua cultura para se tornarem cristãos.

A Bíblia é clara ao afirmar que promover uma abordagem cultural específica como a única maneira correta de fazer as coisas é contrário ao desejo de Deus. Jesus é o único ponto fixo no cristianismo. Em torno de Jesus, o centro irradiador de nossa fé, há uma enorme diversidade de formas de viver para Cristo, culturalmente moldadas e que honram a Deus. Deus afirma a diferença e designou um apóstolo extraordinário - Paulo - para garantir que a diferença cultural fosse preservada na igreja primitiva. Deus não tem favoritos. Ele cuida de todos da mesma maneira.

O Novo Testamento afirma com veemência que as pessoas não precisam adotar outra cultura para se tornarem cristãs. O propósito de Deus ao criar as nações e determinar suas fronteiras, disse Paulo aos atenienses, "era para que as nações buscassem a Deus e, talvez, sentissem seu caminho em direção a ele e o encontrassem - embora ele não esteja longe de nenhum de nós" (Atos 17:27). Paulo enfatiza que o propósito de Deus era que cada nação o buscasse, porque Deus não está longe de nenhum de nós em toda a nossa diversidade, individualmente ou como nações (Atos 17:26-28). Jesus uniu judeus e gentios (Ef 2:11-22) de tal forma que os judeus ainda pudessem permanecer judeus e os gentios pudessem permanecer gentios. Eles tinham de aprender a aceitar uns aos outros porque Cristo os havia aceitado (Rm 15:7). Paulo lutou muito, e com sucesso, para proteger a integridade cultural dos povos gentios contra a assimilação ao judaísmo (Atos 15; Gl 2:1-10; 3:28). Não se tratava apenas de uma luta contra o legalismo, mas de quem tinha o direito de determinar o que era ser um cristão.

Desde suas origens, o cristianismo tem sido uma fé que, ao ser levada para cada novo contexto, se expressa de novas maneiras. Os crentes de todas as culturas são livres para criar expressões indígenas do corpo de Jesus.[9] O Pentecostes e a multidão ao redor do trono do Cordeiro afirmam as diferenças culturais e linguísticas. No Pentecostes, a capacidade de compreensão dos "judeus devotos de todas as nações", sem o meticuloso processo de aprendizado de idiomas, foi temporariamente restaurada (Atos 2:5). Cada um deles ouviu seu próprio idioma sendo falado pelos crentes (Atos 2:1-12). As diferenças de idioma não foram removidas - as pessoas ficaram maravilhadas porque puderam ouvir as maravilhosas notícias sobre Deus em seus próprios idiomas (Atos 2:7,12). Nesse ponto inicial da igreja, Deus reafirmou sua intenção, expressa anteriormente na criação e na Torre de Babel, de que as pessoas devem ser diversas. A mesma imagem de diversidade é encontrada na multidão ao redor do trono do Cordeiro, que não é uma massa homogênea de conformidade, mas uma multidão dinâmica de todas as nações, tribos, povos e línguas (Apocalipse 5:9; 7:9).

## UNIDADE SIGNIFICA HARMONIA, NÃO CONFORMIDADE

O desejo de tornar as outras pessoas iguais a nós é uma consequência do pecado. Ele representa nosso desejo de fazer tudo à nossa própria imagem ou, pelo menos, de controlar a imagem de outras pessoas para que não perturbe a imagem que temos de nós mesmos. Isso está em nítido contraste com a harmonia dentro da diversidade de Deus, o Pai, o Filho e o Espírito Santo. O pecado afetou nosso relacionamento com os outros de várias maneiras. Ele causa o rompimento de relacionamentos por falta de confiança e uma tendência a atribuir motivos negativos aos outros. O pecado do orgulho faz com que presumamos que o nosso jeito é o certo e, portanto, o jeito dos outros é errado. O orgulho nos leva a presumir que o mundo gira em torno de nós e que não precisamos aprender com os

---

9 Andrew Walls, *The Missionary Movement in Christian History: Studies in the Transmission of Faith* (Maryknoll, NY: Orbis, 1996), pp. 43–54.

outros. O pecado corrompe o poder de influenciar e mudar para o bem, transformando-o em um desejo de dominar e controlar. O pecado também distorce o conceito de unidade. Em vez de a unidade promover a harmonia, o pecado nos faz sentir que todos precisam cantar a minha música, do meu jeito, em uníssono comigo.

Os cristãos têm a tendência de pensar que a diversidade é uma ameaça à unidade e que isso significa eliminar a diferença, especialmente a diferença cultural. Como resultado, as igrejas e organizações cristãs geralmente tentam fazer com que seus membros se conformem às normas comuns. O Novo Testamento enfatiza que judeus e gentios, escravos e pessoas livres, homens e mulheres, e os "civilizados" e "incivilizados" foram reunidos no corpo de Cristo (Gl 3:26-29; Ef 2:11-22; 4:1-6; Cl 3:11). Algumas pessoas usam essa maravilhosa realidade para impor conformidade, acusando qualquer pessoa que questione o status quo de atacar a unidade que Cristo morreu para estabelecer em sua igreja. Temos a tendência de usar textos bíblicos de prova sobre a unidade para afastar qualquer sugestão de que as diferenças culturais devam ser aceitas.[10]

Essa abordagem permite que os membros do grupo cultural dominante controlem sua ansiedade em relação à diferença, mas também tem o efeito colateral indesejado de suprimir a diversidade que Deus criou e esmagar o espírito daqueles que não se encaixam naturalmente no que foi definido como norma. Textos bíblicos como esses são, às vezes, usados como aríetes para forçar todos a se adequarem aos padrões dos que estão no poder e para manter o controle dos recursos e do poder em suas mãos. Embora essa teologia proteja o conforto do grupo dominante, ela aliena e exclui os grupos não dominantes e é usada como desculpa para culpar os grupos não dominantes quando os relacionamentos se rompem e eles saem para formar seus próprios grupos separados.

Em geral, somos atraídos por outras pessoas que são como nós. Esses sentimentos de atração nos levam a confiar intuitivamente em pessoas semelhantes a nós e a desconfiar daquelas que são diferentes. Isso também significa que tendemos a confiar mais nas informações de pessoas de nossa própria cultura do que nas informações de membros de outras origens culturais.[11] Os argumentos contra a promoção da diversidade cultural geralmente são uma resposta a um medo implícito de que os detentores do poder perderão o controle do poder e dos recursos se as pessoas de

---

10 Hughes, *Ethnic Identity* (*Identidade étnica*), xvii.

11 Carley Dodd, *Dynamics of Intercultural Communication*, 5ª ed. (Boston: Abilene Christian University, 1998), 64–65, 209–14.

outras culturas forem realmente incluídas.¹² Como temos medo da diferença, tentamos eliminá-la. Em algumas partes do mundo, esse medo e a necessidade de obliterar o outro levaram ao genocídio. Em equipes multiculturais, esse mesmo medo pode levar os membros da equipe a tentar forçar os colegas de outras culturas a fazer as coisas de forma diferente, simplesmente porque não se sentem confortáveis com a diferença ou acham que não conseguem lidar com ela. Um norte-americano pode tentar fazer com que um membro da equipe coreano lave a louça da maneira americana, um brasileiro pode tentar fazer com que um inglês seja mais expressivo fisicamente ou um australiano pode tentar forçar um membro da equipe chinês a ser mais assertivo nas discussões em grupo.

É muito difícil superar nosso medo de realmente incluir outras pessoas que são diferentes. Mas isso é possível graças a Jesus. Ele nos fez um em seu corpo (Gl 3:26). Essa unidade não é uma massa amorfa e não significa que todos temos a mesma aparência ou nos comportamos da mesma maneira. Em vez disso, é como um corpo humano em funcionamento com diferentes partes, todas com aparência diferente, todas fazendo coisas diferentes, mas todas conectadas à cabeça, que é Jesus (1Co 12). Esquecemos rapidamente que Jesus é a nossa cabeça e não qualquer um de nós. Seu Espírito Santo nos dá o poder de perdoar e consertar relacionamentos, mesmo diante de um conflito aparentemente irreconciliável. Ele derrama em nossa alma o bálsamo que cura a mágoa e acalma a frustração e a raiva (Hb 4:15,16). Ele também nos dá a capacidade de confiar quando a confiança parece impossível, por meio da disciplina de atribuir motivos corretos em vez de projetar nossos próprios medos nas ações dos outros (Fp 4:8).

Se os membros da equipe de grupos étnicos não dominantes forem levados a sentir que a única maneira de pertencer à equipe é se conformar com as maneiras de pensar e fazer as coisas do grupo dominante, eles podem ser feridos em seu ser interior e seu senso de quem são pode ser profundamente perturbado. No entanto, cada pessoa foi criada à imagem de Deus (Gênesis 1:26), e cada indivíduo é único e precioso exatamente como é. Destruir o senso de valor pessoal e a identidade única das pessoas de acordo com a forma como Deus as criou e desenvolveu em seu contexto social específico é muito sério. Deus quer que edifiquemos os outros cristãos, não que os derrubemos (Ef 4:29; 1Ts 5:11). O custo da "unidade" não deve ser a destruição de seus participantes. O Apóstolo Paulo entendia

---

12 Gerald Bates, "Missions and Cross-cultural Conflict", *Missiology: An International Review* 5 (1977): 195–202.

que a unidade na comunidade cristã significava respeito uns pelos outros, o que inclui o respeito pela maneira cultural de fazer as coisas dos outros, incluindo suas maneiras de servir a Deus. Em seu livro sobre identidade étnica, Dewi Hughes escreve: "Fazer objeção ao desejo de um colega cristão de adorar e servir a Deus dentro de sua herança cultural é exatamente o oposto do que Paulo está dizendo... . Essa unidade que temos deve ser expressa em amor e respeito mútuos e não na destruição da identidade uns dos outros."[13]

O desejo de qualquer grupo de impor aos outros o que eles veem como cultura cristã pressupõe que existe uma cultura cristã que é distinta e está acima de todas as outras culturas. Mas a verdade é que não existe uma única cultura cristã, apenas maneiras cristãs de fazer as coisas em muitas culturas diferentes. Um exemplo comum de atribuição de uma orientação cultural específica a uma suposta supracultura é quando os ocidentais insistem em abordagens democráticas para a tomada de decisões, como se não houvesse outras maneiras aprovadas por Deus para se chegar a decisões em grupos. Outro exemplo muito comum é quando os membros do grupo dominante rejeitam as interpretações bíblicas que não se encaixam nas formulações teológicas desenvolvidas em sua própria cultura. Ao fazer isso, eles veem sua própria interpretação como sendo a única verdade, em vez de vê-la como uma interpretação moldada culturalmente. Isso é significativo porque, em contextos cristãos, a teologia pode ser uma ferramenta muito poderosa para controlar os outros, especialmente quando os que têm menos poder presumem que os que têm mais poder devem estar certos.

Para viver em harmonia em equipes multiculturais, devemos tratar nossos colegas de equipe como verdadeiramente iguais a nós. Hughes chamou esse tratamento totalmente igualitário de "generosidade arriscada".[14] A lei do Antigo Testamento exigia que os judeus tratassem os estrangeiros que viviam entre eles como se fossem judeus, amando-os como amavam a si mesmos. Ela dizia: "Não se aproveitem dos estrangeiros que vivem entre vocês em sua terra. Trate-os como israelitas nativos e ame-os como a si mesmo" (Lv 19:33,34). Também diz: "Os israelitas nativos e os estrangeiros são iguais perante o Senhor e estão sujeitos aos mesmos decretos" (Nm 15:15). A mesma generosidade arriscada que Deus queria que os judeus demonstrassem para com pessoas de outros grupos étnicos

---

13  Hughes, *Ethnic Identity* (*Identidade étnica*), 100.
14  Hughes, 131.

pode nos guiar no relacionamento com pessoas que são diferentes de nós.

A melhor maneira de pensar sobre a unidade é como harmonia. O Salmo 133 enfatiza essa característica central da unidade:

> Como é maravilhoso e agradável quando os irmãos vivem juntos em harmonia! Pois a harmonia é tão preciosa quanto o óleo da unção que foi derramado sobre a cabeça de Arão, que escorreu por sua barba e pela borda de seu manto. A harmonia é tão refrescante quanto o orvalho do monte Hermom que cai sobre as montanhas de Sião. E ali o Senhor pronunciou sua bênção, a vida eterna.

A harmonia não é um coro cantando em uníssono, o que ocorre quando todas as vozes cantam exatamente a mesma melodia. A harmonia ocorre quando cada grupo do coro canta sua própria parte e, juntas, todas as partes produzem um belo som. Se uma parte estiver faltando ou for fraca, a música será manchada pela ausência dessa parte. Entretanto, assim como pode levar um tempo excessivo e um grande esforço para que os corais aprendam a produzir sons bonitos, também pode levar muito tempo e um esforço extenuante para que os cristãos aprendam a refletir a glória de Deus e a experimentar Sua bênção por meio da harmonia. No entanto, é possível, se estivermos dispostos a perseverar humildemente.

É difícil conviver com pessoas que são diferentes de nós. Paulo enfatiza esse fato quando escreve: "Esforcem-se para se manterem unidos no Espírito, ligando-se entre si pela paz" (Ef 4:3). Quando as diferenças vão além de comportamentos superficiais e chegam a suposições profundas sobre o mundo, os relacionamentos podem se romper em momentos imprevisíveis por motivos aparentemente incompreensíveis. Incluir outras pessoas em uma igreja ou em uma equipe significa incluí-las no controle dos recursos e na tomada de decisões. Quando essas pessoas não são familiares para nós e são imprevisíveis, não é de surpreender que tenhamos medo de incluí-las.

A Bíblia está repleta de exemplos de conflitos entre pessoas. Começando com Caim matando Abel, e continuando com o conflito entre Esaú e Jacó, entre José e seus irmãos, entre os povos de Canaã e os israelitas, entre o rei Saul e Davi, entre Jesus e os líderes judeus, entre Paulo e Barnabé, entre Paulo e Pedro e entre Euódia e Síntique, o conflito interpessoal pode ser encontrado em quase todos os livros da Bíblia. O conflito é uma experiência humana normal. Se o conflito é normal entre pessoas da mesma cultura, quanto mais é provável que ocorra entre pessoas que têm valores e visões de mundo diferentes! A razão pela qual a Bíblia está tão cheia de exortações para que nos relacionemos uns com os outros é porque a harmonia é muito difícil. A harmonia é algo que precisa ser trabalhado. A harmonia é aprendida por meio da prática no cadinho da experiência. A dor do conflito é como a lapidação de um diamante que permite que sua beleza brilhe. Deus pode usar o conflito para nos ajudar a aprofundar nosso entendimento sobre ele e sobre os outros. O foco das equipes multiculturais precisa estar em aprender a aceitar o conflito e desenvolver estratégias eficazes para gerenciá-lo.

## TRÊS MANEIRAS DE ABORDAR A COMUNIDADE MULTICULTURAL

Há três abordagens principais para que diferentes culturas vivam e trabalhem juntas: assimilação, pluralismo cultural e multiculturalismo. Na assimilação, uma cultura domina e as diferentes culturas se fundem com a cultura dominante. No pluralismo cultural, as culturas se misturam em um conjunto de subculturas paralelas. No multiculturalismo, há um complexo entrelaçamento das culturas separadas, mas distintas, em um padrão novo e distinto. A seguir, avaliamos a adequação de cada abordagem para permitir que os membros da equipe se sintam valorizados e capacitados em uma equipe multicultural.

### Assimilação

A assimilação é geralmente chamada de abordagem do "caldeirão cultural". Os assimilacionistas esperam que as pessoas de outras culturas adotem a cultura do grupo dominante e se tornem essencialmente um dos membros do grupo dominante. O pressuposto é que, quando os membros do grupo minoritário se misturam com a maioria, eles perdem sua distinção e adotam os valores e as formas do grupo dominante. Um dos principais problemas da abordagem de assimilação é que o grupo cultural com maior poder define as normas culturais, inclusive as definições de diferença, e todos os outros são forçados a obedecer ao grupo dominante ou serão alienados. O grupo dominante presume que seus costumes são universalmente corretos e não está disposto a considerar os pontos de vista dos outros.

Quando um grupo domina por muito tempo, os membros desse grupo geralmente não percebem que existem outras formas de entender o mundo, pois presumem que a sua forma é a correta. Eles são cegos em relação à cultura, no sentido de que não percebem que sua maneira é apenas uma maneira culturalmente moldada de fazer as coisas.

O modelo de assimilação pressupõe que todos devem pensar, sentir e agir da mesma forma. Ele exclui as pessoas que são culturalmente diferentes, vendo-as como infantis ou inferiores. A diferença é vista como um déficit da norma que deve ser gerenciado ou corrigido. Os assimilacionistas procuram falhas naqueles que não se assimilam e querem mudá-los para que se adaptem.[15] Embora as pessoas de outras culturas possam fazer o possível para se adaptar, elas partem de uma posição de desvantagem e discriminação, o que muitas vezes impossibilita sua assimilação total. Elas se deparam com uma situação sem saída de ter de negar sua própria identidade para se tornarem algo que nunca poderão ser totalmente.

Muitas vezes ouvimos membros de equipes missionárias multiculturais que falam inglês, que fazem parte do grupo dominante, reclamarem de outros membros da equipe que conversam entre si em seus próprios idiomas. Eles veem esse comportamento como divisivo e subversivo. Sentem-se frustrados por não conseguirem entender o que está sendo dito, como se fosse seu direito saber sempre o que os outros estão pensando e dizendo. Parecem não ter consciência da pressão que a escuta e a comunicação constantes em um segundo (ou terceiro ou quarto) idioma exercem sobre as pessoas. Isso demonstra uma suposição inconsciente por parte dos membros do grupo dominante de que os falantes não nativos de inglês devem adotar o idioma e as formas culturais do EDG. Se os membros do grupo não dominante mostrarem sua diferença (falando em outros idiomas), presume-se que estejam fazendo algo errado.

Equipes multiculturais eficazes e saudáveis são estabelecidas com base na valorização e no respeito a cada membro da equipe. A assimilação não é uma abordagem apropriada para uma equipe multicultural saudável. A assimilação se baseia na predominância de apenas uma cultura; ela impede a valorização de outras culturas e nega às pessoas de outras culturas uma voz autêntica. Uma equipe assimilacionista funciona essencialmente como uma equipe monocultural, na qual uma cultura fornece todas as normas para a vida da equipe, mesmo que haja pessoas de outras culturas nela.

---

15 Stella Nkomo, "The Emperor Has No Clothes: Rewriting 'Race in Organizations'", *Academy of Management Review* 17 (1992): 487–513.

## Pluralismo cultural

A segunda maneira possível de abordar a comunidade multicultural é o pluralismo cultural, que geralmente é descrito como uma abordagem "saladeira". Nesse modelo, os diferentes grupos culturais têm liberdade para expressar suas diversas culturas, mas os limites entre os grupos culturais são definidos e mantidos. A maior dificuldade desse modelo ocorre nos limites em que as diferentes culturas precisam interagir. Na prática, as pessoas dos diversos grupos culturais fazem o que querem quando se relacionam com pessoas de seu grupo, mas precisam usar as normas culturais do grupo de maior poder quando se relacionam com outros grupos. Quando esse modelo é aplicado às organizações, os grupos minoritários têm permissão para existir, mas geralmente são sub-representados na liderança. A cultura majoritária, ou a cultura com maior poder, também é implicitamente entendida como superior. O desempenho dos grupos minoritários em áreas como educação e saúde tende a ser comparado ao desempenho da cultura mais dominante, e as diferenças precisam ser gerenciadas para que os grupos não dominantes atinjam os padrões do grupo dominante. Há uma suposição implícita de que os grupos minoritários devem ser como a maioria.[16]

Os pluralistas culturais são mais realistas do que os assimilacionistas, pois se concentram em gerenciar a diversidade em vez de esperar que ela desapareça. Nesse modelo, os limites entre as culturas são bem mantidos e há menos probabilidade do que no modelo de assimilação de que todo o grupo desenvolva uma identidade coletiva. É improvável que os membros de grupos minoritários que desejam entrar no grupo dominante sejam aceitos. Mas essa abordagem, assim como o modelo de assimilação, é incompatível com o trabalho em equipe multicultural eficaz. Ela impede o desenvolvimento de sinergia na equipe multicultural porque os limites entre os grupos são mantidos e os membros da equipe de diferentes origens culturais não conseguem valorizar uns aos outros e trabalhar em conjunto. O pluralismo cultural seria adequado para um grupo de trabalho no qual membros de diferentes culturas trabalham paralelamente em diferentes tarefas sem desenvolver a sinergia interativa inerente a uma equipe eficaz.

## Multiculturalismo

A terceira maneira de abordar a comunidade multicultural - o multiculturalismo - às vezes é chamada de modelo de mosaico. Todas as

---

16 Nkomo

partes individuais se unem para criar uma nova imagem que é uma nova entidade única, mas que também depende da contribuição igual e exclusiva de todas as diferentes partes. Os relacionamentos são negociados em vez de coagidos. A nova entidade é construída pelos participantes e não por poderes externos. Cada mosaico terá uma aparência diferente de acordo com seus membros e contexto. Esse modelo oferece flexibilidade, adaptabilidade e participação. Quando esse modelo é aplicado a uma organização, é mais provável que os membros sintam que pertencem a ela. Ele também aumenta a capacidade da organização de se adaptar e ser flexível.

O multiculturalismo costuma ser apenas um ideal, e não uma realidade na prática. Nas raras ocasiões em que ele pode ser encontrado nas organizações, a diferença cultural é promovida e valorizada. A presença de muitas culturas não torna uma organização multicultural. Em vez disso, o multiculturalismo descreve uma sociedade em que todos se sentem valorizados, independentemente de sua cultura.[17] Valorizar outras culturas significa interagir com elas em seus próprios termos, e não por meio das lentes de nossos próprios valores e experiências.

As equipes multiculturais precisam aspirar ao modelo multicultural se quiserem ter sucesso na obtenção de sinergia. Não há outra maneira de se tornar uma unidade eficaz a não ser que os membros da equipe aprendam a valorizar uns aos outros e queiram incentivar cada membro a contribuir com a riqueza de suas diversas origens.

As equipes multiculturais que permitem que todos os membros de diferentes culturas se sintam valorizados e tenham voz precisam encontrar uma maneira de criar um espaço neutro em termos de cultura para a formação da equipe, no qual a tendência natural de se conformar ao grupo mais poderoso possa ser superada. Mesmo quando há equilíbrio de poder e recursos entre vários grupos em uma sociedade ou equipe multicultural, a escolha de basear as maneiras de fazer as coisas em uma equipe em apenas uma das culturas interromperá automaticamente o equilíbrio e dará à cultura escolhida mais poder implícito.

---

17 Alberto Canen e Ana Canen, "Multicultural Leadership: The Costs of Its Absence in Organizational Conflict Management", *International Journal of Conflict Management* 19 (2008): 6.

## A NECESSIDADE DE CRIAR UM ESPAÇO NEUTRO

Para que uma equipe seja saudável e verdadeiramente multicultural, ela precisa de um espaço neutro para negociar sua própria abordagem exclusiva. Homi Bhabha, um professor de Harvard que tem refletido profundamente sobre o multiculturalismo, chama esse espaço de "espaço liminar".[18] Liminaridade é um termo antropológico que descreve um estado de transição entre um estágio da vida e outro.[19] Quando as pessoas saem de um estágio da vida, como a infância, elas geralmente passam por uma experiência ritual que primeiro as separa de seu estado original e as prepara para o próximo estágio. Embora o termo tenha sido usado pela primeira vez para descrever ritos de iniciação, ele tem sido aplicado a atividades cristãs, como retiros, peregrinações e acampamentos, nos quais as pessoas se afastam do mundo por um tempo, esperando ser transformadas por meio da renovação espiritual.[20]

Para criar esse espaço neutro ou liminar, os membros da equipe multicultural precisam se distanciar parcialmente de suas próprias culturas a fim de desenvolver uma abordagem de equipe nova e exclusiva. Embora não seja possível nos separarmos completamente de nossas próprias culturas, pois elas estão muito arraigadas, para participarmos efetivamente de uma equipe multicultural, precisamos manter nossas próprias formas de pensar e fazer as coisas com leveza e nos abrirmos para novas formas. A fase de formação da equipe torna-se, então, como um estado liminar no qual a equipe passa de um grupo de indivíduos que têm concepções fixas e culturalmente moldadas de como as coisas devem ser feitas para um grupo sinérgico que estabeleceu um conjunto compartilhado de valores de equipe que eles possuem juntos e que os define como um grupo. Uma das principais tarefas do líder de equipe multicultural é criar e preservar o espaço liminar que permite que os desequilíbrios culturais de poder sejam corrigidos e que cada membro se sinta seguro e livre para contribuir com o desenvolvimento da identidade exclusiva da equipe.

---

18 Homi Bhabha, "The Third Space: Interview with Homi Bhabha", em *Identity: Community, Culture, Difference*, ed., Jonathan Rutherford (Londres: Routledge, 1990), 209.

19 Arnold van Gennep, *The Rites of Passage* (Londres: Routledge & Kegan Paul, 1960).

20 Victor Turner e Edith Turner, *Image and Pilgrimage in Christian Culture: Anthropological Perspectives* (New York: Columbia University Press, 1996).

## IMPLICAÇÕES PARA EQUIPES MULTICULTURAIS

Cada membro de uma equipe multicultural precisa interagir com várias culturas simultaneamente. Quanto maior o número de culturas em uma equipe, maior será a diversidade, a complexidade e a ambiguidade. As equipes multiculturais precisam de ajuda extra, em comparação com as equipes monoculturais, para lidar com os fatores adicionais que influenciam a dinâmica da equipe. Os líderes de equipe precisam ajudar os membros da equipe a entender a cultura de seus colegas.

É importante aceitar que a concordância total em tudo e nunca ter nenhum conflito é irrealista e que até mesmo a ideia de conseguir isso é inútil. Um problema que pode surgir em organizações que valorizam muito as equipes multiculturais e diversificadas é que os membros da equipe evitam conflitos e fazem concessões desnecessárias por medo de que a unidade da equipe seja prejudicada. É importante reconhecer que os mal-entendidos interculturais são inevitáveis. As diferenças culturais precisam ser explicitadas para que os problemas sejam abertamente divulgados, em vez de se transformarem em queixas interétnicas.

Um dos maiores desafios para a formação de equipes multiculturais eficazes ocorre quando a equipe existe em uma organização dominada por uma cultura étnica ou quando há um grupo majoritário de uma cultura em uma equipe. As equipes nessa situação geralmente adotam as normas da cultura dominante porque esse caminho parece mais fácil.[21] Se o líder da equipe também for do grupo de cultura majoritária, a equidade será mais difícil de ser alcançada.[22] Em tal situação, é imperativo que o comportamento do líder da equipe reforce o valor e o envolvimento total de todos na equipe e que as discrepâncias de poder sejam intencionalmente abordadas. Se o líder não fizer isso, é provável que surjam grandes tensões nos relacionamentos da equipe. Os membros de grupos não dominantes podem ficar com raiva quando são forçados a se conformar e podem se sentir excluídos. Isso pode fazer com que eles se perguntem se vale a pena fazer parte da equipe.

---

21 Claire Halverson, "Group Process and Meetings", em *Effective Multicultural Teams: Theory and Practice*, ed., Claire Halverson e Aqeel Tirmizi. (Dordrecht, Holanda: Springer, 2008), pp. 111-33.

22 Roembke, *Building Credible Multicultural Teams*, pp. 111-12, 153.

É fundamental que os membros de culturas dominantes que desejam trabalhar em equipes multiculturais examinem suas atitudes e suposições. É particularmente útil fazer isso em um grupo com pessoas de outras culturas que tenham confiança em compartilhar suas próprias opiniões. Em uma equipe verdadeiramente multicultural, as suposições de cada membro serão desafiadas. Isso pode ser particularmente confuso e desorientador para os membros do grupo dominante que não estão acostumados a questionar sua própria cultura. Uma equipe multicultural precisa ser um lugar seguro o suficiente para que os membros se sintam à vontade para desafiar as suposições e atitudes uns dos outros e questionar por que fazem as coisas da maneira que fazem, sem sentir que uma cultura necessariamente prevalecerá.

Se os membros da equipe que vêm da cultura dominante não tiverem vivido em outra cultura, eles terão dificuldade em superar seu etnocentrismo. As organizações podem ajudar a enfrentar esse desafio selecionando pessoal e, principalmente, líderes para equipes multiculturais que tenham experiência intercultural. No entanto, a experiência intercultural nem sempre significa que os membros do grupo dominante tenham compreendido as questões associadas ao privilégio do grupo dominante, e eles podem precisar de ajuda para identificar suas pressuposições e permitir que pessoas de outras culturas tenham voz e acesso a recursos iguais.

A escolha do idioma da equipe geralmente carrega uma mensagem inconsciente sobre a orientação cultural da equipe e pode reforçar sutilmente as suposições da superioridade de uma cultura dominante. Quando houver níveis variados de fluência no idioma escolhido para a equipe, é importante que ela estabeleça processos que resolvam esse desequilíbrio, como falar devagar, pedir esclarecimentos, permitir o uso dos idiomas dos membros da equipe com tradução, usar resumos e registros visuais e permitir discussões fora do contexto da reunião da equipe. É importante que todos os membros da equipe sintam que estão sendo ouvidos e que suas contribuições sejam reconhecidas. As equipes multiculturais precisam ter maneiras não ameaçadoras de discutir as diferenças, desenvolvendo um vocabulário comum e processos que promovam a compreensão de questões e incidentes dentro do grupo.

O líder deve facilitar a criação de um espaço seguro para os membros da equipe falarem e um sentimento genuíno de que a opinião e as experiências de cada pessoa são valorizadas. No entanto, como as formas de falar são moldadas culturalmente, ao ter apenas um estilo de interação, a equipe ou seu líder podem inadvertidamente reforçar um padrão de dominância cultural. O líder deve criar vários contextos e maneiras para que os membros da equipe interajam, incluindo diferentes configurações físicas e modos de comunicação, de modo que a participação igualitária possa se desenvolver.

A complexidade das equipes multiculturais significa que elas não se prestam a abordagens simplistas de formação ou liderança de equipes. Cuidado com o empresário que oferece um seminário de um dia que tem todas as respostas e um plano de três etapas que resolverá todos os problemas! Os líderes de equipes multiculturais precisam ser profissionais reflexivos que vejam a tarefa de liderança como um conjunto de habilidades em constante desenvolvimento, construído com base em alguns sucessos, mas também em muitos erros. Eles precisam refletir continuamente sobre o que está acontecendo e o que estão fazendo em resposta. Eles estão sempre monitorando suas próprias ações e reações, bem como as das pessoas com quem estão interagindo, aprendendo com outras pessoas da equipe e de fora dela (inclusive lendo e participando de experiências de aprendizagem mais formais), experimentando diferentes abordagens e ajustando o que fazem em resposta ao que acontece. Eles também mantêm seus próprios valores e abordagens com leveza, estando dispostos a ajustar e flexibilizar em relação ao que aprendem com os outros e com a experiência da equipe.

CAPÍTULO 4

# CRIAÇÃO DE UMA COMUNIDADE MULTICULTURAL SAUDÁVEL NA EQUIPE

Uma comunidade de equipe saudável é aquela em que seus membros se respeitam e confiam uns nos outros. Eles se sentem seguros e se comunicam abertamente uns com os outros. Eles sentem que têm voz e influência iguais. Sentem-se seguros para falar sobre qualquer assunto, inclusive sobre coisas que os deixam desconfortáveis. Planejam, decidem e avaliam seu trabalho juntos. Eles se preocupam uns com os outros e sentem que pertencem uns aos outros, precisam uns dos outros e se encaixam.

O período de formação da equipe é o período mais crítico para o líder de uma equipe. O líder precisa conquistar o respeito dos membros da equipe e permitir que eles se relacionem bem uns com os outros. Durante a formação da equipe, são estabelecidos padrões de interação que afetarão muito a forma como os membros da equipe interagirão entre si e trabalharão juntos no futuro. A formação de equipes multiculturais leva muito mais tempo e exige um investimento maior da energia e do foco do líder da equipe do que a formação de equipes monoculturais. Os líderes de equipes multiculturais geralmente precisam concentrar sua atenção especialmente nos relacionamentos da equipe durante os primeiros três a seis meses de vida da equipe. Esse foco nos relacionamentos inclui vários elementos: promover proativamente um espaço liminar no qual os membros aprendam a manter suas próprias culturas com leveza e a forjar valores compartilhados pela equipe, aprender sobre os membros da equipe e suas culturas, aprender a aprender juntos, preparar a equipe para o conflito e ajudá-la a aprender com o conflito quando ele ocorrer.

## CRIE OPORTUNIDADES INICIAIS PARA O SUCESSO

O restante deste capítulo se concentra na construção de relacionamentos. Enquanto as equipes estiverem envolvidas no processo de construção de relacionamentos, é importante que não percam de vista sua tarefa. Durante o processo inicial de construção de relacionamentos, a equipe também precisa fazer coisas em conjunto que contribuam para sua tarefa. À medida que os membros da equipe trabalham juntos, eles aprendem uns sobre os outros e terão seus valores culturais confrontados. O processo de finalização da visão, das metas e das estratégias da equipe (sobre as quais nos concentramos no capítulo 5) pode levar vários meses, mas, enquanto isso, a equipe deve trabalhar em algumas metas de curto prazo que sejam facilmente alcançáveis nas primeiras semanas ou meses de vida da equipe. O ideal é que essas metas iniciais se concentrem em pesquisar o contexto e encontrar recursos que possam ser apropriados para o ministério futuro. A realização de algo em conjunto ajuda a criar um "roteiro" de trabalho em equipe. Isso também aumenta o moral, pois os membros da equipe experimentam o sucesso de superar o desafio da diversidade juntos.[1] O sucesso ajuda os membros da equipe a acreditarem que podem alcançar juntos e a quererem permanecer juntos para alcançar ainda mais.

## CRIE UMA IDENTIDADE ÚNICA PARA A EQUIPE, CRIANDO FORTES LAÇOS EMOCIONAIS

Tornar-se uma equipe envolve uma transformação de muitos "eus" para "nós". Essa transformação não se dá apenas na linguagem ou na política, mas envolve o desenvolvimento de uma conexão emocional profunda que une os membros em uma nova identidade coletiva. Esse vínculo emocional baseia-se em experiências compartilhadas e em um compromisso com valores comuns que fazem com que os membros queiram trabalhar juntos e se preocupem com o bem-estar uns dos outros. Esse vínculo se

---
1 Richard Hackman, "Creating More Effective Work Groups in Organizations", em *Groups That Work and Those That Don't: Creating Conditions for Effective Teamwork*, ed., Richard Hackman (San Francisco: Jossey-Bass, 1989), 503. Richard Hackman (São Francisco: Jossey-Bass, 1989), 503.

desenvolve quando os membros passam tempo juntos para se conhecerem melhor e superam desafios juntos. Não existe uma abordagem única para fazer isso que se adapte a todas as situações. As atividades específicas que mais ajudarão a equipe a desenvolver a comunidade dependerão, até certo ponto, dos indivíduos específicos da equipe e de seus históricos. No entanto, algumas atividades foram consideradas especialmente úteis nessa fase, incluindo comer juntos e reservar um tempo para fazer coisas agradáveis e divertidas, como jogar jogos juntos, sair durante o dia ou compartilhar diferentes celebrações culturais. Outra atividade possível é trabalhar juntos em um projeto comunitário não relacionado ao trabalho da equipe, como um dia de limpeza na escola. Todas essas atividades ajudam a contribuir para a construção de um senso de "nós". O líder deve explicar o propósito dessas atividades, pois elas podem parecer uma perda de tempo para os membros da equipe que são particularmente focados em tarefas. Para outros membros da equipe, o investimento nessas atividades será crucial para o desenvolvimento do senso de pertencimento e conexão com a equipe.

O senso comum de identidade - de sermos "nós" em vez de "eu" - é particularmente forjado quando enfrentamos desafios, dificuldades e conflitos juntos. O processo de ter que trabalhar com questões difíceis, ser vulnerável uns com os outros e se comunicar profundamente pode criar fortes laços entre os membros. Essas experiências podem ser emocionalmente desgastantes, mas são inestimáveis. É útil que o líder lembre a equipe desse possível benefício de passar por momentos difíceis quando estiverem no meio deles. Quando a equipe consegue negociar dificuldades e resolver conflitos no início da vida da equipe, isso cria um senso de confiança entre os membros de que eles podem fazer qualquer coisa juntos. Essa confiança, também conhecida como eficácia da equipe, tem uma relação estreita com o fato de as equipes se tornarem eficazes em seu ministério.[2] Cada experiência, cada conflito resolvido, cada dia juntos (e especialmente os contratempos e as coisas divertidas que fazem todos rirem juntos) cria uma história de equipe que as pessoas podem lembrar, consultar e relacionar como parte do que faz da equipe o que ela é.

O desenvolvimento de laços emocionais ajuda os membros da equipe a superar suas ansiedades em relação às diferenças e a criar intimidade e compreensão mútua. Fazer coisas divertidas juntos e criar uma história compartilhada ajuda a transformar estranhos em amigos. Quando a equipe

---

2 Michael Campion, Ellen Papper e Catherine Higgs, "Relations between Work Team Characteristics and Effectiveness: Implications for Designing Effective Work Groups", *Personnel Psychology* 46 (1993): 823-50; R. Hibbert, "Church Planting Teams", 147, 206.

entrar na fase de tempestades, os membros da equipe terão uma confiança suficientemente forte uns nos outros e a disposição de dar o benefício da dúvida a seus colegas de equipe para enfrentar as tempestades.

Uma maneira útil de ver o desenvolvimento desse vínculo emocional é em termos de um "saldo bancário emocional" positivo. Stephen Covey descreve uma conta bancária emocional como "uma metáfora que descreve a quantidade de confiança que foi construída em um relacionamento. É a sensação de segurança que você tem com outro ser humano".[3] Um forte investimento na construção de relacionamentos de equipe no início da vida da equipe ajuda a desenvolver um saldo bancário emocional grande e positivo. Quando as coisas dão errado ou os membros da equipe são prejudicados, é mais fácil para eles perdoar, pois construíram um alto nível de confiança e cuidado uns com os outros. Quanto maior for o saldo do banco emocional da equipe antes das tempestades, mais os membros da equipe estarão dispostos a se esforçar para se comunicar e perdoar uns aos outros no meio da tempestade. Em outras palavras, o líder da equipe precisa ajudar a equipe a investir no saldo bancário emocional da equipe nos estágios iniciais da vida da equipe para que seus relacionamentos sejam capazes de suportar as tempestades que virão.

## FOCO NO NÚCLEO CENTRAL DA VISÃO E DOS VALORES

O modelo "centered-set" de Paul Hiebert pode ser aplicado de forma útil a equipes multiculturais. Esse modelo sugere que um grupo, como uma equipe, pode encontrar sua definição em seu centro e não em seus limites.[4] Se a equipe for vista como um conjunto centralizado, a visão de uma equipe fica no centro, com os valores da equipe dispostos em torno desse centro. Isso é retratado na figura 5, na qual cada uma das diferentes formas dispostas em torno da visão e dos valores da equipe representa um membro da equipe.

Tudo em uma equipe deve ser focado e orientado em torno de seu centro ou núcleo, composto por sua visão e valores. Todos os outros limites e definições são relativamente fluidos. Os membros da equipe fazem parte desse conjunto centralizado e estão no processo de descobrir como a visão

---

3 Stephen Covey, *The 7 Habits of Highly Effective People* (New York: Free Press, 1989), 188.

4 Paul Hiebert, *Anthropological Reflections on Missiological Issues* (Grand Rapids: Baker Books, 1994), 122–31.

# Criação de uma comunidade multicultural saudável na equipe

e os valores da equipe impactam suas vidas e afetam seu crescimento e desenvolvimento pessoal e corporativo. Não importa a distância que cada membro esteja do centro, no sentido de quanto ele internalizou a visão e os valores da equipe. O importante é que todos eles concentrem sua atenção e energia na visão e nos valores e se comprometam com eles. Embora um membro da equipe possa parecer mais próximo do centro, o tempo que esse membro leva para chegar ao centro pode, na verdade, ser maior do que o de um membro da equipe que parece estar mais distante. O que importa não é a distância, mas a importância do centro para cada membro da equipe. Como chegar a um acordo sobre a visão e os valores é tão importante para a coesão e o sucesso da equipe, é fundamental investir tempo e esforço para chegar a um acordo sobre a visão e os valores compartilhados.

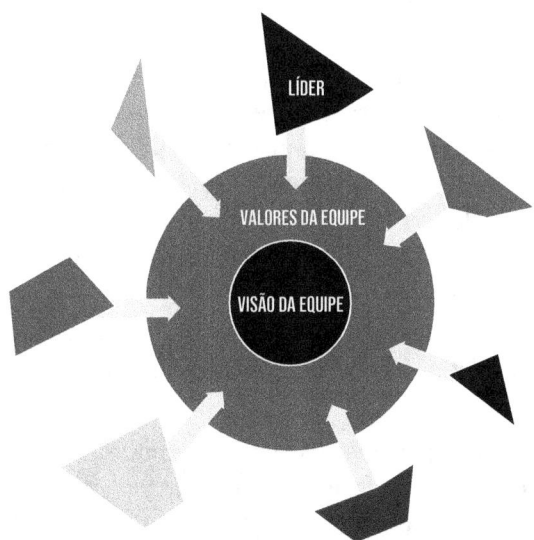

*Figura 5: Diversos membros da equipe, todos orientados para a visão e os valores centrais da equipe*

## CRIAR UM CLIMA SEGURO

Em uma comunidade saudável, todos se sentem seguros para serem quem realmente são.[5] Em uma equipe saudável, os membros se sentem livres para serem eles mesmos e para expressar seus pensamentos, sentimentos, preocupações, opiniões, ideias e discordâncias sem medo de rejeição,

---
5  Scott Peck, *The Different Drum* (Londres: Arrow Books, 1987), 67.

censura, julgamento ou punição. Eles se sentem seguros o suficiente para correr o risco de passar vergonha. Sentem-se capazes de compartilhar livremente e não têm medo de serem magoadas. Sentem-se livres para discordar e expressar suas opiniões, dúvidas e incertezas. Um membro da equipe que entrevistamos disse que sentir-se seguro significava que todos podiam "ser eles mesmos e dizer o que realmente pensam". Um supervisor colocou a questão da seguinte forma: "É um ambiente seguro, um lugar onde você pode dizer o que realmente pensa, revelar o que realmente pensa, o que realmente sente, o que realmente acredita. Portanto, um bom líder multicultural cria um espaço onde as pessoas podem realmente fazer isso."[6]

O líder contribui para um clima seguro ao fazer com que cada membro da equipe se sinta em casa. O resultado, de acordo com um membro da equipe, é que os colegas de equipe "não têm medo uns dos outros e não têm medo da reação dos outros. Eles se sentem realmente seguros para se expressar e não se preocupam com o que acontecerá quando disserem o que realmente pensam". As pessoas nesse tipo de equipe sentem-se seguras para expressar discordâncias: "Em uma determinada situação, eu era o único membro da equipe que discordava de uma decisão que estava sendo tomada e, como o líder da equipe havia criado essa comunidade, senti-me seguro para expressar minha discordância, mesmo que todos os outros pensassem da mesma forma."

A criação de um ambiente seguro na equipe também dá aos membros da equipe a capacidade de avaliar experiências difíceis em conjunto. Um entrevistado explicou:

> Apesar de termos passado por uma fase muito ruim, havia a segurança de realmente falar sobre como as pessoas se sentiam em relação a tudo o que havia acontecido e de resolver isso.... Quando passamos por isso, a "segurança" na equipe significava que podíamos falar sobre como a crise havia sido enfrentada, como cada um de nós se sentia, e isso levou à restauração dos relacionamentos, a um maior apreço uns pelos outros e à união da equipe.

Em um clima de equipe seguro, os erros são aceitos como inevitáveis e normais. Uma equipe multicultural deu um passo adiante e criou um ritual

---

6 Este e outros comentários e citações atribuídos a vários membros da equipe, líderes e supervisores que entrevistamos vêm da pesquisa de doutorado de Evelyn. Para mais detalhes sobre esta pesquisa, veja o início do capítulo 8. Os entrevistados não são identificados para preservar o anonimato.

para comemorar os erros.[7] Isso ajudou a equipe a aceitar os erros como uma parte essencial do desenvolvimento da equipe.

Para criar e manter um clima seguro, o líder da equipe precisa ser capaz de lidar com as emoções da equipe. Isso inclui ajudar os membros da equipe a lidar com as emoções para que possam realmente ouvir o que os outros estão dizendo e também expressá-las de forma construtiva.

Os líderes precisam proteger a integridade pessoal dos membros da equipe e não tentar forçá-los a fazer coisas que vão contra quem eles são. Quando os membros da equipe se sentem forçados a agir contra quem são, isso os estressa muito e os faz questionar seu valor pessoal. Os líderes precisam encontrar maneiras de incentivar a participação, mas também encontrar processos criativos ou alternativos de comunicação que façam com que os membros da equipe se sintam seguros para se comunicar. Uma maneira de fazer isso é prolongar o processo de consulta e discussão para a tomada de decisões, de modo que as opiniões individuais possam ser coletadas fora das reuniões da equipe, em vez de exigir que todos se manifestem nas reuniões do grupo. Se os membros da equipe parecerem chateados em uma reunião de equipe e não quiserem compartilhar, eles devem receber permissão para se comunicar em outro momento, e a reunião de equipe deve ser interrompida com sensibilidade até que todos estejam prontos para continuar. Se os líderes da equipe comunicarem de forma consistente que as pessoas são mais importantes do que as agendas e que estão dispostos a ouvir verdadeiramente as opiniões divergentes e ajustar os processos por respeito a quem as pessoas são, a comunicação se tornará mais fácil com o tempo, à medida que os membros da equipe se sentirem mais seguros, e os processos da equipe que garantem o respeito uns pelos outros serão estabelecidos.

Parte da construção de um clima seguro é resistir à tentação de simplificar demais os problemas. As equipes multiculturais muitas vezes podem parecer caóticas e confusas. Para criar um clima seguro em meio à confusão, é necessário que o líder tenha uma alta tolerância à ambiguidade.[8] O líder precisa evitar o pensamento em preto e branco e desenvolver uma "mentalidade paradoxal" que aceite interpretações opostas como

---

7 William Loewen, "Participation and Decision-making in a Changing Workforce", em *Cultural Diversity and Employee Ownership*, ed. Margaret Showers, Cathy Ivancic, William Loewen, Anthony Mathews e Pamela Stout (Oakland: National Center for Employee Ownership, 2002): 59–74.

8 Janet Bennett, "Transformative Training: Designing Programs for Culture Learning", em *Contemporary Leadership and Intercultural Competence: Exploring the Cross-cultural Dynamics within Organizations*, ed. Michael Moodian (Los Angeles: SAGE, 2009), 97.

plausíveis e não veja o paradoxo como algo que precise ser removido. Essa capacidade de negociar a complexidade e o paradoxo é intrínseca à boa liderança, especialmente quando se lida com diferenças culturais. Enquanto uma mentalidade simples de solução de problemas é excessivamente focada em encontrar uma solução final, uma mentalidade paradoxal vê o paradoxo como uma lente para maior compreensão e um catalisador para a mudança.[9] Um líder capaz de resistir à tentação de simplificar demais os comentários e as preocupações dos membros da equipe e que promova discussões abertas sobre os problemas permite que a equipe desenvolva processos robustos de tomada de decisão.

## EVITE REGRAS NÃO ESCRITAS

Regras não escritas são expectativas que não foram explicitadas. Elas são bastante comuns nas organizações e geralmente são destrutivas.[10] As regras não escritas geralmente são aplicadas pelos líderes, e os recém-chegados geralmente não se dão conta delas até que as quebrem. Como as regras não são documentadas ou mutuamente acordadas, os recém-chegados se sentem impotentes para questioná-las ou desafiá-las, especialmente porque raramente fica clara a origem das regras, o que significa que eles não conseguem identificar a quem recorrer. É essa falta de transparência sobre as regras não escritas que prejudica a segurança e a confiança. As regras não escritas são "a maneira como fazemos as coisas" e podem não ser o que os recém-chegados pensavam que estavam se inscrevendo, porque elas acrescentam ou até mesmo contradizem as políticas escritas da organização.

As regras não escritas podem ser evitadas ao tornar as expectativas explícitas. Quando surge um problema e o líder (ou outro membro da equipe) acha que é "assim que as coisas devem ser feitas", a equipe precisa de um clima aberto o suficiente para conversar sobre o problema, em vez de presumir que a maneira do líder ou de um determinado membro da equipe prevalecerá. Regras não escritas também são evitadas quando há

---

9 Jeffrey Yip, "Leading through Paradox", em *Leading across Differences: Cases and Perspectives*, ed., Kelly Hannum, Belinda McFeeters e Lize Booysen. Kelly Hannum, Belinda McFeeters e Lize Booysen (São Francisco: Pfeiffer, 2010), 171.

10 David Johnson e Jeff VanVonderen, *The Subtle Power of Spiritual Abuse: Recognizing and Escaping Spiritual Manipulation and False Spiritual Authority within the Church* [*Reconhecendo e escapando da manipulação espiritual e da falsa autoridade espiritual na Igreja*] (Minneapolis: Bethany House, 1991), 67.

uma cultura transparente na equipe e na organização. Isso significa que não há documentos secretos e que as informações sobre discussões e processos são acessíveis a todos os membros. Nenhum grupo ou indivíduo deve deter o monopólio do poder, e suas decisões e processos devem estar abertos ao escrutínio de qualquer pessoa que queira olhar. A transparência e a responsabilidade também são auxiliadas pelo fato de haver pessoas que não sejam os líderes documentando as decisões e gerenciando dinheiro e outros recursos.

## DESENVOLVER PROCESSOS EFICAZES DE COMUNICAÇÃO COM A EQUIPE

O líder da equipe multicultural precisa se concentrar mais nos processos de comunicação da equipe do que em seus produtos, especialmente nos estágios iniciais da vida da equipe. Criar uma comunidade envolve estabelecer o que cada membro da equipe acredita, valoriza e aprecia. Isso requer muito tempo, escuta ativa e trabalho para integrar o que as pessoas dizem em um conjunto compartilhado de valores da equipe. Pode ser útil que os membros da equipe tentem entender a perspectiva de seus colegas de equipe e, em seguida, que a equipe tente construir uma visão coletiva levando em conta todas as perspectivas. Às vezes, é útil estender o processo de tomada de decisão para além do horário das reuniões da equipe, reunindo-se com os membros da equipe individualmente e discutindo os problemas com eles. Esse tempo extra dá aos falantes não nativos do idioma da equipe algum tempo para pensar e entender melhor as questões e preparar suas respostas. Isso pode significar que a comunicação é mais lenta, mas também oferece oportunidade para uma melhor reflexão sobre as questões que estão sendo exploradas.

A comunicação deficiente resulta em confusão e frustração para a equipe. Em nossa pesquisa, os membros da equipe que entrevistamos sempre desejaram que seus líderes os ajudassem a conversar uns com os outros, especialmente em casos de conflito. Como comentou um membro da equipe: "Teria sido bom se o líder da equipe tivesse nos ajudado a nos comunicarmos uns com os outros, a falar sobre o conflito e a chegar a uma solução."

Quando nem todos os membros de uma equipe compartilham o mesmo idioma, há um grande potencial para mal-entendidos, bem como o risco de exclusão de falantes não nativos do idioma da equipe. A equipe e seu líder devem aceitar que a comunicação levará mais tempo e desenvolver um espírito de perdoar erros na comunicação e esclarecer o que as outras pessoas querem dizer. As estratégias para esclarecer a comunicação incluem

- redigir documentos de posicionamento no idioma da equipe e distribuí-los antes de uma reunião para que todos tenham tempo de refletir sobre as questões,
- certificar-se de que o significado da comunicação falada esteja claro, fazendo perguntas de esclarecimento,
- incentivar e estimular a participação dos membros mais calmos da equipe nas discussões em grupo,
- simplificar a forma como a linguagem é usada para ajudar na comunicação,
- ajustar a forma como o grupo funciona para permitir oportunidades para os membros da equipe discutirem assuntos em seu primeiro idioma, e
- preferem usar a comunicação face a face em vez da mídia eletrônica.

A utilidade potencial dos documentos de posicionamento foi ilustrada por um líder de equipe que disse que isso ajudou sua equipe a "iniciar a conversa e nos deu tempo para realmente entender o que a outra pessoa estava realmente tentando dizer". Um membro de outra equipe ficou entusiasmado com a ajuda que teve para que as pessoas de sua equipe verificassem o que seus colegas queriam dizer para garantir "que todos estivessem na mesma página".

Em última análise, é função do líder da equipe garantir que os membros da equipe estejam se comunicando de forma eficaz entre si. Ajudar a esclarecer a comunicação pode envolver fazer perguntas de esclarecimento, reinterpretar ou articular o que um membro da equipe diz a outro ou verificar se você entendeu corretamente para garantir que o significado seja transmitido corretamente. Um membro da equipe explicou que o líder deve "extrair o significado do que um membro diz e explicá-lo com palavras diferentes para os outros membros". Em outra situação de equipe multilíngue, um membro da equipe descreveu como, às vezes, seu líder "se comunicava para que eu explicasse meus problemas ou dificuldades ao restante da equipe ou o contrário, e isso era útil".

Quando há um mal-entendido, o líder da equipe precisa ajudar os membros da equipe a articular o que está errado para que possam lidar com o problema. Conflitos e mal-entendidos só podem ser resolvidos quando as falhas de comunicação são tratadas explicitamente e alguém faz com que a equipe fale sobre isso com o objetivo de melhorar a comunicação no futuro. O líder da equipe deve incentivar os membros da equipe a tomar a iniciativa de procurar outras pessoas que tenham feito um comentário ofensivo e resolver o problema com elas.

Uma das funções do líder pode ser a de ajudar os membros da equipe a identificar e expressar emoções que possam estar impedindo-os de ouvir o que os outros estão dizendo. Um membro da equipe expressou seu apreço pela forma como o líder a ajudou a lidar com suas reações emocionais na equipe: "Houve muitas vezes, durante as reuniões da equipe, em que me senti emocionada ou chateada, e sempre gostei do fato de o líder perceber que eu estava desconfortável e me perguntar sobre isso, em vez de eu ter de expressar meus sentimentos."

Um desafio encontrado em muitas equipes multiculturais é a diferença entre os membros da equipe que falam muito e os que são mais calados. Isso pode ser devido à personalidade, à cultura ou à falta de proficiência no idioma. Para desenvolver uma comunicação eficaz, os líderes devem chamar a atenção dos membros mais calados durante a discussão para ajudar a equipe a ouvir suas ideias.

Muitos entrevistados falaram sobre a importância do idioma em equipes multiculturais. Para muitas equipes multiculturais, os diferentes graus de proficiência no idioma da equipe entre seus membros são uma das principais causas de falhas de comunicação. Na equipe de um dos entrevistados, todos usavam um segundo ou terceiro idioma para se comunicar, portanto, os mal-entendidos eram muito frequentes. Os entrevistados enfatizaram que os erros são inevitáveis em equipes multiculturais devido a mal-entendidos. O líder da equipe tem uma função especial para ajudar a resolver problemas de comunicação. Um líder ajudou a equipe a superar um grande mal-entendido, traduzindo pacientemente "do inglês para o inglês, traduzindo do entendimento de uma pessoa para o entendimento de outra pessoa". Como resultado, eventualmente "as lâmpadas se acenderam e as pessoas disseram: 'Oh!' Então o problema não era mais um problema - era apenas um mal-entendido".

Fazer com que os membros da equipe simplifiquem a linguagem que usam é outra estratégia útil que ajuda na comunicação eficaz. Um líder de equipe teve de treinar especificamente os membros de sua equipe para ajustar o uso da linguagem:

> [Tento treinar meus outros funcionários que não foram expostos a essa cultura para que mudem um pouco a linguagem, a fim de garantir que recebam as informações corretas e interajam como uma equipe. Adaptar a linguagem, as gírias australianas normais, mudar o tom, mudar a velocidade, escrever... parece funcionar. Alguns dos funcionários não gostam de fazer isso, mas acabam vendo resultados mais positivos. Funciona bem.

Os líderes de equipe também precisam fazer um esforço especial para continuar explicando as coisas até terem certeza de que foram compreendidas. Um líder explicou:

> Às vezes, é preciso ser muito paciente e explicar as coisas, e também se eles não entenderem ou tiverem uma barreira de idioma, ou se não entenderem totalmente o tom em que você está falando ou as palavras que está usando, é preciso ter muita paciência para garantir que eles entendam.

Dar preferência à comunicação face a face permite que se dê feedback imediato e que se peça esclarecimentos. Ela tem a vantagem adicional de incluir elementos não verbais de comunicação, como tom de voz e linguagem corporal. Uma líder explicou por que preferia a interação face a face: "Se for mal interpretado face a face, você pode resolver o problema ali mesmo, porque pode ver a interpretação errada nos olhos da pessoa e pode contestá-la."

## CRIAR CONFIANÇA

O estabelecimento da confiança é fundamental para o funcionamento da equipe. Se a confiança não for estabelecida logo no início da vida de uma equipe, é improvável que ela se desenvolva mais tarde. A alta confiança proporciona um senso de segurança, otimismo e eficácia no desempenho da equipe, enquanto a baixa confiança está associada ao ceticismo e à sensação de que as coisas não vão funcionar.[11] Quando os membros da equipe se tornam céticos, seu ceticismo pode se tornar uma profecia autorrealizável. Quando os membros da equipe não esperam que algo funcione, eles não tentam fazer com que funcione. Então, quando não funciona, eles usam esse fato como prova de que estavam certos ao acreditar que nunca teria funcionado.

---

11 Sirkka L. Jarvenpaa e Dorothy E. Leidner, "Communication and Trust in Global Virtual Teams", *Journal of Computer-mediated Communication* 3, no. 4 (1998): 0.

A confiança é uma das principais bases para o funcionamento da equipe. Ela não impede a ocorrência de problemas, mas fornece uma base sobre a qual eles podem ser resolvidos. Ela permite a vulnerabilidade, o compartilhamento, o cuidado e o sentimento de segurança para ser você mesmo. A confiança não julga nem controla os outros membros da equipe. A confiança é tanto uma dádiva quanto algo que precisa ser conquistado. Ela também é facilmente minada. Ela é fomentada pelo investimento de tempo em relacionamentos, pela valorização dos indivíduos, pela aceitação das diferenças, pela atribuição de responsabilidades e pelo perdão dos erros. Se a confiança da equipe for quebrada, é responsabilidade do líder identificar a causa e procurar restaurá-la.

Um entrevistado acredita que a confiança é "um dos principais alicerces para que uma equipe possa funcionar" e que "se você não a tiver, é o começo do fim da equipe". Outro entrevistado enfatizou que a confiança não eliminava os mal-entendidos e a falta de comunicação, mas fornecia uma base que permitia lidar com eles. Ele disse que a confiança "nos abriu para um nível totalmente diferente de vulnerabilidade e compartilhamento, porque eu sabia que meus colegas de equipe se importavam comigo e eu me importava com eles".

A confiança dá espaço para fazer as coisas de forma diferente. Ela permite que os membros da equipe realizem tarefas de maneiras diferentes enquanto buscam uma visão comum. Ela ajuda a equipe a aceitar as diferenças em vez de combatê-las para sempre. Um supervisor explicou que a confiança permite que "as pessoas façam o que sabem fazer bem".

Foram descritos três tipos de confiança: (1) confiança baseada no fato de pertencer ao mesmo grupo, (2) confiança baseada em expectativas previsíveis de comportamento desenvolvidas por meio da construção de relacionamentos e (3) confiança baseada no interesse próprio recíproco.[12] Embora todas as três formas de confiança funcionem em uma equipe, a confiança baseada no pertencimento é o que o líder da equipe pretende desenvolver entre os membros.

Um exemplo de confiança baseada no interesse próprio recíproco em uma situação de equipe pode ser encontrado em uma abordagem de compartilhamento de recursos. Opto por dar dinheiro da equipe a um colega para comprar uma motocicleta para ir aos vilarejos, confiando

---

12 Debra Shapiro, Blair Sheppard e Lisa Cheraskin, "Business on a Handshake", *Negotiation Journal* 8, no. 4 (1992): 365-77.

que, quando eu precisar de algo para o meu ministério, esse colega ficará feliz em doar para a minha causa. Esse tipo de confiança pode se aplicar especialmente em culturas de doação de presentes, em que há uma expectativa de que os presentes sejam equilibrados reciprocamente entre as pessoas ao longo do tempo.

Quando a confiança se baseia na previsibilidade, ela está relacionada a saber como as pessoas se comportarão com base em seu comportamento anterior e nos valores ou atitudes demonstrados. Independentemente de as relações serem positivas ou não, é a previsibilidade que é relevante. Quando você consegue prever como as pessoas se comportarão, pode confiar que elas agirão dessa forma e, portanto, planejar como gerenciará isso. Se, por exemplo, um membro da equipe sempre fala mais alto e de forma mais agressiva quando fica estressado ou chateado, você pode trabalhar para identificar os fatores de estresse que fazem com que isso aconteça e não ficar chateado com o que esse membro da equipe diz quando está estressado.

O tipo de confiança mais forte e duradouro é aquele que vem do pertencimento. Em grande parte, essa confiança se manterá independentemente do que você fizer. Isso significa que as pessoas estão mais dispostas a perdoá-lo ou a ser pacientes quando você age de forma imprevisível, e você pode ter certeza de que elas sempre trabalharão em prol dos seus interesses, pois sabem que você tem em mente os interesses da equipe. Esse tipo de confiança é construído com base em relacionamentos e vínculos emocionais.

Quando a confiança é baixa, a comunicação deficiente e os mal-entendidos geralmente resultam, e isso pode levar a uma espiral de declínio da confiança. A seguir, um exemplo de como pode ocorrer a espiral de declínio da confiança. Um líder de equipe de baixo contexto pode não confiar em um membro de equipe de alto contexto para administrar bem o dinheiro da equipe, pelo menos de acordo com o padrão de seus próprios valores de baixo contexto e práticas contábeis. O líder pode, então, manter o controle do dinheiro e dar uma pequena mesada ao membro da equipe. O membro da equipe precisa, então, sempre pedir dinheiro ao líder para despesas extras, até mesmo para os negócios da equipe. O membro da equipe percebe que o líder não confia nele, pois a comunicação não-verbal do líder deixa bem explícita sua falta de confiança. O membro da equipe fica inicialmente confuso, depois magoado e, por fim, com raiva. Por que ele sempre tem de pedir dinheiro, já que esse é um recurso compartilhado pela equipe? Quando ele confronta o líder sobre isso, o líder é evasivo e fala sobre os requisitos de responsabilidade da organização ou dos doadores. Quando o membro pede para aprender esses requisitos, o líder concorda de má vontade em ensiná-lo. Quando o membro vê os registros, ele fica surpreso ao descobrir a quantidade de dinheiro disponível e fica irritado com a dificuldade que a falta de fundos tem causado ao seu trabalho. Ele aborda os doadores diretamente e garante o apoio direto deles para seu próprio trabalho. A equipe já se dividiu em diferentes facções que apoiam o líder, o membro e aqueles que querem evitar conflitos. Inevitavelmente, a equipe fracassa e há danos destrutivos no relacionamento. Ao não aplicar a generosidade arriscada e não confiar em todos os membros da equipe no início, a desconfiança se tornou endêmica nos relacionamentos, não apenas entre o membro e o líder, mas entre todos que os conhecem. O medo original do líder de perder o controle do dinheiro não só se concretizou, mas o líder também perdeu a própria equipe.

Assim como acontece com as regras não escritas e como mostrado no exemplo acima, qualquer falta de transparência também diminui a confiança. A falta de transparência também é evidente no exemplo de declínio da confiança dado acima. O sigilo, ou mesmo a sugestão de sigilo, deve ser evitado nas equipes. Até que a equipe tenha atingido o estágio em que todos os membros se sintam pertencentes, eles dependerão da reciprocidade e da previsibilidade, que são prejudicadas quando as ações e os motivos não são transparentes. É muito importante que o líder da equipe ajude os membros da equipe a conversarem uns com os outros e modele a disciplina de pensar positivamente sobre os colegas de equipe para que não se desenvolva a espiral de declínio da confiança.

Parte do processo de criação de confiança é o desenvolvimento de uma percepção de limites compartilhados entre as pessoas.[13] Em vez de ter limites que excluam a outra pessoa, os membros da equipe precisam trabalhar ativamente juntos para criar limites comuns. Isso só pode ocorrer quando os membros da equipe se sentem seguros. Quando nos sentimos seguros, ficamos menos preocupados com a possibilidade de sermos feridos e, portanto, conseguimos nos comunicar com mais facilidade. Naturalmente, confiamos nas pessoas com as quais nos identificamos, portanto, quanto mais o líder da equipe puder fazer para criar experiências compartilhadas que construam uma história e uma identidade comuns

---

13 Jenai Wu e David Laws, "Trust and Other-anxiety in Negotiations: Dynamics across Boundaries of Self and Culture", *Negotiation Journal* 19, no. 4 (2003): 329–67.

para a equipe, mais os membros da equipe poderão confiar uns nos outros. Para as equipes multiculturais, isso significa que as atividades e discussões de construção de comunidade são imperativas desde os primeiros estágios da vida da equipe.

## INSISTA EM PENSAR BEM DOS MEMBROS DA EQUIPE

Pensar bem dos outros e dar-lhes o benefício da dúvida é fundamental para desenvolver e manter bons relacionamentos. Quando um colega de equipe faz algo que não entendemos, é muito fácil atribuir a ele motivos negativos. Insistir em pensar bem dos colegas de equipe é um hábito que podemos desenvolver meditando e aplicando ensinamentos bíblicos como este: "Fixem seus pensamentos no que é verdadeiro, e honroso, e correto, e puro, e amável, e admirável. Pensem nas coisas excelentes e dignas de louvor" (Fp 4:8). O líder deve ter o cuidado de interpretar continuamente as ações dos colegas de equipe de forma positiva para os outros, recusando-se a especular sobre motivos e incógnitas e insistindo para que os membros da equipe conversem entre si sobre os problemas em vez de fazer suposições. É normal, na interação humana, atribuir motivos negativos a comportamentos e palavras que não entendemos. Isso é chamado de atribuição negativa.[14] A única maneira de superar a atribuição negativa é recusá-la e conversar com a outra pessoa para entender melhor o que ela está pensando e fazendo. Os líderes de equipe não devem se permitir fazer atribuições negativas sobre outras pessoas e devem se recusar a permitir que os membros da equipe façam o mesmo. O líder da equipe precisa ser um modelo e incentivar essa insistência em pensar bem dos outros e se comunicar bem com eles.

## DISCUTIR E CELEBRAR ABERTAMENTE AS DIFERENÇAS INTERCULTURAIS

As diferenças culturais na equipe devem ser discutidas abertamente e deve-se chegar a um consenso sobre as normas e práticas do grupo

---

14 Duane Elmer, *Cross-cultural Servanthood: Serving the World in Christlike Humility* (Downers Grove, IL: IVP Books, 2006), 50.

culturalmente sensíveis. Ao mesmo tempo, os membros da equipe precisam perceber que as preferências de todos nem sempre podem ser respeitadas. Independentemente de suas preferências serem aceitas ou não, os membros da equipe ainda precisam se sentir confortáveis com o que for escolhido. É importante que todos os membros da equipe estejam cientes dos valores, suposições e comportamentos de sua própria cultura e da cultura de seus colegas de equipe. É possível estabelecer uma boa base discutindo esses valores juntos no início da equipe, mas a equipe precisa estar ciente de que conflitos de valores surgirão quando começarem a fazer as coisas juntos e que isso não poderá ser evitado.

As equipes precisam tirar o máximo proveito de sua diversidade. Os líderes podem ajudar nesse processo afirmando especificamente para a equipe e para os outros como a diversidade de culturas, personalidades e funções ajudou a equipe a alcançar o que alcançou. A celebração das diferenças também pode ser ajudada pela incorporação das celebrações culturais de todos os membros da equipe na vida da equipe. Um membro da equipe em nossa pesquisa comentou: "Acho que é muito bom celebrar as grandes diferenças, rir das diferenças, porque o riso dá espaço para a apreciação, elimina a tensão, abre a mente para entendermos uns aos outros e percebermos as diferenças e aceitarmos as diferenças uns dos outros."

## APRENDA A APRENDER JUNTOS

As equipes precisam aprender a aprender juntas e a se tornarem profissionais reflexivos. Os profissionais reflexivos refletem sobre o que fazem à luz do que outras pessoas escreveram e vivenciaram em situações semelhantes.[15] As etapas do processo de aprender a refletir em conjunto incluem descrever a situação a partir das perspectivas de todos os envolvidos, interpretá-la à luz das informações culturais e da teoria obtidas em livros e outras fontes e usar um processo inclusivo na formulação de soluções. Depois que uma solução é formulada, ela é implementada por um período de tempo e, em seguida, o que foi feito é avaliado. Por meio da avaliação, novos problemas são identificados e o ciclo de aprendizado começa novamente. Incentivar os membros da equipe a estudar mais ou a participar de seminários e workshops relevantes relacionados ao trabalho da equipe e, em seguida,

---

15 Donald Schön, *The Reflective Practitioner: How Professionals Think in Action* (Aldershot, Inglaterra: Arena, 1995).

fazer com que eles compartilhem o que aprenderam com o restante da equipe é uma maneira valiosa de ajudar toda a equipe a aprender.

Para estarem abertos a aprender, os membros da equipe precisam estar dispostos a mudar. Para modelar isso, um bom líder deve ser um aprendiz permanente que dedica tempo para refletir sobre a prática e, em seguida, muda e se adapta à luz dessa reflexão. A inovação e a mudança podem ser estimuladas pela liberdade de explorar novas ideias e pelo incentivo à experimentação. Isso significa ter um clima de equipe que permita correr riscos e no qual os erros sejam perdoados. O fracasso não é percebido como negativo, mas como uma oportunidade coletiva de aprendizado. Edgar Schein enfatiza o papel emocional do líder, especialmente durante períodos de aprendizado e mudança. O líder deve proporcionar estabilidade e segurança emocional e lidar com a incerteza e o risco inerentes à reflexão, à experimentação e à realização de mudanças. [16]

## DESENVOLVER UM ENTENDIMENTO COMPARTILHADO DE LIDERANÇA

Como culturas diferentes têm expectativas diferentes em relação à liderança, o líder da equipe multicultural precisa facilitar a aceitação e o ajuste dos membros da equipe a estilos de liderança desconhecidos.[17] Equipes altamente eficazes geralmente compartilham a liderança com a equipe de acordo com a experiência dos membros. Para que isso funcione bem, a equipe precisa desenvolver um modelo mental compartilhado de liderança.[18] O líder também precisa ser capaz de desenvolver a capacidade de liderança em outras pessoas.

Quando a liderança compartilhada começa a se desenvolver em uma equipe, a direção da influência passa a ser não apenas do líder para os membros, mas também de membro para membro. A equipe se torna mais interdependente e interconectada. Não é possível que os líderes continuem tentando ajustar seu estilo de liderança de acordo com cada

---

16 Edgar Schein, *Organizational Culture and Leadership*, 4ª ed. (São Francisco: Jossey-Bass, 2010), 375.

17 Peter Dorfman, Paul Hanges e Felix Brodbeck, "Leadership and Cultural Variation: The Identification of Culturally Endorsed Leadership Profiles", em *Culture, Leadership, and Organizations: The GLOBE Study of 62 Societies*, ed., Robert House et al. (Thousand Oaks, CA: SAGE, 2004), 671.

18 Katzenbach e Smith, *The Wisdom of Teams* (*A sabedoria das equipes*), 45.

cultura individual representada na equipe. Todos na equipe precisam se comprometer e se ajustar. O ideal é que se desenvolva uma dinâmica complexa, semelhante a uma rede, de compreensão mútua, compromisso e ajuste, na qual os líderes promovam e facilitem o desenvolvimento de uma dinâmica de equipe saudável, incluindo a liderança compartilhada.

As equipes altamente eficazes são caracterizadas pela liderança compartilhada.[19] À medida que uma equipe se desenvolve, os dons, as habilidades e as funções de cada membro da equipe são descobertos e esclarecidos e, à medida que esse processo se desenvolve, diferentes membros assumem a responsabilidade de liderar em áreas relevantes para sua especialização. Em uma equipe de plantação de igrejas, por exemplo, um membro da equipe com experiência em contar histórias bíblicas pode assumir a liderança no treinamento e incentivo de seus colegas de equipe para contar histórias bíblicas para a população local. Outro membro que tenha um fardo especial para levar outras pessoas a orar poderia coordenar a coleta e o envio de informações sobre oração aos apoiadores e talvez também organizar reuniões de oração para a equipe. Da mesma forma, cada um dos outros membros da equipe assume uma área de responsabilidade especial na qual lidera a equipe. Esse tipo de liderança compartilhada ajuda a promover a coesão, a confiança e um senso de propriedade coletiva da visão da equipe. Por meio da liderança compartilhada, os membros da equipe têm maior controle sobre os processos e resultados, o que também aumenta seu senso de eficácia como equipe.[20] A equipe ainda tem um líder geral, mas seu papel é facilitar e incentivar o desenvolvimento da liderança compartilhada em áreas específicas, em vez de se sentir ameaçado por ela.

# DESENVOLVER UM EQUILÍBRIO DE FUNÇÕES E PERSONALIDADES

É preciso haver um equilíbrio de funções e personalidades na equipe. Qualquer desequilíbrio precisa ser resolvido ativamente por meio do recrutamento de novos funcionários, da realocação de membros da equipe ou da ajuda aos membros da equipe para que se desenvolvam em áreas nas quais a equipe é fraca. É importante que o líder não apenas compreenda a dinâmica interpessoal da equipe, mas também ajude a

---

19 Katzenbach e Smith, 80.

20 Stephanie Solansky, "Leadership Style and Team Processes in Self-managed Teams", *Journal of Leadership and Organizational Studies* 14 (2008): 332–41.

equipe a compreender essa dinâmica. Como comentou um entrevistado, "Qualquer líder de equipe deve entender cada membro da equipe e quais são seus talentos e habilidades e como equilibrar um com o outro. Você não colocará duas pessoas fortes em uma coisa em um grupo, portanto, entender a dinâmica interpessoal é muito importante."

O Capítulo 6 apresenta uma exploração mais detalhada de como o líder pode desenvolver essa compreensão das funções e personalidades da equipe e como os líderes podem trabalhar para obter um bom equilíbrio entre elas.

## ACEITAR O CONFLITO

O conflito é uma oportunidade de crescimento e desenvolvimento. Aceitar o conflito e gerenciá-lo bem leva a melhores decisões e ao desenvolvimento de novas ideias e abordagens. Os líderes podem ajudar suas equipes a aceitar o conflito, garantindo que o conflito em potencial seja abordado logo no início e, quando ocorrer um conflito maior, assegurando que a equipe persevere até que o conflito seja totalmente resolvido. Durante e por meio do processo, o líder pode garantir que o processo de gerenciamento de conflitos acordado pela equipe seja aplicado e revisado de forma consistente e que, depois que os conflitos forem resolvidos, a equipe reserve um tempo para aprender com o processo. O líder da equipe deve reforçar a ideia de que o conflito é normal e que a capacidade da equipe de perseverar até a resolução é um indicador de sua força. O conflito não deve ser um segredo ou ignorado. Não deve ser uma área "proibida", nem as pessoas em conflito devem se envergonhar. Quando o conflito ocorre, todos na equipe podem ficar consternados, mas devem estar determinados a trabalhar para superá-lo e se alegrar com os resultados que ele traz. A recusa do líder da equipe em permitir que o conflito se instale é um fator fundamental para o sucesso da equipe na gestão de conflitos. Exploraremos o conflito e como gerenciá-lo em mais detalhes no capítulo 7.

## PROMOVER E PRESERVAR CONTINUAMENTE O FOCO DA EQUIPE

Os líderes de equipe têm a responsabilidade principal de ajudar a equipe a internalizar e continuar trabalhando para alcançar a visão e as metas da equipe. Eles fazem isso mantendo a equipe responsável pela visão e pelas metas, ajudando a equipe a analisar o progresso em direção às metas e permitindo que os membros da equipe façam os ajustes necessários na maneira como trabalham.[21]

Bons líderes de equipe agem consistentemente de acordo com a visão e os valores da equipe. Esse estilo de liderança orientado pela visão e pelos valores permite que os líderes respondam com flexibilidade às necessidades dos membros da equipe e às mudanças no contexto. Em vez de liderar a partir de um conjunto de prescrições fixas ou impor rigidamente abordagens que foram desenvolvidas em diferentes contextos e para diferentes equipes, os bons líderes baseiam suas decisões no que a equipe já decidiu - a visão e os valores compartilhados da equipe. Líderes assim são vistos agindo não de acordo com suas próprias idiossincrasias ou com o desejo de controlar, mas de acordo com o que é melhor para a equipe e para a realização da visão.

Uma função essencial de um bom líder de equipe é ajudar a equipe a se concentrar e minimizar as distrações. Se os membros de uma equipe não estiverem alinhados em termos de foco, de acordo com uma visão compartilhada, a capacitação dos indivíduos resultará em caos. Se houver falta de congruência entre as metas individuais e as do grupo, ou se houver distrações de forças internas ou externas, a equipe não conseguirá se concentrar o suficiente para ser produtiva. Para que os líderes de equipe permitam que a equipe se concentre, eles precisam estar pessoalmente concentrados e comprometidos com a visão e as metas da equipe, e devem tomar cuidado para não diluir os esforços da equipe com muitas prioridades.

Os líderes de equipe devem ser "membros consumados da equipe", pois devem fornecer um modelo de trabalho em equipe para a equipe.[22] Uma equipe refletirá seu líder. Por esse motivo, os líderes devem incorporar e modelar a visão e os valores que estão influenciando as pessoas a seguir.

## PERMITIR QUE A EQUIPE TOME DECISÕES EM CONJUNTO

Os processos de como uma equipe trabalha em conjunto, incluindo a qualidade da interação interpessoal entre seus membros, não podem ser separados do produto que a equipe pretende alcançar. Desde a primeira

---

21 Nick Nykodym, Sonny Ariss, Jack Simonetti e Jean Plotner, "Empowerment for the Year 2000 and Beyond", *Empowerment in Organizations* 3, no. 4 (1995): 36–42.

22 Ron Cacioppe, "An Integrated Model and Approach for the Design of Effective Leadership Development Programs", *Leadership and Organization Development Journal* 19 (1998): 37.

reunião da equipe, o líder trabalha para criar uma comunidade de equipe saudável. Para criar um clima de colaboração na equipe, o líder precisa ajudar a equipe a tomar decisões em conjunto. Uma equipe começa a alcançar alto desempenho quando a liderança é compartilhada entre seus membros. Isso não significa que o líder abdica de sua função. Em vez disso, significa que a responsabilidade e a autoridade pelas decisões passam a ser de propriedade coletiva e compartilhada. A liderança em uma equipe altamente eficaz não é tanto uma pessoa, mas um processo comunitário dinâmico em que todos os membros da equipe estão trabalhando juntos no que é importante e, em seguida, implementando suas decisões. A tomada de decisões em conjunto não significa que todos têm o mesmo tempo para falar, nem mesmo que as decisões são tomadas em uma única reunião. Significa que a equipe desenvolveu sua própria maneira eficaz de decidir em conjunto, que se baseia nos pontos fortes e nas experiências de cada membro e maximiza sua contribuição para o processo de tomada de decisão e implementação. A função do líder no desenvolvimento dessa eficácia coletiva - a confiança que a equipe tem em si mesma para alcançar sua visão - é capacitar o grupo para decidir e agir, em vez de dirigir ou decidir por ele. Esse conceito de liderança está incorporado no ditado que diz que grandes líderes são aqueles que fazem com que seus liderados digam: "Nós mesmos fizemos isso." [23]

## PROTEGER A EQUIPE DE INFLUÊNCIAS EXTERNAS NEGATIVAS

Para que a equipe seja um lugar seguro onde os membros estejam dispostos a correr riscos em prol da equipe e de sua visão, eles precisam saber que o líder sempre estará ao lado deles, mesmo quando falharem. Isso traz segurança para a equipe e um senso de identidade comum. O líder fornece um limite protetor dentro do qual todos pertencem à equipe, e não há medo de influências externas que possam separá-los.

O líder fica entre a equipe e o mundo externo. O feedback da organização e de outras pessoas sobre a equipe tende a chegar mais ao líder do que aos membros da equipe. Quando o feedback é bom, o líder não deve hesitar em repassá-lo à equipe. No entanto, quando o feedback for negativo ou

---

23 Peter Senge, *The Fifth Discipline: The Art and Practice of the Learning Organization* (New York: Doubleday, 1990), 431.

inútil, o líder deve ser discreto ao repassá-lo aos membros da equipe. Em muitos casos, é mais útil para o líder absorver as críticas e proteger o bem-estar da equipe. Se for necessário fazer mudanças, o líder pode lidar com isso sem transmitir um feedback negativo que possa prejudicar o moral da equipe ou de um membro individual da equipe.

Dessa forma, o líder atua como um guardião para proteger a equipe de influências externas que possam prejudicá-la, concentrando-se, em vez disso, em desenvolver os membros da equipe e sua sinergia interativa. Um exemplo disso é quando alguns membros da equipe fazem uma apresentação para outras pessoas de fora da equipe e o líder recebe o feedback de que a apresentação foi ruim. Normalmente, não é útil dizer aos membros da equipe envolvidos que a apresentação foi ruim. O líder deve tomar nota da crítica e concentrar-se em ajudar a equipe a abordar suas apresentações de uma maneira diferente na próxima vez. Em muitos casos, o líder já está ciente dos pontos fracos dos membros da equipe, e transmitir críticas apenas os prejudicará em vez de fortalecê-los.

# CAPÍTULO 5

# ESCLARECENDO O OBJETIVO E A ABORDAGEM DA EQUIPE

## DEFINIR A VISÃO É A PRIMEIRA TAREFA DE UMA EQUIPE

Toda equipe existe para um propósito específico e está concentrada em realizar uma tarefa específica em conjunto. Essa é a principal diferença entre as equipes e outros tipos de grupos que trabalham juntos. Em um grupo de trabalho, por exemplo, os indivíduos trabalham lado a lado, em paralelo, em vez de trabalharem juntos de forma interdependente. [1]

O propósito de uma equipe a leva a superar os desafios de trabalhar em conjunto para criar uma forte coesão de grupo e obter sinergia, na qual o desempenho da equipe é maior do que a soma dos esforços individuais dos membros. Muitos grupos se referem a si mesmos como equipes, mas não têm esse foco singular. Chamar um grupo de equipe quando ele não tem esse objetivo claramente definido e compartilhado geralmente gera frustração e confusão entre os membros da equipe que buscam a maior coesão e eficácia que as equipes prometem. Se não houver um foco claro, todos acabam fazendo suas próprias coisas. Isso impede que o grupo desenvolva um senso claro de identidade de grupo ou um foco comum suficiente para ser produtivo em conjunto. Como ter um propósito compartilhado é fundamental para o trabalho em equipe eficaz, o líder da equipe deve primeiro se concentrar em esclarecer o propósito da equipe.

---
1 Katzenbach e Smith, *The Wisdom of Teams*, 88-91.

Uma das melhores maneiras de os líderes de equipe pensarem sobre o propósito da equipe é em termos de visão - a imagem de como seria o futuro se Deus derramasse sua bênção sobre a equipe e seu trabalho e se a equipe fosse totalmente bem-sucedida. Uma vez que a visão da equipe esteja clara, as metas, que funcionam como sinalizadores no caminho para a visão, podem ser estabelecidas. Quando as metas tiverem sido acordadas, as estratégias para atingi-las poderão ser discutidas. Se essa ordem de abordagem não for seguida, o objetivo da equipe facilmente se confunde com as maneiras pelas quais ele pode ser alcançado, e a equipe pode começar a fazer coisas que vão contra o seu objetivo.

A definição da visão pode levar muitas horas de discussão, mas esse tempo é um investimento essencial para o sucesso da equipe. No caso de equipes multiculturais, o processo de definição da visão pode parecer interminável, pois os membros da equipe não estão apenas tentando decidir juntos, mas também aprendendo a entender uns aos outros e a trabalhar com suas diferentes expectativas culturais em relação aos líderes, à tomada de decisões e à gestão de conflitos. No entanto, o líder e a equipe devem persistir firmemente nessa tarefa, para que a visão se torne clara e os processos saudáveis da equipe sejam estabelecidos.

Em algumas equipes multiculturais, quando a visão é discutida durante a fase de formação da equipe - no que tem sido chamado de "fase de lua de mel" - o processo de tomada de decisão pode parecer fácil. Os membros da equipe nas primeiras semanas de formação da equipe geralmente estão entusiasmados com a tarefa da equipe e com o trabalho conjunto em um novo projeto. Todos estão se esforçando para se dar bem uns com os outros e evitar qualquer conflito. Entretanto, se as diferentes expectativas sobre a visão da equipe não forem discutidas desde o início, alguns componentes da visão podem não ser totalmente aceitos por alguns membros da equipe ou podem não ter sido totalmente compreendidos. Isso significa que, no primeiro ano de vida de uma equipe multicultural, embora o objetivo geral da equipe deva ser claro, os componentes específicos da visão podem precisar ser mantidos de forma mais flexível e revisados com frequência para garantir que a visão realmente reflita o que todos os membros da equipe desejam e acreditam que podem alcançar juntos.

Uma equipe é definida pelo comprometimento de seus membros com uma visão, metas e estratégias acordadas em comum acordo para atingir as metas. Essa é a principal característica distintiva de uma equipe em relação a outros tipos de grupos que trabalham juntos. Ajudar uma equipe a definir sua visão, metas e estratégia é a primeira tarefa de um líder de equipe multicultural. O restante deste capítulo descreve como liderar a equipe durante o processo de esclarecimento da visão e decisão sobre metas e estratégias.

## EFICÁCIA DA EQUIPE

O único fator que prevê consistentemente se uma equipe multicultural atingirá suas metas é a crença de seus membros de que é possível.[2] A crença dos membros da equipe de que sua equipe pode ser bem-sucedida é chamada de eficácia da equipe. Em nossa própria pesquisa sobre equipes multiculturais de plantação de igrejas, descobrimos que a eficácia da equipe era o indicador mais útil de eficiência na fundação de novas igrejas.[3] Parece haver um poder criativo embutido nas pessoas que acreditam em algo a ponto de estarem dispostas a trabalhar juntas para alcançá-lo. Acreditar que uma tarefa aparentemente impossível é realizável parece gerar a capacidade de pensar criativamente sobre os obstáculos e o compromisso de perseverar em meio aos desafios. Se alguns membros da equipe ficarem desanimados, o restante da equipe poderá incentivá-los. Como a eficácia da equipe está concentrada em sua visão, ter uma visão clara ajuda os membros da equipe a articular aquilo em que acreditam, lembrar uns aos outros de sua visão quando estiverem desanimados e incentivar uns aos outros a continuar perseguindo sua visão quando enfrentarem obstáculos.

Uma equipe diversificada tem a capacidade de ser mais eficaz do que uma equipe não diversificada. Isso ocorre porque a diversidade de experiências e pontos de vista na equipe traz uma perspectiva mais rica para a tomada de decisões e para as abordagens da equipe aos desafios. No entanto, as equipes diversificadas enfrentam maiores dificuldades, o que muitas vezes as impede de atingir o grau necessário de união. É o acreditar em conjunto que constitui a eficácia da equipe. Essa é a qualidade a que Deus se referiu em Babel: "O povo está unido e todos falam a mesma língua. Depois disso, nada do que se propuserem a fazer lhes será impossível!" (Gênesis 11:6). Por esse motivo, o líder de uma equipe multicultural precisa afirmar continuamente o valor da diversidade na vida e na função da equipe.

O líder da equipe pode ajudar a equipe a aumentar sua crença de que pode ser bem-sucedida, garantindo que as metas da equipe sejam

---

2 Campion, Papper e Higgs, "Relations", 823–50.
3 R. Hibbert, "Church Planting Teams", 147, 206.

claras e mensuráveis. Quando cada meta for atingida, o sucesso deve ser comemorado. O cumprimento de cada meta é um marco no caminho para a visão. Ao marcar cada marco com uma comemoração, os membros aprendem a valorizar suas realizações coletivas e a sentir seu sucesso. Assim, eles podem se referir a cada comemoração como prova de sua capacidade de ser bem-sucedidos quando enfrentarem novos desafios e aguardar ansiosamente o sentimento de realização no futuro. As equipes que entram em um bom caminho ao definir metas claras e comemorar suas conquistas logo no início do trabalho em conjunto tendem a continuar trabalhando de forma eficaz a longo prazo.[4]

Ter metas claras e mensuráveis também permite que a equipe monitore continuamente seu progresso, avalie suas ações à luz dos resultados, ajuste sua abordagem e reavalie. Esse processo faz parte do processo de se tornar um profissional reflexivo. Monitorar, avaliar e ajustar o que a equipe está fazendo aumenta a eficácia, pois aumenta a confiança da equipe em sua capacidade de enfrentar desafios maiores e mais complexos. A equipe ganha confiança porque sua experiência anterior foi positiva. É importante que o líder destaque continuamente para a equipe que os processos que eles usam para atingir suas metas são tão importantes quanto os produtos de seu trabalho.

Como o processo de formação de equipes pode ser longo, as equipes multiculturais precisam definir algumas metas iniciais de curto prazo que sejam facilmente alcançáveis. Isso é importante para que a equipe desenvolva um senso de que é capaz de realizar coisas em conjunto. Se, por exemplo, espera-se que o propósito da equipe leve mais de três anos para ser cumprido, seria bom ter metas iniciais que possam ser alcançadas no primeiro e no terceiro mês, enquanto a visão da equipe está sendo definida com mais clareza. Essas metas de curto prazo devem ser significativas e envolver o trabalho conjunto de todos. Isso desenvolve a crença da equipe de que ela pode trabalhar em conjunto e também cria oportunidades para sucessos iniciais que a equipe pode comemorar em conjunto.

Uma equipe de plantação de igrejas na Europa Oriental exemplificou esse processo inicial de definição de metas. Durante os três meses que essa equipe levou para elaborar sua visão, metas e estratégias, ela também estabeleceu a meta de visitar todas as cidades e vilarejos de sua região até o final desse período e que cada membro encontrasse e começasse a conhecer pelo menos

---

4 Hackman, "More Effective Work Groups", 481–82.

cinco novas pessoas por semana durante esse período. Eles acharam muito útil ter essas metas de curto prazo claras e alcançáveis. As metas se concentraram simplesmente em conhecer o contexto e não comprometeram nenhum elemento de visão ou estratégia que a equipe estava discutindo durante o mesmo período, mas a pesquisa ainda forneceu informações valiosas para a tomada de decisões da equipe. Como as metas eram claramente mensuráveis, os membros da equipe puderam avaliar o progresso em direção ao seu cumprimento e comemorar quando as alcançaram.

## ESCLARECIMENTO DA VISÃO E DO OBJETIVO DA EQUIPE

Se você não almejar nada, certamente conseguirá. A visão define o objetivo de uma equipe. A visão articula um sonho. A visão de uma equipe pode ser mais ampla do que o que a equipe pretende alcançar, mas deve conter elementos específicos que possam ser alcançados dentro de um prazo específico.

A visão é visual. Ela começa com uma imagem, que depois pode ser articulada em uma declaração. A visão deve ser clara o suficiente para que possa ser pendurada em uma parede, citada com frequência e facilmente mostrada e explicada a outras pessoas. Ela é a característica que define a equipe e a impulsiona para a sua realização. Ela também serve como uma ferramenta de avaliação constante para qualquer atividade que a equipe considere realizar.

Sem visão, as pessoas simplesmente fazem. Fazem qualquer coisa que lhes pareça boa no momento, mas que não leva necessariamente a lugar algum. Sem uma referência constante à visão, especialmente quando confrontados com desafios, os membros da equipe podem ficar sobrecarregados com as tarefas que os cercam e esquecer o que estão tentando alcançar. Um ditado útil diz: "Quando você está cercado de crocodilos até o pescoço, é difícil lembrar que sua visão era drenar o pântano". O pântano nunca será esvaziado se você estiver sempre lutando contra crocodilos, mas se você drenar o pântano, os crocodilos desaparecerão. A visão permite que a equipe mantenha as coisas em perspectiva e não se esgote fazendo coisas que podem ser boas, mas que na verdade a impedem de alcançar o que se propôs a fazer.

# DA VISÃO À AÇÃO: ETAPAS DO PLANEJAMENTO ESTRATÉGICO

## Etapa 1: Pesquisar o contexto

Como a visão é específica para a equipe e seu contexto, a primeira etapa na definição da visão é desenvolver uma compreensão do contexto no qual a equipe trabalhará. A compreensão do contexto pela equipe deve estar em constante desenvolvimento durante toda a sua vida. No entanto, quanto mais minuciosamente a equipe investigar onde trabalhará e com quem trabalhará no início de sua vida, mais robusta e relevante será sua visão. Começar com uma pesquisa também incorpora ao DNA da equipe uma orientação para o aprendizado contínuo.

O processo de examinar o contexto e analisar a tarefa da equipe também é uma das primeiras etapas da formação de equipes. Nessa fase inicial da vida da equipe, o líder deve dar liberdade aos membros para que realizem as tarefas de pesquisa da maneira que fizerem sentido para eles e afirmar essas diferentes maneiras de fazer as coisas. O líder também deve ajudar a equipe a refletir e a analisar cada atividade da equipe. Ao fazer isso, os membros da equipe tomam consciência de suas próprias suposições e das suposições de seus colegas sobre como as coisas devem ser feitas, e essas suposições podem ser exploradas e explicitadas. O engajamento na reflexão em conjunto nesse estágio inicial da vida da equipe, quando geralmente há pouco conflito, ajuda os membros da equipe a se acostumarem com o processo de aprendizagem reflexiva antes que ele se torne emocionalmente carregado.

Não é útil fingir que os obstáculos que a equipe enfrenta são menores ou exagerá-los. A análise realista do que a equipe enfrenta permite que ela planeje com eficácia e aumenta a probabilidade de sucesso. O processo de examinar os desafios também deve permitir que os membros da equipe expressem seus medos e hesitações sem censura. Isso cria um clima de abertura e segurança na equipe. Se as preocupações dos membros da equipe forem descartadas, ignoradas ou ridicularizadas, eles se sentirão desvalorizados como pessoas e não se sentirão seguros para participar de futuras discussões da equipe. O líder da equipe deve incentivar a expressão honesta de preocupações e garantir que essas preocupações sejam respeitadas por todos os membros da equipe e tratadas de forma realista e compassiva. As equipes que abordam as preocupações minuciosamente desde o início e não ignoram os assuntos que podem ser difíceis de serem discutidos terão uma maior apropriação da visão da equipe.

## Etapa 2: Obtenha e comunique uma ideia das possibilidades

Como os líderes são responsáveis por iniciar o processo de esclarecimento da visão, é bom que eles tenham alguma ideia da visão como ponto de partida. Se eles próprios forem mais visionários, podem começar com sua própria formulação de uma visão, que pode então ser discutida pela equipe. Os membros da equipe de culturas de alto contexto e de maior distância do poder (consulte o capítulo 2 para obter explicações sobre esses termos) podem ficar reticentes em contribuir para a visão se a opinião do líder for vista como definitiva. Os membros da equipe de culturas de baixo contexto podem se opor a qualquer sugestão do líder que pareça prescritiva. Isso significa que é importante que os líderes de equipe enfatizem a natureza provisória da visão que eles esboçam e que o esboço da visão sirva como um modelo ou ponto de partida para a discussão e o desenvolvimento da equipe. Em alguns contextos, os objetivos da organização da qual a equipe faz parte fornecem componentes do esboço básico da visão.

Os líderes que são mais concretos, detalhistas e orientados para o presente em sua maneira de pensar (em vez de abstratos, com visão de conjunto e orientados para o futuro; consulte o capítulo 6 para obter mais explicações) geralmente têm dificuldade para imaginar possibilidades futuras. Talvez não seja possível para eles considerar ou propor possíveis opções de visão. Nessa situação, o líder precisa identificar os membros da equipe que têm essa habilidade e capacitá-los a iniciar ou até mesmo liderar o processo. Se não houver ninguém na equipe que possa fazer isso, o líder talvez precise convidar um facilitador de fora da equipe para ajudar no processo.

## Etapa 3: Esclarecer a visão em conjunto

A visão de uma equipe define o ponto final do trabalho da equipe e garante que todos na equipe estejam caminhando na mesma direção. Na imagem abaixo (fig. 6), a visão é representada como uma estrela ao longe, além de muitas montanhas. As montanhas representam os desafios e obstáculos para alcançar a visão. Os membros da equipe estão reunidos na parte inferior esquerda da figura, de frente para a visão, mas ainda sem ter definido o caminho para alcançá-la.

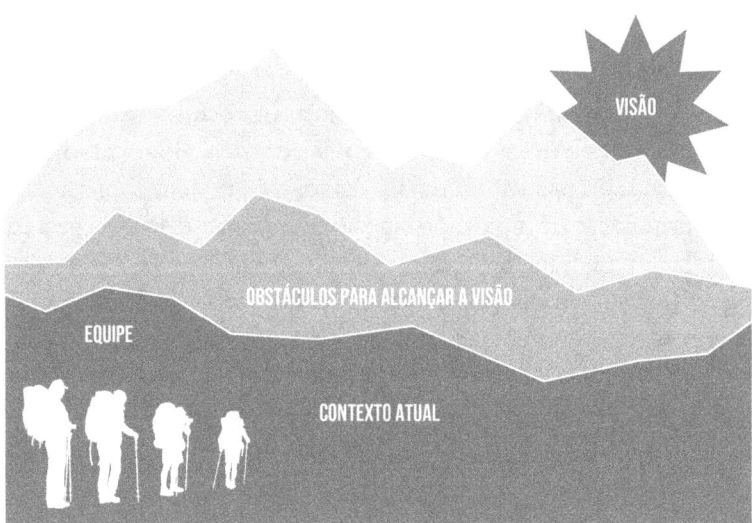

*Figura 6: Definir a visão*

Recomendamos que a visão seja definida por membros individuais da equipe que compartilham seus sonhos para o futuro, negociando-os e reunindo-os em uma imagem corporativa. Isso não significa sobrepor imagens individuais em uma tela grande. Os pontos de semelhança precisam ser observados, as discrepâncias e os conflitos discutidos, as propostas irrealistas descartadas com sensibilidade e a criação de uma imagem única, simples e clara, que incorpore todos os elementos acordados. A imagem final também precisa ser avaliada para garantir que seja coerente com os objetivos da organização.

Se a equipe tiver uma maioria de pensadores concretos, ou se os membros não estiverem familiarizados com o pensamento sobre a visão, pode ser útil começar com um exercício de brainstorming. Isso ajuda as pessoas a começarem a pensar em possibilidades. O brainstorming é uma atividade especial e disciplinada em que todos na equipe têm total liberdade para sugerir qualquer ideia, mesmo as que parecem ridículas. Cada ideia é anotada, de preferência em um quadro grande ou em um pedaço de papel que todos possam ver. Durante o período de brainstorming, as pessoas não têm permissão para discutir as ideias. Elas podem pedir esclarecimentos simplesmente para entender o que se quer dizer, mas é proibido discutir a viabilidade de qualquer ideia. No brainstorming, até mesmo as ideias mais ultrajantes podem ser sugeridas. Essas ideias às vezes se mostram as mais produtivas. O processo de brainstorming em conjunto é valioso porque reforça que as sugestões de todos os membros são valiosas, incentiva o pensamento criativo e ajuda a equipe a aprender a ouvir uns aos outros sem ser negativa e a considerar perspectivas e possibilidades alternativas.

Quando os membros se sentirem à vontade para pensar no futuro, o líder deve dar tempo para que todos criem suas próprias imagens de como será o cumprimento do objetivo da equipe. Os membros da equipe de culturas coletivistas podem preferir fazer essa tarefa juntos em vez de individualmente. A abordagem deve ser flexível, mas deve garantir que cada membro da equipe tenha a oportunidade de contribuir para o quadro final.

A pergunta que a equipe está tentando responder é: "Se Deus derramasse sua bênção sobre a vida e o ministério de nossa equipe, como seria o resultado?" Os membros da equipe devem ser incentivados a serem específicos em termos das coisas que acham que aconteceriam se Deus derramasse sua bênção. A equipe está considerando o resultado final de sua tarefa. Outra forma de colocar a questão é perguntar: "Como saberemos se fomos bem-sucedidos?"

Cada indivíduo ou grupo deve preparar uma forma criativa de expressar sua resposta a essa pergunta - uma imagem, modelo, poema, drama, música ou história - que comunique todos os elementos do que eles acreditam que terá surgido se a equipe tiver sido bem-sucedida em sua tarefa. Expressar a visão de forma criativa ajuda a ampliar o pensamento dos membros da equipe para além das metas mensuráveis que serão eventualmente adotadas. Isso também envolve de forma criativa os membros da equipe que não são tão focados em palavras ou que são menos fluentes no idioma da equipe. Por fim, incentiva as pessoas a pensarem a partir de perspectivas incomuns e envolve emoções que ajudam os membros da equipe a se conectarem com a visão da equipe.

A próxima etapa é pedir aos membros da equipe que apresentem e expliquem suas expressões criativas de visão para toda a equipe. Em seguida, pode-se iniciar o processo de extração de elementos comuns e negociação de uma imagem coletiva. Como esse processo de análise e negociação pode ser complexo e difícil, pode ser útil ter um facilitador de fora da equipe presente, como um coach de equipe (consulte o Capítulo 10 para obter mais explicações sobre o papel do coach de equipe). A presença de um coach de equipe alivia a pressão sobre o líder e o ajuda a se tornar parte do "nós" da equipe à medida que sua imagem se funde com a de todo o grupo.

A visão da equipe não é a combinação de todas as atividades nas quais os membros da equipe estão envolvidos ou querem se envolver. Um conglomerado de atividades não é visão. A visão é o resultado das atividades e deve indicar quando é hora de encerrar a atividade. Uma visão clara ajudará a equipe a determinar quais atividades são apropriadas e relevantes para atingir o objetivo da equipe. Algumas das atividades em que os membros da equipe estão envolvidos podem ajudar a alcançar a visão, mas muitas não o farão. Se essas atividades inúteis forem incluídas na imagem da visão, a realização da visão será comprometida antes mesmo de começar.

Se o processo de definição da visão tiver sido bem feito, os membros da equipe serão apaixonados por sua visão, a comunicarão continuamente e a defenderão com paixão. Ela será constantemente mencionada e usada para avaliar todas as decisões e atividades da equipe. É o elemento mais importante para definir a identidade da equipe e ajudá-la a mudar de um grupo de indivíduos para um "nós" coletivo. Essa etapa da formação da equipe é essencial, e o líder deve garantir que seja investido tempo suficiente nela. Não importa se isso é feito em um retiro de equipe durante um número concentrado de dias ou se é feito gradualmente durante semanas ou meses. Cada abordagem tem vantagens e desvantagens. O que quer que esteja no quadro da visão torna-se precioso para os membros da equipe. É fundamental garantir que as coisas certas estejam nesse quadro!

Quando a visão em forma de imagem estiver clara, a próxima etapa é articular a visão em uma declaração com o mínimo de palavras possível. Algumas pessoas sugerem que é útil ter como objetivo vinte e cinco palavras ou menos, pois isso será mais fácil de memorizar. A visão deve responder (em palavras) à pergunta: "Se nossa equipe for bem-sucedida em seu propósito, como será o resultado?" O trabalho de colocar a imagem em palavras ajuda a equipe a identificar claramente os elementos centrais da visão e fornece à equipe uma declaração que a ajuda a explicar rapidamente aos outros o que é a equipe. Como essa declaração de visão será constantemente citada nas discussões da equipe, ela deve ser redigida de forma que seja fácil de lembrar, entender e aplicar na tomada de decisões.

## Etapa 4: Esclareça e articule os valores da equipe

A declaração de valores descreve a maneira como a equipe trabalhará para cumprir sua visão em termos de ethos, princípios e valores. Muitos resultados do trabalho da equipe dependerão de como a equipe faz as coisas e do que ela modela por meio desses padrões de trabalho em conjunto. A articulação de uma declaração de valores ajuda a equipe a trabalhar de forma a garantir que a visão seja alcançada.

Esse processo de criação de uma declaração de valores pode ser iniciado fazendo com que os membros da equipe pensem em declarações com as quais eles têm certeza de que todos os membros da equipe discordarão ou com as quais se sentirão extremamente desconfortáveis quando as ouvirem e, em seguida, discutindo essas declarações para ver se todos se sentem desconfortáveis e o que há nelas que gera esse desconforto. Se as afirmações forem escritas anonimamente e retiradas de uma caixa, elas poderão ser discutidas sem que as pessoas se sintam constrangidas se nem todos concordarem. Abaixo estão algumas perguntas que podem ajudar na discussão dessas declarações e na obtenção dos valores da equipe.

- Qual foi a sensação de considerar e escrever ideias como essa?
- Por que os membros da equipe escolheram as declarações que fizeram?
- Quais são os temas em comum entre eles?
- O que essas declarações mostram sobre como os membros veem a equipe?
- Que pontos cegos ou preconceitos as declarações podem indicar?
- Que tabus na equipe emergem das declarações?
- O que as declarações implicam sobre as metas da equipe?
- O que as declarações sugerem sobre a maneira como a equipe trabalha?
- Alguma declaração é significativamente diferente das demais? Por que isso acontece?

Pode ser útil que os membros da equipe preencham, individualmente ou em pequenos grupos, o diagrama a seguir (fig. 7), identificando as sobreposições entre valores pessoais, da equipe e organizacionais. Os diagramas preenchidos podem então ser apresentados e discutidos com o objetivo de encontrar os elementos com os quais todos na equipe concordam. Também pode ser útil discutir por que existem diferenças entre os três círculos.

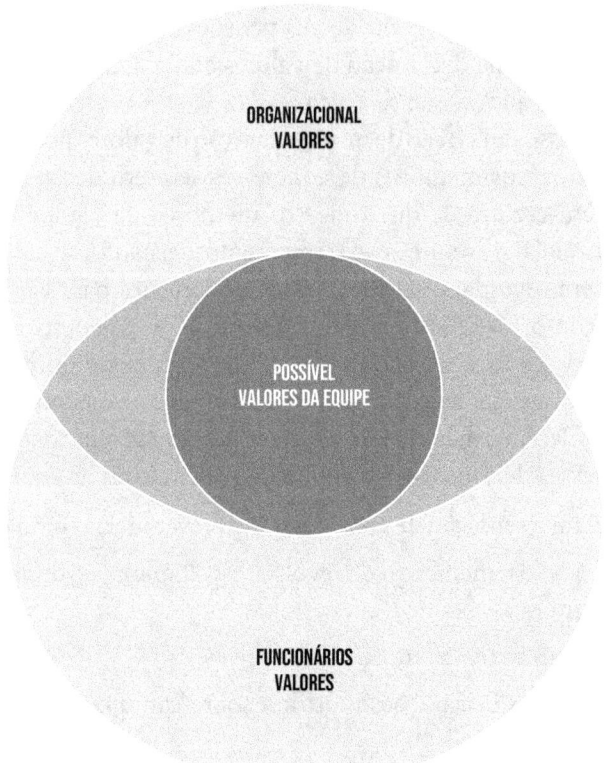

*Figura 7: Círculos indicando áreas de sobreposição de valores*

Quando a equipe estiver discutindo seus valores, é útil insistir para que os membros da equipe ilustrem cada um dos valores sugeridos com exemplos específicos de experiências que demonstrem o que esses valores significam na prática. Isso destaca o que as palavras realmente significam para cada membro da equipe e torna mais claras as possíveis áreas de conflito.

Nos estágios iniciais da formação de uma equipe multicultural, não é realista esperar que uma declaração de valores seja mais do que uma lista de princípios genéricos sobre como as pessoas devem se relacionar umas com as outras. Em geral, os valores reais dos membros da equipe só surgirão por meio de conflitos. Ainda assim, é importante discutir inicialmente os valores em conjunto, pois cada interação ajuda a construir relacionamentos e entendimento. Líderes de equipe experientes e treinadores de equipe também poderão levantar questões com as quais outras equipes tiveram dificuldades. Nesse estágio inicial da vida da equipe, os membros da equipe geralmente estão muito concentrados em não ofender uns aos outros para conseguir entender as implicações práticas da articulação de valores compartilhados. É relativamente fácil concordar com os princípios em termos gerais, mas é somente quando a equipe começa a "entrar em conflito" e a vivenciar conflitos que o significado dos valores se torna claro.

Quando os membros da equipe começam a entrar em conflito uns com os outros, os valores devem ser revisitados, refinados e ilustrados com exemplos específicos do que eles significam no contexto da equipe. Em seguida, é bom ilustrar os valores com procedimentos específicos e mutuamente acordados que ajudem a equipe a colocar em prática seus valores. Por exemplo, uma equipe pode ter um valor como "as pessoas são mais importantes que os programas". Para ajudar os membros da equipe a entender o que isso significa, o pacto da equipe pode incluir um comentário explicativo de que, se uma pessoa se atrasar para uma reunião, todos na equipe ainda assim a receberão intencionalmente, ou que os membros da equipe esperarão que todos cheguem para uma reunião antes de começar a trabalhar na pauta da reunião. Esses procedimentos podem ser registrados em um documento como um pacto de equipe ou um memorando de entendimento. Esse documento é um registro da visão, dos valores e dos procedimentos acordados em conjunto pela equipe.

## Etapa 5: Determinar metas

As metas são indicadores de progresso. Elas definem as etapas necessárias para alcançar a visão e oferecem oportunidades para comemorar as conquistas da equipe no caminho até o ponto final. Para determinar se foram ou não alcançadas, as metas devem ser definidas com muita clareza e especificamente mensuráveis. As metas são determinadas por meio de uma análise cuidadosa da tarefa que a equipe enfrenta, da identificação dos elementos específicos da visão que devem ser alcançados e de um acordo conjunto sobre os itens essenciais que devem ser implementados e em que ordem e prazo. Se uma meta não puder ser medida, ela não é uma meta. Ela deve ser especificada de forma tão clara que ninguém, membro da equipe ou alguém de fora, possa questionar se a equipe a alcançou ou não.

As metas conduzem a equipe à sua visão. Para fazer isso bem, elas devem ser realistas e levar a equipe um pouco além do que parece provável que aconteça. Esse impulso extra é uma resposta à fé na capacidade ilimitada de Deus e gera eficácia, sinergia e criatividade na equipe. Reconhecidamente, é um equilíbrio difícil de alcançar. Se as metas forem muito fáceis, as equipes as atingem com pouco esforço e não são estimuladas a atingir o impossível (perdendo, portanto, a energia criativa e sinérgica da "equipe"). Se as metas forem sempre irrealistas e muito difíceis, os membros da equipe ficarão desanimados e desiludidos e provavelmente desistirão. Não há problema em uma equipe fracassar ocasionalmente, pois isso estimula a reflexão, a avaliação, a revisão e a mudança de prática, mas o fracasso repetido provavelmente destruirá o moral da equipe e acabará levando-a ao fracasso.

Como as metas são marcos no caminho para a visão, elas também funcionam como pontos de descanso e reflexão. Quando as metas são atingidas, a equipe deve comemorar. Mesmo que não sejam atingidas ou sejam atingidas apenas parcialmente, a equipe ainda pode comemorar a chegada ao marco. Esses marcos também são uma excelente oportunidade para a equipe analisar o caminho percorrido, refletir sobre os processos da equipe que a ajudaram a chegar lá e olhar para a próxima meta e fazer os ajustes necessários, agora que a visão está mais próxima. A equipe deve aproveitar ao máximo essas oportunidades para comemorar, descansar e refletir enquanto constrói a comunidade da equipe e um senso coletivo de realização.

A figura abaixo (fig. 8) acrescenta os sinais de metas ao plano estratégico. As metas indicam elementos progressivos que precisam ser implementados para que a visão seja alcançada. Nesse ponto do planejamento estratégico, as pessoas geralmente se desviam para discussões sobre como as metas podem ser alcançadas e se elas têm os recursos necessários. A ausência de uma estrada na imagem nesta etapa é um lembrete intencional de que pensar na estrada distrai a equipe da definição de metas. Nesta etapa da definição de metas, a equipe faz a seguinte pergunta: "Se a visão deve ser alcançada, o que deve ser feito para garantir que isso aconteça?"

Não é possível prever o futuro e raramente é possível prever exatamente como o trabalho da equipe se desenvolverá. Isso é ainda mais verdadeiro quando a equipe está trabalhando em ambientes imprevisíveis. Isso significa que, embora seja importante definir metas que progridam de forma lógica em direção à visão, o progresso da equipe ou eventos externos à equipe podem mudar a situação, e a equipe pode ter que rever e ajustar suas metas. A visão é fixa. As metas são tão fixas quanto possível, considerando o quanto a situação e o trabalho da equipe podem ser mutáveis. As equipes precisam ter certeza sobre a próxima meta ou as duas próximas e ter bastante certeza sobre as seguintes. À medida que atingem cada meta, avaliam as metas futuras à luz da visão e chegam a um acordo sobre o caminho para as próximas metas.

*Figura 8: Determine suas metas*

## Etapa 6: Chegar a um acordo sobre as estratégias para atingir as metas

A figura a seguir (fig. 9) traça uma única estrada de onde a equipe começa até a visão. Essa estrada representa as estratégias que a equipe usa para levá-la de um objetivo a outro. O caminho que a estrada percorre raramente é reto. Em vez disso, ela precisa transpor muitos obstáculos que são representados na figura por montanhas. Esses obstáculos significam que nem todo o caminho pode ser visto pela equipe. A menos que a equipe tenha uma tarefa muito simples ou de curto prazo, o caminho para a visão raramente é direto.

*Figura 9: As estratégias descrevem a maneira como a equipe progredirá de uma meta para outra*

As estratégias são o aspecto mais flexível do planejamento. Há muitas maneiras diferentes de atingir as metas. Muitas vezes, a maneira mais óbvia de fazer algo não é a mais eficaz para alcançar a visão ou honrar os valores da equipe. Com muita frequência, as equipes adotam como padrão a maneira como as coisas sempre foram feitas, ou a maneira como a voz mais alta ou mais poderosa da equipe quer fazer as coisas, em vez de reservar um tempo para pensar em diferentes abordagens e avaliar seu valor relativo ou sua provável eficácia. Quando uma equipe adota métodos conhecidos sem pensar em sua eficácia potencial em seu contexto específico, ela pode acabar obtendo resultados que dificultam ou até impedem a realização da visão.

As estratégias devem sempre ser avaliadas de acordo com a visão e os valores da equipe. A equipe nunca deve presumir que há apenas uma maneira de cumprir uma meta. Sempre há várias maneiras de atingir uma meta, mas as abordagens alternativas podem não ter sido pensadas.

A criatividade é especialmente valiosa nesse estágio do processo de planejamento, e o brainstorming é uma boa maneira de iniciar a discussão. Essa é uma área em que, se todos na equipe forem realmente respeitados e valorizados, sua diversidade será um grande ponto forte. A variedade de experiências e perspectivas dos membros da equipe de diferentes culturas pode gerar muito mais ideias e abordagens úteis do que uma equipe monocultural jamais poderia conceber. É bom estabelecer um limite de tempo específico para o brainstorming (por exemplo, vinte minutos). Após o término do tempo, as ideias devem ser agrupadas para verificar se há algum tema em comum e, em seguida, a equipe pode começar a discutir as possibilidades. A experiência que os membros da equipe trazem de diferentes contextos também pode ajudá-los a descobrir como adaptar abordagens alternativas ao contexto local.

Como há muitas maneiras de atingir diferentes metas, nem todos os membros da equipe precisam usar a mesma estratégia. A meta que está à frente da equipe não é negociável e é fixa, mas a maneira de alcançá-la não é. Os membros da equipe podem experimentar o uso de várias abordagens. Ao fazer isso, a equipe desenvolverá uma compreensão mais ampla e profunda do seu contexto e da eficácia de vários métodos. Quando o líder da equipe permite o uso de diferentes estratégias, a diversidade de dons e pontos fortes dos membros da equipe pode ser aproveitada, pois os diferentes membros da equipe podem trabalhar de forma adequada aos seus pontos fortes, o que também os ajuda a se sentirem valorizados. Por outro lado, forçar todos a usar a mesma abordagem pode ser prejudicial ao autoconceito dos membros da equipe. Isso não significa que os membros da equipe devam ter permissão para fazer o que quiserem. Todas as estratégias precisam ser avaliadas e aceitas por toda a equipe antes de serem empregadas. A figura abaixo (fig. 10) mostra como várias estratégias alternativas, representadas por caminhos alternativos, podem ser usadas para atingir as metas da equipe.

*Figura 10: Sempre há muitas maneiras diferentes de atingir um objetivo específico*

Independentemente de quão bem uma equipe planeja, os membros da equipe não podem saber de todas as eventualidades antes que elas aconteçam. As pessoas e as circunstâncias mudam por vários motivos. Mesmo a pesquisa mais minuciosa não revelará todos os problemas que a equipe enfrentará ao trabalhar em sua tarefa. Como as circunstâncias podem mudar e o progresso pode não ser tão previsível quanto o esperado, a equipe deve estabelecer metas, mas estar preparada para revisá-las regularmente. As equipes devem ter clareza absoluta sobre onde querem chegar (sua visão) e a maneira como querem fazer as coisas (seus valores), sendo que ambos são fixos. No entanto, as equipes precisam estar dispostas a ser flexíveis em relação às suas metas, se necessário. As metas também podem ser cumpridas de maneiras surpreendentes, portanto, os membros da equipe devem estar prontos para ajustar seu planejamento e abordagem se as metas forem cumpridas em uma ordem inesperada. A Figura 11 representa a ordem imprevisível em que as metas podem ser atingidas. Isso significa que, embora as equipes possam ter uma abordagem geral para a estratégia articulada em seus valores, as estratégias específicas devem ser decididas apenas para o curto prazo (por exemplo, por seis meses), e as equipes devem estar prontas para revisar e escolher novas estratégias em resposta ao progresso das metas.

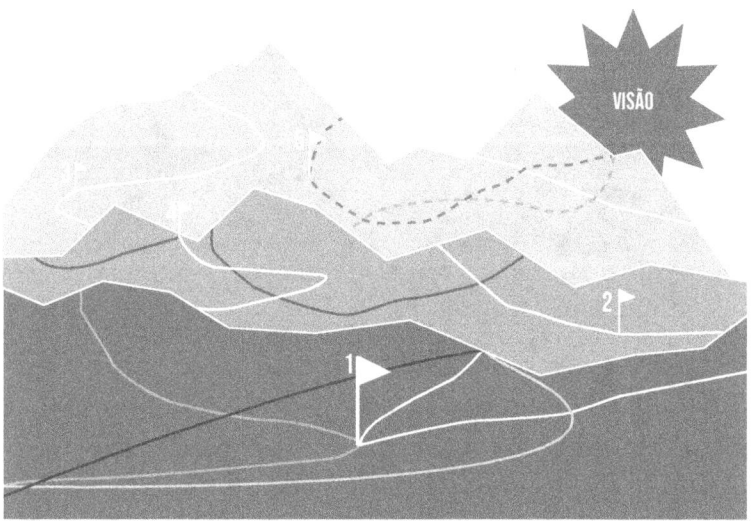

*Figura 11: As metas podem não ser alcançadas uma após a outra, embora muitas vezes sejam*

## Etapa 7: Comece a trabalhar (e continue comunicando a visão)

O planejamento estratégico, se bem feito, é um processo longo e exaustivo. Em geral, são necessários dias ou até semanas para realizá-lo completamente. Alguns membros da equipe podem ficar frustrados com as horas de discussão e achar difícil entender o objetivo do processo. É importante que o líder continue explicando por que o processo é essencial, além de garantir que haja intervalos suficientes para que todos os membros possam realmente se envolver com o processo. Uma vez que a visão, os valores, as metas e as estratégias iniciais tenham sido definidos, não há necessidade de planejar discussões de equipe tão longas. Elas são uma característica essencial e inicial da equipe que não precisa ser repetida. O foco da equipe pode então mudar para o trabalho em si.

Uma vez que a visão e os valores tenham sido definidos, eles devem ser reiterados e revisitados com frequência. Se o processo de planejamento estratégico da equipe tiver sido bem feito, os outros membros da equipe terão internalizado suficientemente a visão e os valores para continuar lembrando a equipe deles. Mas o líder também deve programar momentos específicos para revisitar a visão, os valores e as metas, para que os membros da equipe estejam sempre cientes do que estão buscando. Com uma visão clara a ser alcançada, pontos de revisão mensuráveis (metas) ao longo do caminho e clareza sobre como proceder (estratégias), os membros da equipe podem iniciar o trabalho com confiança, sabendo que todos concordam com o que farão e como farão. O processo de ter investido tanto tempo e energia em um acordo conjunto também garantirá que eles acreditem que podem alcançar o impossível juntos (eficácia).

# CAPÍTULO 6

# APRECIANDO OS MEMBROS DA EQUIPE ' PERSONALIDADES, FUNÇÕES E DONS

Quando uma equipe funciona bem, os resultados dos membros da equipe trabalhando juntos e aplicando suas diferentes habilidades à tarefa são maiores do que se cada indivíduo tivesse trabalhado sozinho. Essa característica das equipes é chamada de sinergia. A sinergia em equipes é a interação ou cooperação dos membros da equipe para produzir um efeito combinado que é maior do que a soma de seus efeitos individuais separados. É o resultado de membros da equipe trabalhando em suas tarefas de forma colaborativa e interdependente e permite que eles alcancem muito mais do que teriam se cada pessoa tivesse simplesmente trabalhado em paralelo. [1] Se, por exemplo, houvesse três tarefas importantes a serem realizadas e três membros da equipe trabalhassem em cada uma delas separadamente dos outros, eles seriam menos eficazes e produziriam menos resultados do que se os três membros trabalhassem de forma colaborativa nessas tarefas. Essa sinergia - o efeito extra do trabalho colaborativo - é retratada no diagrama (fig. 12) abaixo.

---

[1] Jon Katzenbach, *Teams at the Top: Unleashing the Potential of Both Teams and Individual Leaders* (Boston: Harvard Business School Press, 1998), 115.

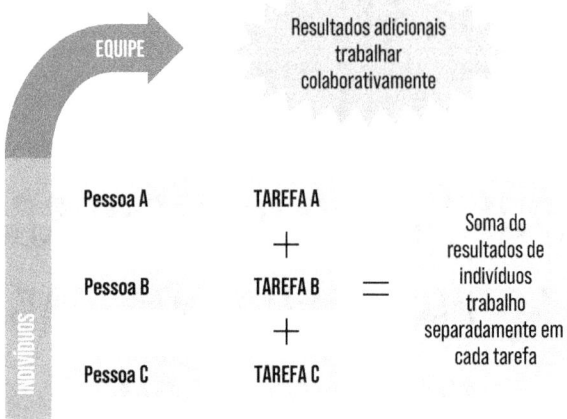

*Figura 12: Equipes versus indivíduos trabalhando juntos
(adaptado de Katzenbach, Teams at the Top, 115)*

A sinergia e os resultados extras do trabalho colaborativo fazem parte do projeto de Deus para seu povo. O apóstolo Paulo explicou que Deus formou seu povo em um só corpo e que cada pessoa recebeu dons para usar em benefício de todo o corpo. O propósito de Deus é que cada indivíduo ou parte do corpo use os dons que lhe foram dados para ajudar os outros (Rm 12:3-8; 1Co 12:1-11; Ef 4:1-16). Apóstolos, profetas, evangelistas, pastores e professores, por exemplo, devem usar seus dons dados por Deus para equipar as pessoas para que façam o trabalho dado por Deus, cada um usando suas próprias habilidades. O resultado é que o corpo de Cristo cresce em maturidade e semelhança com Cristo (Ef 4:11-15). Esse crescimento em maturidade não pode ser alcançado por cristãos individuais que vivem e trabalham por conta própria.

Para que a sinergia se desenvolva, os membros da equipe precisam desenvolver um bom entendimento de suas próprias habilidades e capacidades, bem como das habilidades e capacidades de seus colegas de equipe. Quando eles têm esse entendimento, podem trabalhar de forma a se complementarem.

Uma das principais funções do líder da equipe é ajudar os membros da equipe a desenvolver essa compreensão de seus próprios pontos fortes e dos pontos fortes dos outros. Com base nessa compreensão mútua das habilidades de cada membro, o líder precisa ajudar a equipe a esclarecer as funções de cada membro. Há muitas maneiras de o líder ajudar os membros da equipe a desenvolver essa compreensão fundamental. Duas ferramentas que consideramos especialmente úteis nesse processo são os tipos de personalidade descritos por Katherine Briggs e Isabel Myers e as funções da equipe descritas por Meredith Belbin.[2] A maior parte deste capítulo está concentrada em explicar como essas duas ferramentas podem ajudar as equipes a compreender os pontos fortes e as habilidades de cada um de seus membros.

A sinergia depende de cada membro da equipe se sentir respeitado e valorizado porque sua contribuição exclusiva para a equipe é reconhecida e valorizada. A personalidade única de cada membro da equipe traz uma perspectiva essencial para a equipe. O valor de cada perspectiva precisa ser compreendido e apreciado por toda a equipe. Da mesma forma, a função de cada membro da equipe na equipe precisa ser esclarecida para que as expectativas da equipe em relação a cada membro sejam claras e para que fique explícita a maneira como as funções de cada membro da equipe interagem e complementam as funções dos outros. O líder é responsável por orientar esse processo de esclarecimento. Os líderes também precisam garantir que a distribuição de personalidades e funções na equipe seja a mais equilibrada possível.

Algumas pessoas se opõem ao uso de ferramentas para entender personalidades e funções, pois acham que as ferramentas são muito simplistas ou se opõem a serem colocadas em caixas. O objetivo do uso dessas ferramentas, no entanto, não é fazer uma categorização final de nós mesmos ou de nossos colegas de equipe, mas criar uma porta pela qual possamos começar a entender e apreciar nossos colegas de equipe. Os conflitos geralmente ocorrem devido a diferenças de personalidade (às vezes chamadas de conflitos de personalidade), que são ainda mais complicadas por diferentes origens culturais. Cada ferramenta para entender a personalidade ou a função de uma pessoa na equipe é uma porta de entrada para conhecer melhor alguém. Ela nos ajuda a começar a entendê-la. O uso dessas ferramentas pode nos ajudar a ver por que as pessoas fazem as coisas da maneira que fazem, e isso pode nos ajudar a parar de tirar conclusões negativas sobre nossos colegas de equipe. Quando os membros da equipe entendem como eles e os outros "funcionam", eles são mais capazes de apoiar, incentivar e se comunicar uns com os outros, e

---

2 A teoria fundamental e a história do Myers-Briggs Type Indicator (MBTI) são explicadas em Isabel Myers, *Gifts Differing: Understanding Personality Type* (Mountain View, CA: Davies-Black, 1995); as funções da equipe são explicadas em Meredith Belbin, *Management Teams: Why They Succeed or Fail* (Oxford: Butterworth-Heinemann, 2010) e em Meredith Belbin, *Team Roles at Work* (Oxford: Butterworth-Heinemann, 2010).

são mais capazes de trabalhar juntos de forma eficaz.

## OS TIPOS DE PERSONALIDADE DE MYERS-BRIGGS

O Myers-Briggs Type Indicator (MBTI) é um questionário de autorrelato criado para ajudar as pessoas a entenderem melhor a si mesmas e aos outros. Ele se baseia na teoria dos tipos psicológicos de Carl Jung e descreve as preferências das pessoas sobre como elas percebem o mundo e tomam decisões. Os resultados do MBTI descrevem diferenças importantes entre as pessoas - diferenças que são fontes comuns de mal-entendidos e falhas de comunicação em equipes multiculturais. Um aspecto excelente do MBTI é que ele enquadra as diferenças em termos positivos e não inclui uma dimensão de personalidade negativa. Em uma situação de equipe, isso é particularmente bom, pois significa que as diferenças podem ser discutidas como pontos fortes e não há discussão sobre falhas de caráter.

De acordo com o modelo Myers-Briggs de personalidade, há quatro maneiras principais de as pessoas se diferenciarem umas das outras. Isabel Myers chamou essas "preferências" e as comparou à preferência que as pessoas têm em usar uma das mãos em vez de outra.[3] Essas quatro preferências podem ser colocadas na forma de quatro perguntas, que são apresentadas a seguir, cada uma com duas alternativas de resposta. Cada uma das perguntas representa um espectro, e a preferência pessoal de cada pessoa pode se situar entre um extremo e outro.

De onde você extrai sua energia principal: do mundo externo das pessoas (extroversão [E]) ou do mundo interno dos pensamentos e ideias (introversão [I])?

Como você prefere receber novas informações: como fatos e detalhes claros e tangíveis sobre o aqui e o agora (pensador passo a passo [S]) ou como conceitos abstratos e possibilidades gerais (pensador de novas possibilidades [N])?

Como você prefere tomar decisões: sentindo pelas pessoas e pelos efeitos que as decisões terão sobre elas (Feeling [F]) ou pensando nos princípios de maneira objetiva e lógica (Thinking [T])?

Como você prefere organizar a sua vida: planejando, organizando e trabalhando de forma criteriosa para fechar o ciclo (Judicioso [J]) ou explorando o mundo de forma divertida e flexível de maneira aberta (Lúdico [P])?[4]

---

3 Myers, *Gifts Differing*, p. 193.

4 Renomeamos algumas das categorias do MBTI para que tenham nomes mais fáceis de

Os tipos do MBTI são preferências ou tendências em relação a uma forma específica de pensar ou fazer as coisas, e não caixas fixas de "ou ou". Cada pessoa é melhor compreendida como estando em algum lugar ao longo de um espectro em cada preferência, portanto, é possível que uma pessoa esteja em uma extremidade do espectro de extroversão e outra seja apenas levemente extrovertida. Também observamos que, em geral, culturas diferentes tendem a se situar em locais diferentes do espectro, de modo que um cigano introvertido [I] da Bulgária pode parecer muito extrovertido para um introvertido da Alemanha, ou um planejador criterioso [J] de uma cultura turca pode parecer um explorador brincalhão [P] para um inglês. Portanto, embora haja considerável evidência de pesquisa de que o tipo de personalidade é consistente em todas as culturas,[5] a forma como cada traço é expresso em diferentes culturas varia.

Independentemente de você preencher ou não o questionário Myers-Briggs, o valor real do modelo Myers-Briggs de personalidade está em descobrir seu tipo Myers-Briggs por si mesmo. Com frequência, descobrimos que, quando as pessoas usam questionários, elas respondem como foram treinadas para responder, de acordo com as expectativas da família, da escola ou da igreja, e essas respostas geralmente são tendenciosas em relação a traços específicos. Daremos exemplos de como isso acontece quando discutirmos as preferências individuais.

Aprendemos quem realmente somos no processo de interação com outras pessoas. No mundo ocidental, as pessoas estão se tornando mais isoladas e, muitas vezes, não têm muita experiência em se relacionar profundamente com outras pessoas antes de entrarem em uma equipe multicultural.[6] Isso significa que muitos ocidentais não se conhecem muito bem. Por essas razões, se você for novo no ministério, deve estar ciente das várias características, mas não faça uma avaliação inicial de si mesmo. Na verdade, trabalhar em equipe é uma das maneiras mais valiosas de aprender sobre si mesmo. Ao ver os contrastes entre você e os outros membros da equipe, você começará a descobrir quem realmente é. Uma das tarefas dos líderes de equipes multiculturais é garantir que haja um clima

---

relacionar à dinâmica da equipe. No esquema do MBTI, S significa Sensing (Sensação), N significa Intuition (Intuição), J significa Judgment (Julgamento) e P significa Perception (Percepção).

5 Isabel Myers et al., *MBTI Manual*, 3rd ed. (Mountain View, CA: Consulting Psychologists Press, 1998), http://www.myersbriggs.org/more-about-personality-type/international-use/multicultural-use-of-the-mbti.asp.

6 Sherry Turkle, *Alone Together: Why We Expect More from Technology and Less from Each Other* (New York: Basic Books, 2011).

aberto na equipe que permita que os membros da equipe explorem suas próprias personalidades e as dos outros e que afirme as descobertas que as pessoas estão fazendo sobre si mesmas e sobre seus colegas de equipe. Esse clima aberto ajuda a equipe a valorizar os diferentes pontos fortes que as pessoas trazem para a equipe e evita a alternativa prejudicial de se concentrar nos aspectos que os membros da equipe consideram negativos.

Há muitos livros e sites que podem ajudá-lo a descobrir seu tipo de Myers-Briggs. Alguns dos mais úteis estão listados no final desta página.[7] Em vez de discutir todas as dimensões da personalidade em profundidade, exploraremos agora os aspectos que mais frequentemente causam tensões nas equipes.

Uma equipe saudável precisa de um equilíbrio entre as quatro preferências de personalidade para funcionar bem. Se houver um desequilíbrio específico na equipe, ela precisará encontrar maneiras de lidar com esse desequilíbrio. É bom lembrar disso, pois enfatiza o quanto precisamos uns dos outros para obter uma perspectiva abrangente sobre o que a equipe está enfrentando e para poder lidar com a tarefa de forma eficaz.

## Abordagem às pessoas e ao pensamento: Extrovertidos [E] e Introvertidos [I]

Embora todos tenham sido criados para poderem se relacionar com outras pessoas, nem todos têm a mesma capacidade de se relacionar continuamente com os outros. Isso é um reflexo da dimensão introversão/extraversão da personalidade. A introversão e a extroversão não determinam quão bem as pessoas podem se relacionar com outras pessoas, mas sim quão amplamente e por quanto tempo elas preferem interagir com outras pessoas. Os introvertidos podem ser altamente habilidosos em se relacionar com os outros, e os extrovertidos podem, às vezes, ficar completamente alheios ao que os outros estão dizendo. O foco dessa dimensão é de onde os indivíduos obtêm sua energia e como pensam.

---

7  Um dos sites mais úteis é o http://www.keirsey.com, no qual David Keirsey oferece um bom teste on-line, o Keirsey Temperament Sorter (http://www.keirsey.com/sorter/register.aspx), que fornece um relatório personalizado com suas quatro preferências/letras e também uma explicação de cada tipo (http://www.keirsey.com/4temps/overview_temperaments.asp). Livros particularmente úteis que explicam os tipos de personalidade em mais detalhes incluem: David Keirsey, *Please Understand Me II: Temperament, Character, Intelligence* (Del Mar, CA: Prometheus Nemesis, 1998); Jean Kummerow, Nancy Barger e Linda Kirby, *Work Types* (New York: Warner Books, 1997); e Otto Kroeger, Janet Thuesen e Hile Rutledge, *Type Talk at Work: How the 16 Personality Types Determine Your Success at Work* (New York: Dell, 2002).

Um extrovertido forte [E] adora interagir com as pessoas. Isso não significa apenas ficar sentado em silêncio na presença de outras pessoas. Significa principalmente conversar com elas. Os extrovertidos são aqueles que não conseguem deixar de falar sempre que estão na presença de outras pessoas - em uma fila, no ônibus, em uma mesa de refeição. Elas realmente não se importam com o que estão falando. Elas simplesmente gostam de falar. Os extrovertidos procuram ativamente os outros. Depois de passar algum tempo conversando com outras pessoas, eles geralmente ficam cheios de energia, mesmo que estejam fisicamente cansados. Para os extrovertidos, as pessoas são empolgantes! Um extrovertido se esgotará se for impedido de se relacionar com pessoas por mais de um curto período de tempo.

Uma característica dos extrovertidos que pode causar problemas nas equipes é que eles geralmente precisam falar para pensar. Eles processam ideias explorando-as com outras pessoas. No planejamento de equipes, os extrovertidos devem ter a oportunidade de discutir ideias para poderem trabalhar com elas. Podem ocorrer grandes mal-entendidos quando os membros da equipe presumem que a discussão entusiasmada de uma ideia por parte do extrovertido significa que ele concorda com ela. Na verdade, o entusiasmo do extrovertido é tanto pela conversa quanto pela ideia em si. Muitas vezes, no dia seguinte, o extrovertido discutirá com o mesmo entusiasmo ou defenderá uma perspectiva oposta. Já vimos membros da equipe ficarem confusos, frustrados e até mesmo irritados quando isso ocorre. O extrovertido pode ser acusado de ser mutável, descompromissado ou até mesmo de estar mentindo. Os extrovertidos acabam se decidindo, mas precisam de tempo de conversa para isso.

Os extrovertidos são um grande trunfo para as equipes, pois sempre buscarão pessoas, tanto dentro quanto fora da equipe, e ajudarão a tirar os introvertidos de suas conchas. Especialmente nas equipes de ministério que têm foco nas pessoas, os extrovertidos são essenciais para ajudar a levar a equipe a se envolver com a comunidade local. Outra grande vantagem que os extrovertidos trazem para a equipe é a falta de medo de dizer o que estão pensando. Isso significa que eles tenderão a dizer o que todos os outros estão pensando, mas podem hesitar em expressar. Isso também significa que, como líder, você pode estar bastante confiante de que sabe o que está acontecendo com os extrovertidos, porque eles já lhe disseram.

Em contrapartida, um introvertido [I] retira sua energia pessoal de dentro de si mesmo. Passar tempo com outras pessoas e, principalmente, ter de conversar com outras pessoas por períodos prolongados, drenará a energia pessoal do introvertido e o deixará exausto. Os introvertidos fortes se esgotarão rapidamente se estiverem em uma situação ministerial em que tenham pouco tempo de descanso das pessoas, sejam elas colegas de equipe ou outras pessoas envolvidas. Os introvertidos precisam de tempo para recarregar suas baterias internas. Se os introvertidos forem aceitos pelo que são, muitos conseguirão lidar com o tempo com as pessoas, desde que não sejam forçados a falar. Especialmente em culturas coletivistas, os introvertidos ficarão felizes em fazer parte de um grupo continuamente porque não sentem a mesma pressão para falar no grupo que as culturas individualistas geralmente exercem.

Os introvertidos tendem a pensar antes de falar e geralmente precisam de um pouco de tempo para pensar antes de responder aos outros. Eles processam as ideias internamente e não sentem necessariamente a necessidade de discuti-las antes que estejam totalmente formadas. Na verdade, para o introvertido forte que não aprendeu o valor de refinar ideias discutindo-as com outras pessoas, desafiar suas ideias pode fazer com que ele sinta que sua integridade está sendo ameaçada. Isso ocorre porque as ideias dos introvertidos geralmente vêm do fundo de seu ser e eles geralmente investiram muito tempo e energia para formulá-las, por isso é difícil para o introvertido separar a ideia de sua identidade.

Os membros da equipe podem tratar os colegas de equipe que não falam muito como se não tivessem ideias, principalmente se houver extrovertidos dominantes na equipe que tendem a monopolizar a tomada de decisões. Os introvertidos podem precisar de poder para expressar sua opinião, e falar nem sempre é a melhor maneira para eles. Os introvertidos podem achar mais fácil expressar sua opinião por meio de outro membro da equipe. Eles geralmente gostam de receber uma pauta por escrito e rascunhos de ideias antes das reuniões da equipe, para que tenham tempo de pensar sobre as ideias e formular uma resposta por escrito ou verbalmente. Tentativas bem-intencionadas de forçar os introvertidos a dar respostas verbais a questões em reuniões podem fazer com que eles se sintam alienados e continuamente estressados.

Os introvertidos são necessários nas equipes, pois trazem estabilidade e respostas cuidadosamente consideradas a ideias, problemas e situações. Eles tendem a levar mais tempo do que os extrovertidos para observar as reações das pessoas ao seu redor ao que está sendo dito e para pensar em respostas adequadas. Como os introvertidos ficam felizes com sua própria companhia, geralmente por longos períodos de tempo, eles se sentem mais confortáveis do que os extrovertidos com trabalhos de escritório ou criativos que podem fazer sozinhos, ou com planejamento estratégico detalhado ou outro trabalho administrativo ou de avaliação que se concentra mais em documentos do que na interação com as pessoas. Como a maioria das equipes terá tarefas que exigem envolvimento com as pessoas e outras tarefas que exigem mais trabalho individual, é bom ter um equilíbrio entre os membros da equipe para gerenciar os dois tipos de tarefas.

A introversão tende a ser mais valorizada do que a extroversão em igrejas tradicionais e conservadoras de culturas individualistas. Há várias expressões dessa valorização da introversão. Por exemplo, é ensinado e modelado diretamente que uma fé pessoal é cultivada por um "tempo de silêncio" (em que as pessoas leem a Bíblia e oram sozinhas); as pessoas são ensinadas a ficarem quietas nas reuniões e treinadas para exercer a autodisciplina, guardando a língua (cf. Tg 3:1-12) e pensando antes de falar (cf. Pv 21:23). Nas faculdades e seminários bíblicos ocidentais, o estudo individual é reforçado com exames individuais competitivos e tarefas escritas que os alunos geralmente fazem sozinhos e, na grande maioria dos casos, com uma abordagem de estilo de aula em que os alunos aprendem e pensam em silêncio por conta própria. Consequentemente, os graduados de faculdades bíblicas no ministério podem ter dificuldade para redescobrir sua extroversão e aceitá-la como uma característica positiva.

Um desequilíbrio entre introvertidos e extrovertidos na equipe afetará a capacidade da equipe de se relacionar com o mundo externo, construir uma identidade de equipe coerente, refletir sobre os processos da equipe e administrar o tempo em conjunto. Os extrovertidos fortes da equipe podem exercer uma pressão excessiva sobre os introvertidos para que passem tempo juntos ou falem antes de estarem prontos. Introvertidos fortes podem inibir a capacidade de comunicação da equipe e impedir que os extrovertidos façam o que fazem de melhor - sair de casa e se relacionar com outras pessoas.

Quando a tarefa da equipe exige o relacionamento ou a criação de redes com outras pessoas, uma equipe sem extrovertidos terá muita dificuldade para entrar em contato com as pessoas da comunidade ao seu redor. Mesmo que os introvertidos se forcem a fazer isso, rapidamente ficarão exaustos. Mesmo que o trabalho de uma equipe seja examinar arquivos de documentos em um bunker, ela ainda precisará de pessoas capazes de construir pontes com as pessoas que controlam e gerenciam esses arquivos e, possivelmente, também de se relacionar com aqueles que são mencionados nos arquivos. Os extrovertidos são os membros da equipe que podem mais facilmente construir pontes entre a equipe e o mundo exterior. Se uma equipe não tiver extrovertidos, ela deve recrutá-los ativamente e, enquanto isso, incentivar os menos introvertidos a se concentrarem no desenvolvimento da extroversão.

Se houver poucos ou nenhum introvertido em uma equipe, ela concentrará continuamente sua energia fora da equipe. Embora isso seja bom para a atividade e o relacionamento com as pessoas, os processos da equipe tendem a ser prejudicados e a identidade da equipe pode se dissipar. Os introvertidos ajudam a equipe a refletir sobre o que está fazendo e ficam felizes em manter atividades de escritório que atendam às exigências organizacionais e burocráticas. É mais provável que os introvertidos sejam as pessoas da equipe que monitoram o progresso da equipe em direção ao cumprimento de suas metas e que garantem que as estratégias e os processos da equipe sejam coerentes com sua visão e seus valores.

## Abordagem do processamento de informações: Pensadores passo a passo [S] e pensadores de novas possibilidades [N]

A dimensão S/N da personalidade descreve como as pessoas preferem receber e estruturar novas informações para processá-las. Os pensadores passo a passo [S] começam com o que está à sua frente e constroem um todo. Os pensadores de novas possibilidades [N] começam com o todo e depois identificam os componentes necessários.

Os pensadores passo a passo começam com o que está à sua frente - os fatos ou objetos concretos - e os organizam cuidadosamente, um após o outro, até chegarem a uma conclusão final. Eles não precisam saber o resultado até chegarem a ele. Gostam que o processo de tomada de decisões seja consistente, previsível e bem controlado. Desconfiam da imaginação, da intuição e dos palpites, a menos que a pessoa que os utiliza tenha um histórico comprovado de acertos. Não é que elas não gostem particularmente da intuição; é simplesmente porque não conseguem entender a base para ela. Isso não faz sentido para elas. Em geral, elas não conseguem tomar decisões por meio de saltos intuitivos, mas, em vez disso, chegam a suas conclusões passo a passo. É como se o pensador passo a passo estivesse em uma caixa fechada e não conseguisse imaginar o mundo fora da caixa. Para sair da caixa, o pensador passo a passo corta sistematicamente uma porta na parede da caixa ou constrói degraus na lateral da caixa. Quando estão do lado de fora, começam a examinar os detalhes do que veem. Ele deve se concentrar nas realidades detalhadas do tempo e do contexto atuais para construir gradualmente uma imagem de toda a situação.

Por outro lado, os pensadores de novas possibilidades são intuitivos e imaginativos. Eles tendem a se concentrar no futuro. Para alguns pensadores de novas possibilidades, o futuro pode parecer mais real do que o presente. Essas pessoas não se sentem limitadas pela realidade do que as está confrontando. Os pensadores de novas possibilidades precisam saber qual será o ponto final de qualquer processo de tomada de decisão para considerar como esse ponto deve ser alcançado. Eles não são capazes de processar informações sem saber qual deve ser o objetivo do processamento. Para elas, o quadro final determina quais informações devem ser consideradas e como elas devem ser abordadas. O mais importante para os pensadores de novas possibilidades é a visão. Eles não se preocupam com os detalhes de como a visão pode ser realizada, pois os consideram contingentes e mutáveis. Como acreditam firmemente que o presente deve ser flexível para o bem do futuro, podem ficar muito frustrados com os pensadores passo a passo, que consideram estar tentando definir coisas concretas que podem ter de mudar à medida que a situação se desenvolve.

À medida que a igreja se torna mais estabelecida em qualquer sociedade, ela se preocupa cada vez mais em preservar e promover a boa conduta. Uma certa maneira de fazer as coisas se estabelece, e a liderança desenvolve um interesse em manter as coisas como sempre foram. A igreja, como outras instituições mais antigas da sociedade, acha difícil mudar, porque a mudança ameaça o status quo. Como o semelhante atrai o semelhante, os membros das instituições mais antigas, inclusive a igreja, tendem a selecionar líderes que pensam passo a passo, que são hábeis em manter valores e tradições e que se concentram nos detalhes de seu contexto imediato em vez de considerar o desconfortável mundo exterior e as novas questões e possibilidades de mudança que ele evoca. Os pensadores de novas possibilidades que fazem perguntas difíceis e consideram novas maneiras de fazer as coisas tendem a ser considerados difíceis ou até mesmo rebeldes e, muitas vezes, são deixados de lado.

Um desequilíbrio nessa área de personalidade da equipe afetará especialmente o planejamento estratégico e o monitoramento do progresso. Também pode afetar a capacidade da equipe de tomar decisões em conjunto devido a diferenças na abordagem do processamento de informações.

Quando a maioria dos membros da equipe pensa passo a passo, a equipe gastará a maior parte de sua energia fortalecendo sua própria "caixa" (mantendo o status quo e refinando os detalhes dela) em vez de determinar se precisa adaptar ou modificar sua caixa para se adequar ao ambiente ou alcançar sua visão. A equipe terá a tendência de ficar obcecada com os detalhes e esquecer o panorama geral. Quando confrontada com desafios, a equipe pode ficar sobrecarregada com a massa de novos detalhes e não conseguir encontrar nenhuma solução para o dilema. No exemplo clássico da tarefa de uma equipe que é drenar um pântano infestado de crocodilos, normalmente seriam os pensadores passo a passo que não conseguiriam enxergar além dos crocodilos que estão atacando seus tornozelos para se concentrar em como se livrar da água.

Uma visão extremamente irrealista também é um risco para uma equipe e pode se desenvolver quando a equipe tem um excesso de pensadores de novas possibilidades. Sem a base na realidade atual que os pensadores passo a passo trazem, a imaginação pode tomar o lugar da visão. Em alguns casos, os pensadores fortemente intuitivos podem até agir como se a visão tivesse sido alcançada antes de se tornar realidade. Como os pensadores de novas possibilidades estão mais preocupados com as metas do que com as estratégias necessárias para atingi-las, eles podem, às vezes, dar pouca ou nenhuma atenção à estratégia. Sem pensadores passo a passo para trazer o planejamento estratégico para a realidade, o objetivo da equipe corre o risco de se tornar um desejo e não uma realidade. Se a visão de uma equipe for irrealista demais, ela pode ficar desanimada rapidamente.

## Abordagem para a tomada de decisões: Sentir pelas pessoas [F] e pensar nos princípios [T]

Quando as pessoas tomam decisões, elas tendem a priorizar a objetividade, a lógica e os princípios [T], ou como a decisão afetará as pessoas e como elas se sentirão [F]. Isso não significa que os tomadores de decisão orientados por princípios [T] não se importam com o efeito sobre as pessoas ou que aqueles que priorizam como as decisões afetarão as pessoas [F] negligenciam os princípios em sua tomada de decisão.

Os membros da equipe que dão maior prioridade ao efeito das decisões sobre as pessoas se preocupam com a forma como as pessoas se sentirão e qual será o impacto das decisões na vida e no trabalho dos outros. Eles pensam nas reações das pessoas que serão afetadas pela decisão e dão valor e credibilidade às suas emoções e respostas. Os membros da equipe que consideram os efeitos que as decisões terão sobre as pessoas tendem a considerar todos os grupos de pessoas afetadas, inclusive a comunidade em geral. Eles também levarão em conta o impacto de longo prazo sobre os membros e os relacionamentos da equipe.

Os membros da equipe que priorizam os princípios na tomada de decisões não ignoram o efeito que suas decisões terão sobre as pessoas, mas consideram as reações das pessoas menos importantes do que o que é certo ou errado, ou logicamente melhor, na situação. Esses membros da equipe ainda podem se preocupar profundamente com o que as pessoas sentem, mas estão dispostos a resistir às reações delas pelo que consideram ser o bem maior. As pessoas que tomam decisões com base em princípios não apenas escolherão princípios gerais, mas também defenderão firmemente a visão e os valores da equipe e da organização.

A igreja no mundo ocidental, até recentemente, era composta principalmente por pessoas de culturas EDG e empregava uma forma de comunicação com pouco contexto (veja o capítulo 2). Um aspecto importante dessa orientação de baixo contexto é que as igrejas ocidentais tendem a se concentrar na palavra escrita, na lei e na teologia sistemática.[8] A teologia sistemática, que sustenta a doutrina, incorpora uma abordagem racional, lógica, sistemática e intelectual da fé, que muitas vezes tende a minimizar a emoção e a experiência subjetiva. Os novos crentes são ensinados a ignorar seus sentimentos e a confiar na verdade, que é definida como declarações propositais derivadas da palavra escrita de Deus. Embora haja alguma validade nessa posição, ela representa o viés das culturas de baixo contexto. As culturas de alto contexto, por outro lado, entendem rapidamente que Jesus, a pessoa, é a verdade (João 14:6) e que a verdade é um conceito relacional baseado em nosso relacionamento com a pessoa que é a verdade, em vez de uma lista de leis.

A verdade, baseada na pessoa de Jesus, concentra-se na preservação dos relacionamentos de acordo com a forma como Jesus pensaria e agiria em qualquer situação. Às vezes, a aplicação rígida de leis (definidas como

---

8 Richard Hibbert e Evelyn Hibbert, "Contextualizing Sin for Cross-cultural Evangelism", manuscrito não publicado, 2012.

verdade) pode causar danos aos relacionamentos de forma a desonrar Jesus e entristecer o Espírito Santo. Um exemplo simples disso é o "sim relacional" usado em culturas de alto contexto, que muitas vezes confunde e ofende os missionários de culturas de baixo contexto. Por exemplo, se um missionário convida uma pessoa para ir à igreja e essa pessoa percebe que o missionário ficará muito desapontado se ela não comparecer, o convidado pode dizer: "Sim, eu irei à reunião". No contexto, todas as pessoas locais entenderiam que o convidado não irá à reunião. É óbvio para eles, mas não para o missionário, que o convidado está dizendo: "Gosto de você como pessoa e quero agradá-lo. Não quero que você seja o único a ser convidado. Não quero que você fique chateado e sinta dor ou angústia". O convidado está expressando amor pelo missionário e buscando seu bem-estar e a preservação do relacionamento. Entretanto, a orientação de baixo contexto do missionário para a comunicação faz com que ele julgue o convidado como um mentiroso. O missionário considera o convidado como não cristão, porque ele percebe que o convidado violou uma lei. Quando o convidado vê o missionário ficar ofendido e irritado e incapaz de agir razoavelmente em relação ao convidado, o convidado também considera o missionário não semelhante a Cristo, porque suas ações destroem relacionamentos.

Embora muitas vezes se argumente que os sentimentos podem obscurecer o julgamento, é muito importante que uma equipe avalie os efeitos de suas decisões sobre as pessoas (incluindo outros membros da equipe). O principal problema que a ênfase excessiva no sentimento pelas pessoas causa na tomada de decisões da equipe é a paralisia. As situações que as equipes enfrentam geralmente são tão complexas e afetam tantas pessoas que é difícil equilibrar todas as possíveis necessidades, reações e respostas de todos os envolvidos. Normalmente, a única maneira de superar essa paralisia é avaliar as opções à luz da visão e dos valores da equipe. O processo de fazer isso não apenas reforça a visão e os valores da equipe, mas também ajuda a equipe a tomar uma decisão mais ponderada e a estar preparada para quaisquer reações. Ser capaz de dar uma resposta fundamentada às preocupações das pessoas ajuda os membros da equipe a lidar com suas próprias reações e a apoiar uns aos outros se enfrentarem reações negativas à sua decisão por parte de outras pessoas fora da equipe.

Por outro lado, aqueles que se concentram mais na lógica e em princípios objetivos na tomada de decisões tendem a ignorar o impacto humano de suas escolhas. Se as pessoas que se concentram mais na lógica e nos princípios forem a maioria ou tiverem a voz mais alta, a equipe corre um grande risco de prejudicar outras pessoas ao cumprir sua tarefa. Os membros da equipe que se preocupam apenas com o que é lógico geralmente não estão cientes do impacto negativo de longo prazo de suas decisões sobre as pessoas. Como o treinamento teológico tende a selecionar e reforçar uma orientação de princípios para a tomada de decisões, pode ser muito difícil para os membros da equipe com esse histórico aprender a ouvir os membros da equipe que priorizam o impacto humano. É fundamental para a saúde de uma equipe e para a eficácia de longo prazo de seu ministério que os membros da equipe tenham uma abordagem equilibrada dessa dimensão da personalidade e que os membros de ambos os lados do espectro sejam capazes de respeitar, ouvir e valorizar as percepções uns dos outros.

## Abordagem do mundo exterior: Organizador criterioso [J] e explorador brincalhão [P]

A quarta dimensão da personalidade descrita por Myers-Briggs diz respeito a como as pessoas se relacionam com seu ambiente. Algumas pessoas precisam de um grau maior de controle do que outras. Em uma situação de equipe, há dois ambientes principais que precisam ser gerenciados: a equipe e o mundo fora dela. Como as pessoas da equipe também fazem parte do ambiente, podem surgir tensões quando os membros da equipe tentam entender e negociar os limites de controle.

Os membros da equipe criteriosos e organizadores [J] são essencialmente aqueles que tentam moldar e estruturar o mundo ao seu redor. Conscientes e confiáveis, os membros criteriosos da equipe investirão muito tempo e esforço para fazer "o que deve ser feito" e ajudar os outros a fazer o mesmo. Sem eles, as metas da equipe não seriam alcançadas, os processos e estruturas necessários não seriam estabelecidos e os requisitos organizacionais e outros requisitos burocráticos não seriam cumpridos. Eles se esforçam consistentemente para cumprir tudo o que a sociedade exige deles, conforme definido por figuras de autoridade respeitadas, como líderes da igreja ou da organização. Gostam que a vida seja ordenada e previsível e, quando isso não acontece, criam caixas para viver que os protegem da ambiguidade e proporcionam uma fronteira controlável com o mundo exterior.

A maioria das situações ministeriais é imprevisível. Muitas tarefas de equipe são incontroláveis. Muitos organizadores criteriosos, que conseguem lidar bem com suas situações domésticas, em que tudo está sob controle ou, pelo menos, parece estar sob seu próprio controle, não conseguem ser flexíveis o suficiente para lidar com a imprevisibilidade da situação de trabalho em equipe. Em situações de equipe, os outros colegas nem sempre respeitam o desejo dos organizadores criteriosos de planejamento, ordem e previsibilidade, e ignoram ou esquecem as estruturas e os processos. Os organizadores criteriosos podem sofrer grande estresse se sentirem que perderam o controle de uma situação ou se depararem com uma ambiguidade avassaladora.

Em contrapartida, os membros da equipe Playful-explorer [P] administram a imprevisibilidade da vida com relativa facilidade. Eles gostam de manter as decisões em aberto e apreciam a imprevisibilidade. Eles tendem a se adaptar ao mundo ao seu redor em vez de sentir a necessidade de mudar o mundo para se adequar a eles. Isso lhes dá uma capacidade encantadora de explorar o mundo, fazer experiências e não se preocupar muito com rejeição ou fracasso. Todas as dificuldades e desafios são desculpas para experimentos mais divertidos! Eles também são mais propensos a correr riscos e a se distrair. Elas podem frustrar seus colegas de equipe chegando atrasadas às reuniões e levando a equipe para outras áreas. Por outro lado, eles não hesitarão em assumir riscos que possam ajudar a atingir mais rapidamente as metas da equipe e podem evitar que seus colegas organizadores criteriosos fiquem atolados em um lamaçal de previsibilidade. Muitas vezes, é o ato exploratório espontâneo de um explorador brincalhão que revela uma abordagem ou um insight que leva a equipe a fazer mais do que poderia imaginar ser possível. Em situações ministeriais mais arriscadas, a confiança do explorador brincalhão diante da ambiguidade pode ajudar a manter os organizadores criteriosos calmos e capazes de lidar com a situação.

À medida que as instituições, inclusive igrejas e agências missionárias, amadurecem, elas tendem a se concentrar cada vez mais na estrutura e no controle necessários para manter o status quo.[9] Com o passar do tempo, a maneira correta de fazer as coisas passa a ser definida pelas pessoas que são mais adequadas para manter a ordem - os organizadores criteriosos - porque estão dispostos a investir o tempo e o esforço necessários para apoiá-la. Os organizadores criteriosos observam o mundo ao seu redor e

---

9 Para uma análise muito útil dos pontos fortes e fracos da institucionalização em grupos religiosos, inclusive igrejas, leia Thomas O'Dea, "Five Dilemmas in the Institutionalization of Religion", *Journal for the Scientific Study of Religion* 1 (1961): 30–39.

constroem cercas e caixas para manter a imprevisibilidade sob controle. Os exploradores brincalhões escalam as cercas e abrem as caixas para voltar ao mundo imprevisível. De fato, os exploradores brincalhões podem nem perceber as cercas em sua ânsia de voltar para fora e aproveitar o que a vida tem para eles. Isso pode levar a conflitos graves nas equipes. Os membros da equipe de exploradores brincalhões geralmente ficam perplexos com as tentativas de controlá-los e resistem a ser controlados. Os membros da equipe que são organizadores criteriosos tendem a julgar as ações dos exploradores brincalhões como rebeldes e os rotulam como "não confiáveis". Como a igreja e a sociedade endossam a previsibilidade, os exploradores brincalhões muitas vezes se veem condenados e marginalizados. Entretanto, os exploradores brincalhões são essenciais para as equipes. Assim como os extrovertidos, esses membros da equipe levam a equipe para o mundo exterior e evitam que a equipe fique absorta em si mesma. Os membros brincalhões da equipe também ajudam a equipe a desfrutar do trabalho, assumir riscos e seguir em frente após o fracasso.

O desenvolvimento da sinergia em uma equipe é um processo dinâmico e imprevisível que resulta da interação entre os membros da equipe e as tarefas que eles têm de realizar juntos. Em uma equipe monocultural, as expectativas de cada membro da equipe e a interação entre eles são relativamente previsíveis. Os membros de equipes monoculturais têm maneiras culturalmente aprendidas e compartilhadas de lidar com conflitos sobre questões de controle. Em geral, organizadores criteriosos serão mais tolerantes com exploradores brincalhões de sua própria cultura, percebendo que seu comportamento está dentro dos limites do que acontece na sociedade, mesmo que às vezes seja irritante ou frustrante. Porém, em uma equipe multicultural, a imprevisibilidade do comportamento de outras pessoas é muito maior e, muitas vezes, parece estar fora de controle. Organizadores criteriosos geralmente se sentem bastante estressados e sentem a necessidade de exercer controle sobre a situação para diminuir o estresse. Para tornar a dinâmica da equipe mais complicada, o que em uma cultura pode parecer um comportamento muito controlado pode, em outra cultura, parecer fora de controle. Exemplos disso incluem um australiano que repreende um colega de equipe turco por chegar mais de uma hora atrasado a uma reunião de equipe, ou um membro da equipe inglesa que proíbe uma família brasileira de trazer seus filhos para as reuniões de equipe porque eles fazem muito barulho.

Se houver muitas pessoas de culturas diferentes tentando exercer controle sobre a equipe ao mesmo tempo, é inevitável que haja conflitos graves. Quando há muitos organizadores criteriosos de uma cultura em uma equipe, eles podem forçar a equipe a fazer as coisas da maneira com a qual se sentem confortáveis para lidar com a situação. Se isso acontecer, inibirá o desenvolvimento de novas maneiras de fazer as coisas e poderá impedir que a equipe discuta e estabeleça seus próprios valores exclusivos. Outro problema de ter muito controle na equipe é que ela pode ser impedida de assumir riscos. As equipes precisam de liberdade para assumir riscos e cometer erros para que possam aprender com eles e experimentar novas possibilidades potencialmente muito frutíferas.

As equipes precisam ter estruturas e acordos para construir e preservar sua identidade coletiva. Elas precisam de procedimentos acordados aos quais recorrer, especialmente quando há altos níveis de conflito com carga emocional. Elas têm uma tarefa a realizar e precisam ter estratégias acordadas para cumpri-la e metas que ofereçam oportunidades de celebração, reflexão e avaliação coletivas. Organizadores criteriosos garantirão que todos esses aspectos estejam presentes. Os exploradores divertidos verão as metas, estratégias e procedimentos mutuamente acordados como males necessários ou resistirão a eles. De qualquer forma, os exploradores divertidos não verão as estruturas ou regras como algo concreto e, às vezes, têm a tendência de desestabilizar a equipe, levando-a a caminhos sem volta. Se as vozes dos exploradores brincalhões forem muito fortes, a equipe pode passar tanto tempo em tangentes que nunca conseguirá atingir seus objetivos. Uma ênfase excessiva na exploração lúdica inibirá a equipe de criar as estruturas necessárias para sustentar sua identidade coletiva. Por outro lado, a equipe pode perder muito tempo renegociando acordos ou metas por causa de uma nova ideia que um explorador lúdico tenha encontrado.

Cada dimensão do modelo de personalidade de Myers-Briggs é essencial para as equipes, mas elas precisam estar em equilíbrio umas com as outras. Quando houver desequilíbrios, a equipe precisa estar ciente deles e fazer um esforço para corrigi-los. Uma maneira de fazer isso é incentivar os membros da equipe a desenvolver formas de pensar que sejam menos naturais para eles. Por exemplo, se não houver organizadores criteriosos em uma equipe, pode-se pedir a um dos membros da equipe que adote essa forma de pensar. Para usar a ideia de Myers, isso é como incentivar pessoas destras a usar a mão esquerda. Uma segunda maneira de lidar com o desequilíbrio é recrutar novos membros para a equipe que tenham as qualidades que faltam. Compreender a importância de cada dimensão da personalidade para o funcionamento eficaz da equipe pode ajudar os membros da equipe a apreciar e valorizar uns aos outros, além de fazer um esforço para ouvir as perspectivas de cada um. O líder da equipe desempenha a importante função de reforçar continuamente a importância da diferença para a saúde e a eficácia da equipe.

## ENTENDENDO AS FUNÇÕES DA EQUIPE

Para trabalhar em conjunto de forma eficaz, cada membro de uma equipe deve saber claramente qual é a sua parte no processo. Conflitos e frustrações podem surgir quando os limites não são claros e há dissonância entre as expectativas dos diferentes membros da equipe sobre sua função e as funções dos outros para que a tarefa da equipe seja cumprida. O conflito e a frustração também podem surgir em uma equipe quando um ou mais membros são vistos como se não estivessem fazendo sua parte justa (ou esperada) do trabalho. O líder da equipe deve ser capaz de esclarecer as funções de cada membro da equipe e incentivá-los a cumprir seu papel no cumprimento da tarefa da equipe.[10]

O modelo Belbin Team Role, desenvolvido por Meredith Belbin e sua equipe no Reino Unido, é uma ferramenta útil que o líder da equipe pode usar para identificar e esclarecer as funções que as pessoas desempenham em uma equipe. Esse modelo se concentra nos comportamentos que os diferentes membros da equipe adotam quando participam de uma equipe. A pesquisa inicial de Belbin o levou a identificar oito grupos de comportamentos, que ele chamou de funções da equipe. Mais informações sobre essas funções de equipe, a pesquisa por trás delas e como elas podem ajudar sua equipe podem ser encontradas nos livros de Belbin *Management Teams: Why They Succeed or Fail* e *Team Roles at Work*, listados na bibliografia. Você pode descobrir suas próprias funções preferidas preenchendo o questionário no final do livro *Teamwork*,[11] de Gordon e Rosemary Jones, ou preenchendo o Belbin Self-perception Inventory.[12]

---

10 Carl Larson e Frank LaFasto, *Teamwork: What Must Go Right / What Can Go Wrong* (Thousand Oaks, CA: SAGE, 2001).

11 Gordon Jones e Rosemary Jones, *Teamwork: How to Build Relationships* (Bletchley, Reino Unido: Scripture Union, 2003).

12 Disponível em http://www.belbin.com.

As oito funções de equipe que consideramos mais úteis no trabalho com equipes multiculturais estão descritas abaixo.

Há duas funções de liderança: coordenador e shaper. Uma equipe ideal teria um coordenador e um shaper, e deve ter pelo menos uma dessas funções para funcionar bem. Os coordenadores têm boas habilidades interpessoais e geralmente são maduros, confiantes e bons em reconhecer os pontos fortes dos outros membros da equipe. Eles lideram esclarecendo as metas e permitindo que a equipe trabalhe em direção a essas metas compartilhadas, motivando e incentivando os membros da equipe a fazerem coisas juntos e delegando tarefas a eles. O shaper é muito focado no que a equipe precisa alcançar. Os shapers são líderes obstinados, determinados e dinâmicos que têm muita vontade de superar as dificuldades e realizar a tarefa. Eles gostam de liderar e colocar os outros em ação. Eles garantem que todas as atividades da equipe estejam alinhadas com a visão da equipe e a mantêm constantemente diante da equipe. Os Shapers percebem os obstáculos como desafios e ajudam a equipe a superá-los. Eles são essenciais no início da vida de uma equipe ou quando uma equipe perde o foco ou fica paralisada por indecisão ou obstáculos. Os formadores correm à frente das equipes e traçam seu curso, enquanto os coordenadores reúnem os membros da equipe e os levam junto com eles. Como a função de modelagem é muito forte e individual, ter dois modeladores fortes em uma equipe geralmente é uma receita para o fracasso, pois cada modelador sente a necessidade de traçar um curso diferente para a equipe. Quando há dois modeladores, é melhor ter duas equipes.

Há dois tipos de pessoas com ideias nas equipes: investigador de recursos e planta. Cada uma dessas pessoas traz ideias para a equipe, mas fazem isso de maneiras diferentes. As plantas obtêm ideias de dentro de si mesmas, enquanto os pesquisadores de recursos encontram ideias de outras pessoas. As plantas são criativas e imaginativas, capazes de gerar muitas ideias e oferecer várias soluções para os problemas. Elas são essenciais para as equipes. Se uma equipe não tiver uma planta, ela precisará pedir emprestada periodicamente uma planta de outro lugar para gerar uma lista de ideias que a equipe poderá analisar. Muitas das ideias geradas por uma planta são estranhas ou irrealistas, mas algumas delas conterão a centelha de genialidade necessária para acender a sinergia da equipe. Ao contrário das plantas, os investigadores de recursos obtêm suas ideias de outras pessoas. Eles desenvolvem contatos fora da equipe para encontrar ideias e recursos que ajudem a equipe a cumprir sua tarefa.

Em geral, são extrovertidos calorosos, curiosos, extrovertidos e entusiastas, bons em se comunicar com as pessoas. Usam essas habilidades para fazer contatos com outras pessoas e, no processo, descobrem ideias, pessoas e outras ferramentas que podem ajudar a equipe a cumprir suas metas.

Os trabalhadores de equipe são a cola que mantém a equipe unida. Eles se preocupam com as pessoas e os relacionamentos da equipe. Altamente sensíveis a conflitos e mal-entendidos, eles trabalharão arduamente para garantir que os problemas interpessoais sejam resolvidos e que a harmonia na equipe seja restaurada. Não necessariamente muito visíveis na equipe, eles trabalham nos bastidores para ajudar as pessoas a se darem bem e fazem coisas que ajudam a criar um bom clima emocional na equipe, como garantir que haja boa comida nas reuniões da equipe. Eles incentivam os membros da equipe e tentam aliviar a tensão antes que ela se transforme em um conflito total. Uma equipe sem trabalhadores de equipe terá dificuldade para se manter unida.

As três funções restantes - implementador, monitor-avaliador e concluidor-finalizador - ajudam a equipe a cumprir suas estratégias e metas, concentrando-se nos aspectos da execução da tarefa em si. Os implementadores são particularmente bons em traduzir ideias em ações. Eles se destacam pelo bom senso e são bons em aceitar ideias e encontrar maneiras práticas de concretizá-las. Trabalham de forma consciente e eficiente no que precisa ser feito, abordando os problemas de forma sistemática. Eles também são particularmente capazes de sugerir rotinas e estruturas que a equipe pode usar para realizar a tarefa com mais eficiência. Os monitores-avaliadores têm boas habilidades analíticas e fazem julgamentos perspicazes que levam em conta todos os fatores possíveis. Eles são bons em analisar problemas, avaliar sugestões e pesar os prós e os contras. Eles também verificam se o que a equipe faz está de acordo com sua visão, metas e estratégias e ajudam a restringir a equipe quando ela está inclinada a sair entusiasticamente pela tangente, o que pode ser bom, mas não atenderá às metas ou à visão da equipe. Os finalizadores se certificam de que as tarefas sejam bem concluídas. Eles prestam atenção excepcional aos detalhes. Quando o entusiasmo tiver diminuído e a tarefa estiver quase concluída, é o finalizador que se certificará de que os detalhes finais sejam observados. Isso permite que a equipe siga em frente com confiança, sabendo que todos os documentos estão completos, as contas fechadas e os recursos entregues ou descartados adequadamente. Os finalizadores também são inestimáveis quando as tarefas exigem um alto grau de precisão.

O processo de esclarecimento das funções da equipe é importante por vários motivos. Primeiro, ele permite que os membros da equipe apreciem e utilizem as habilidades e os pontos fortes que cada pessoa traz para a equipe. Em segundo lugar, permite que eles gostem do trabalho e se sintam valorizados, pois os colegas de equipe entendem e apreciam a contribuição deles para a equipe. Terceiro, ajuda a evitar o esgotamento, que pode resultar do fato de os membros da equipe serem forçados a trabalhar por longos períodos em funções que não lhes convêm.

O líder da equipe deve iniciar o processo de esclarecimento das funções de cada membro da equipe. As funções da equipe de Belbin são uma ferramenta útil para iniciar esse processo. Uma vez esclarecidas as funções, o líder da equipe pode trabalhar para garantir que as pessoas recebam tarefas que correspondam, na medida do possível, às suas funções na equipe. Outra tarefa importante para o líder é identificar quaisquer áreas de desequilíbrio nas funções. A pesquisa de Belbin mostrou que cada uma das funções é essencial para permitir que as equipes realizem suas tarefas. Descobriu-se que um desequilíbrio nas funções - seja o excesso de uma função ou a falta de uma função - é prejudicial à eficácia da equipe. Se houver um sério desequilíbrio nas funções, especialmente se uma função estiver faltando na equipe, o membro da equipe que obtiver a maior pontuação na função faltante deve ser incentivado a desempenhar essa função nas reuniões da equipe e a desenvolver sua habilidade nessa área.

A maioria das equipes passa muito tempo resolvendo problemas de uma forma ou de outra. Cada função da equipe é mais forte e mais útil em uma ou mais fases do processo de solução de problemas. A tabela a seguir ilustra como as funções trabalham juntas para resolver problemas. Três das funções - shaper, coordenador e trabalhador da equipe - são importantes em todo o processo. O shaper continua pressionando pela ação dizendo: "Vamos em frente com isso". O coordenador mantém a equipe no caminho certo e faz o melhor uso dos pontos fortes dos membros em cada ponto. O trabalhador da equipe constrói continuamente a harmonia entre os membros da equipe.

| Estágio de solução de problemas | Função(ões) mais útil(is) da equipe |
|---|---|
| 1. Identificação do problema | Toda a equipe |
| 2. Coleta de informações | Investigador de recursos |
| 3. Análise de informações | Monitor-avaliador |
| 4. Geração de possíveis soluções | Planta |
| 5. Seleção da melhor solução | Monitor-avaliador |
| 6. Planejamento para implementação | Pesquisador de recursos e implementador |
| 7. Implementação da solução | Toda a equipe, especialmente o Coordenador e o Implementador |
| 8. Teste da solução | Monitor-avaliador |
| 9. Finalização dos detalhes | Concluidor-acabador |

*Tabela 3: Funções da equipe na solução de problemas*

## DONS ESPIRITUAIS

Os dons espirituais são outra dimensão da diferença que pode ajudar as equipes ministeriais cristãs a identificar, valorizar e empregar as habilidades dadas por Deus a seus membros. Deus concedeu a cada cristão pelo menos um dom espiritual, e o propósito de cada dom é ajudar outros cristãos a crescerem em semelhança a Cristo e edificar todo o corpo de Cristo para que ele se torne maduro (Rm 12:4-5; 1Co 12:7-11; Ef 4:11-16). Uma equipe de cristãos que está participando da missão de Deus é uma expressão do corpo de Cristo. O dom ou os dons dados por Deus a cada membro da equipe foram dados para ajudar seus irmãos e irmãs em Cristo que estão na equipe a crescerem e se tornarem mais semelhantes a Jesus, para ajudar toda a equipe a amadurecer e cumprir sua parte na missão de Deus. É somente quando todos os dons da equipe são apreciados e usados que eles cumprem seu propósito de expressar coletivamente a plenitude do corpo de Cristo nessa equipe (1 Cor 12:12-31; Ef 4:11-16).

Três passagens do Novo Testamento fornecem listas de dons - Romanos 12:6-8; 1 Coríntios 12:7-10,28; e Efésios 4:11. Todas as listas são importantes, e é provável que elas sejam sugestivas, e não inclusivas, de todos os dons que Deus concede. Os dons são diversos e complementares. Assim como as personalidades e as funções da equipe funcionam melhor quando há um equilíbrio entre elas, é importante que uma equipe tenha um equilíbrio de dons espirituais e o equilíbrio certo para o trabalho que tem de fazer.

Também é importante que a equipe esteja ativamente atenta e incentive o uso de dons que geralmente não são valorizados em contextos tradicionais de ministério, pois eles podem ser muito mais importantes para o cumprimento da tarefa da equipe do que alguns dons que são altamente valorizados nas igrejas de origem dos membros da equipe. Por exemplo, pode ser muito difícil para aqueles com dons espirituais nas áreas de ajuda, sabedoria, administração e discernimento aceitarem que devem se concentrar no desenvolvimento desses dons para cumprir a visão da equipe, pois muitos cristãos consideram esses dons de pouco valor em comparação, por exemplo, com o dom de ensinar e pregar. Pode ser um grande desafio para a equipe, e especialmente para o líder da equipe, incentivar e afirmar o uso de dons espirituais que não são comumente valorizados em suas igrejas de origem.

Há várias ferramentas disponíveis para ajudar as pessoas a descobrir seus dons espirituais. Recursos especialmente úteis, que fornecem testes e explicações sobre os dons espirituais, estão listados no final desta página.[13] A maneira mais confiável de descobrir seus dons espirituais é por meio da experiência no ministério combinada com o feedback de pessoas que o conhecem bem, inclusive seus colegas de equipe. Aprender sobre seus dons espirituais é aprender sobre outra dimensão de si mesmo, assim como a personalidade. O líder da equipe tem a função vital de criar um clima aberto na equipe, no qual os membros possam experimentar fazer coisas diferentes, aprender sobre si mesmos, sentir-se à vontade para cometer erros e ser afirmados e incentivados por todas as suas contribuições.

---

13 Testes úteis de dons espirituais podem ser encontrados em http://www.spiritualgiftstest.com (que inclui apenas os dons listados nas três principais passagens acima), em http://www.kodachrome.org/spiritgift (que inclui uma variedade maior de dons do que os listados nas três principais passagens do Novo Testamento) e em http://www.churchgrowth.org/cgi-cg/gifts.cgi?intro=1 (que se concentra no ministério de equipe). Uma excelente visão geral e explicação de cada um dos dons pode ser encontrada em https://www.abhms.org/resources/church_life_leadership/wcll-101_Spiritual_Gifts.pdf.

CAPÍTULO 7

# GERENCIANDO CONFLITOS NA EQUIPE

## INTRODUÇÃO

O conflito é uma questão importante em equipes multiculturais, e os líderes de equipes multiculturais devem ser competentes para gerenciá-lo. Duane Elmer relata a realização de um workshop para executivos de missão no qual ele lhes perguntou: "Quais são as necessidades mais significativas dos missionários de campo?" e "O que podemos fazer para ajudar a atender a essas necessidades?" Esses líderes de missão concluíram que, sem dúvida, o maior problema era o colapso relacional entre os missionários e que sua maior necessidade era ajuda para lidar com conflitos.[1] Estudos de equipes missionárias multiculturais revelam que o conflito, em alguns casos, levou a relacionamentos prejudicados e à desintegração da equipe. Duas das cinco equipes de plantação de igrejas que estudamos relataram relacionamentos prejudicados, e duas das doze equipes missionárias multiculturais estudadas por Lorraine Dierck se dissolveram devido a conflitos.[2]

Conflito em uma equipe é "uma luta, ou um estado de desarmonia ou antagonismo, ou comportamentos hostis, resultantes de interesses, necessidades ou crenças contraditórias, ou desejos mutuamente exclusivos".[3] O conflito ocorre onde quer que os seres humanos vivam

---

[1] Duane Elmer, *Cross-cultural Conflict: Building Relationships for Effective Ministry* (Downers Grove, IL: InterVarsity Press, 1993), 33.

[2] R. Hibbert, "Church Planting Teams", p. 169; Dierck, "Teams That Work", 9.

[3] John Ungerleider, "Conflict", em *Effective Multicultural Teams: Theory and Practice*, ed. Claire Halverson e Aqeel Tirmizi (Dordrecht, Holanda: Springer, 2008), 212.

ou trabalhem juntos. O único lugar onde não há conflito é o cemitério. Sem conflito significa que não há vida. Bill Hybels diz:

> O conceito popular de unidade é uma terra de fantasia em que as discordâncias nunca vêm à tona e as opiniões contrárias nunca são declaradas com força. Esperamos discordância, discordância contundente... . Não vamos fingir que nunca discordamos... . Não vamos deixar que as pessoas escondam suas preocupações para proteger uma falsa noção de unidade. Vamos encarar a discordância e lidar com ela de uma forma piedosa... . A marca da comunidade - a verdadeira unidade bíblica - não é a ausência de conflito. É a presença de um espírito reconciliador.[4]

Embora muitas vezes seja desconfortável, o conflito é uma parte normal das equipes saudáveis. Se uma equipe nunca passa por conflitos, isso sugere que ela não está fazendo muita coisa que os membros valorizam muito ou que os membros da equipe não estão realmente comunicando o que pensam e sentem. Sem conflito, as diferentes perspectivas sobre questões, tarefas e desafios não podem ser consideradas adequadamente, o que significa que as melhores soluções para os problemas provavelmente não estão sendo encontradas. Se uma equipe continuar a ser tão agradável entre si como na fase inicial de "lua de mel" da vida da equipe, isso geralmente significa que os membros estão deliberadamente evitando conflitos e, por fim, a equipe se separará em suas partes individuais - seja psicologicamente, de modo que comece a funcionar como um grupo de pessoas trabalhando em paralelo, ou fisicamente, de modo que a equipe literalmente se separe. Um provérbio chinês diz: "Se vocês não lutaram entre si, não se conhecem". A tempestade - a fase na vida de uma equipe em que o conflito é frequente e normal - é essencial para se tornar uma equipe eficaz e de alto desempenho. A tempestade é boa. É uma sensação ruim, mas somente ao passar por ela com sucesso e, consequentemente, desenvolver uma boa comunicação e processos de equipe, uma equipe pode negociar valores compartilhados e consolidar uma identidade comum.

Se os conflitos forem bem gerenciados, o grupo se tornará mais capaz de gerenciar conflitos futuros e evitará danos aos relacionamentos. A capacidade da equipe de aceitar e administrar as divergências está associada ao seu eventual sucesso na realização da tarefa, bem como à sua

---

4 David Goetz e Marshall Shelley, "Standing in the Crossfire: Interview with Bill Hybels", *Leadership: A Practical Journal for Church Leaders* (Inverno de 1993): 14

capacidade de tomar boas decisões e desenvolver novas ideias.[5] Se os membros da equipe reconhecerem que um conflito anterior resultou em uma boa decisão, eles poderão até mesmo aceitar o conflito em interações futuras. O processo de resolução de conflitos envolve esclarecer áreas de confusão, ignorar erros cometidos pelas pessoas e dar feedback preciso sobre o desempenho. Quando o conflito é bem administrado, as equipes se tornam mais dispostas a fazer mudanças na maneira como fazem as coisas, os relacionamentos são restaurados e os membros da equipe passam a valorizar mais uns aos outros e ao líder da equipe. O processo de resolução de conflitos em conjunto é uma experiência formativa que ajuda a equipe a se unir.

A maioria dos entrevistados em nossa pesquisa (65%) descreveu o conflito em suas equipes multiculturais. Uma proporção significativa (27%) disse que o fato de o líder estar "comprometido em trabalhar com conflitos para chegar a uma solução" era uma das cinco características mais importantes de um bom líder de equipe multicultural. Um entrevistado comentou:

> Em todas as equipes multiculturais haverá conflitos, porque trazemos muitas cores e sabores diferentes para a mesa e ... obviamente haverá algumas situações em que haveria um choque de ideias... . Um líder multicultural deve estar comprometido, deve ser motivado a trabalhar para solucionar esse conflito em vez de deixá-lo apodrecer dentro do grupo, porque isso certamente levará à queda do grupo.

Outro entrevistado observou que um bom líder de equipe multicultural precisa acreditar no valor das equipes multiculturais. Caso contrário, é duvidoso que ele seja capaz de perseverar quando confrontado com o desafio contínuo de ajudar uma equipe multicultural a superar conflitos e funcionar de forma eficaz.

Os membros da equipe esperam que seus líderes sejam capazes de lidar com conflitos, e muitos deles acreditam que o líder é o principal responsável pela resolução do conflito. O líder da equipe precisa não apenas mediar pessoalmente para ajudar a resolver o conflito, mas também ajudar toda a equipe a falar sobre os problemas que estão causando o conflito.

---

5 Karen A. Jehn, Gregory Northcraft e Margaret Neale, "Why Differences Make a Difference: A Field Study of Diversity, Conflict, and Performance in Workgroups", *Administrative Science Quarterly* 44, no. 4 (1999): 741–63.

Este capítulo apresenta como e por que o conflito se desenvolve, como a cultura influencia o conflito e como pessoas diferentes resolvem o conflito de maneiras diferentes. Esses tópicos são ilustrados por comentários de líderes e membros de equipes que entrevistamos e por nossa experiência como líderes e instrutores de equipes. São dadas sugestões práticas sobre como os líderes de equipe podem gerenciar conflitos em equipes multiculturais e sobre como lidar com diferentes métodos culturais de gerenciamento de conflitos.

## CAUSAS E POSSÍVEIS CONSEQUÊNCIAS DE CONFLITOS EM EQUIPES MULTICULTURAIS

Os conflitos têm muitas causas, e uma análise de qualquer conflito específico geralmente revela vários fatores envolvidos em seu desenvolvimento.[6] Um dos principais motivos de conflito em equipes multiculturais são as diferenças entre os membros da equipe decorrentes de suas diferentes origens culturais. Essas diferenças vão desde valores e percepções diferentes sobre o comportamento adequado até expectativas diferentes sobre suas próprias funções e as dos outros membros da equipe. Em nossa pesquisa, uma importante fonte de conflito foram os diferentes estilos culturais de comunicação dos membros da equipe. Os membros da equipe diferiam em aspectos como o grau de expressividade e a interpretação da linguagem corporal, o que levou a mal-entendidos.

Uma segunda causa de conflito em equipes multiculturais são as diferentes expectativas sobre a vida e o trabalho em equipe. Algumas delas são moldadas culturalmente, mas outras se devem a diferenças individuais. Um membro da equipe disse, por exemplo: "Eu esperava que a equipe fosse mais organizada e mais unificada". Também havia expectativas diferentes quanto ao apoio que os membros da equipe dariam uns aos outros. Outro entrevistado comentou: "Acho que eu esperava ter alguém com quem compartilhar nossos fardos no ministério - tanto os problemas quanto a responsabilidade. Eu esperava ter a oportunidade de orar e compartilhar uns com os outros de forma bastante próxima, não apenas um compartilhamento superficial das necessidades do ministério."

---
6 Carlos Cortes e Louise Wilkinson, "Developing and Implementing a Multicultural Vision", em *Contemporary Leadership and Intercultural Competence: Exploring the Cross-cultural Dynamics within Organizations*, ed., Michael Moodian (Los Angeles: SAGE, 2009), 27.

Também surgiram expectativas diferentes sobre quanto tempo de folga era necessário para compromissos familiares. Alguns membros da equipe estavam insatisfeitos com a falta de envolvimento de outros membros com a tarefa da equipe e com a busca de suas próprias agendas em detrimento do objetivo da equipe.

Uma terceira causa importante de conflito em equipes multiculturais é a comunicação deficiente. Isso leva a mal-entendidos entre os membros da equipe e é agravado quando o idioma da equipe não é falado fluentemente por alguns deles. Um membro da equipe que entrevistamos comentou: "Em diferentes situações em que houve mal-entendidos, o maior obstáculo foi a falta de comunicação. Algo era dito e, depois, o mal-entendido era deixado para trás. A desconfiança cria raízes e, então, ou você a esclarece ou ela continua a crescer."

Os líderes de equipe contribuem para o conflito por não se comunicarem com clareza e não estarem dispostos a discutir os problemas. Outras atitudes e comportamentos que desencadeiam o conflito são o desejo de obter ou manter o poder, frustração ou angústia, uma ameaça percebida ao território, processos pessoais ou grupais disfuncionais e mudanças.[7]

Há um grande potencial de crescimento por meio de conflitos. O conflito é uma força poderosa para mudanças positivas. Por meio do conflito, a criatividade pode ser liberada e as necessidades e os desejos dos membros da equipe são trazidos à tona. Se bem administrados, os conflitos podem levar a uma motivação renovada, esclarecimento e fortalecimento da visão e dos valores, desabafo de frustrações e crescimento e maturidade pessoal. O conflito também é uma oportunidade de glorificar a Deus, confiando e obedecendo a Ele durante o conflito.

O conflito também tem o potencial de causar sérios danos às equipes. Se o conflito não for bem administrado, a equipe e seu trabalho serão prejudicados. Isso pode levar à desintegração das equipes. Há duas maneiras principais de lidar mal com o conflito. A primeira delas é ignorá-lo e "varrê-lo para debaixo do tapete". Isso geralmente leva a um acúmulo de ressentimentos, fofocas e maledicências. A segunda maneira de lidar mal com o conflito é permitir que ele se transforme em uma explosão agressiva e descontrolada de frustração e raiva. Esses dois cenários podem levar ao afastamento de pelo menos parte da equipe. Mesmo que a equipe permaneça unida, ela pode sofrer emocionalmente e sua eficácia pode ser significativamente reduzida. Os conflitos que não são resolvidos tendem a se agravar. Bill

---

[7] Gregory Tillett e Brendan French, *Resolving Conflict* (Melbourne: Oxford University Press, 2010).

Hybels comenta: "O conflito que não é tratado envenena a alma e acaba prejudicando a todos. Preferimos ter conflitos dentro da comunidade do que a máscara da unidade."[8] O fato de os conflitos da equipe serem construtivos ou destrutivos depende, em grande parte, dos líderes da equipe e de sua capacidade de orientar a equipe para uma resolução saudável. A Figura 13 ilustra dois resultados alternativos que o conflito pode ter, dependendo do caminho que o líder da equipe for capaz de guiar a equipe.

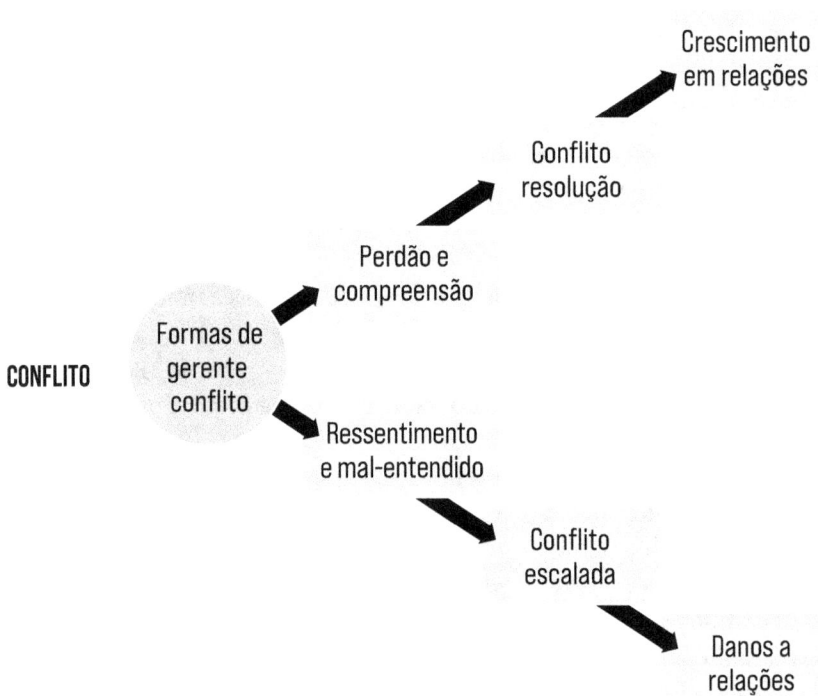

*Figura 13: Caminhos alternativos no gerenciamento de conflitos*

Quando o conflito não é resolvido, ele tende a se agravar. Quanto mais cedo o conflito for tratado, mais fácil será chegar a uma solução sem que os participantes sejam prejudicados. Um conflito que começou com apenas dois membros da equipe, se não for resolvido, pode se espalhar para toda a equipe à medida que outros membros da equipe tomam partido. O conflito da equipe pode, então, se espalhar para fora da equipe e afetar outras pessoas.

---

8 Goetz e Shelley, "Standing in the Crossfire", 16.

# Gerenciando conflitos na equipe 143

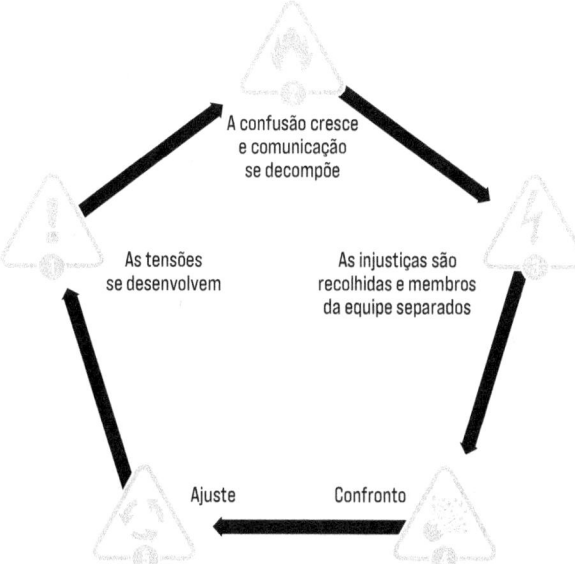

*Figura 14: Ciclo de agravamento de conflitos*

A Figura 14 mostra alguns estágios típicos do desenvolvimento de um conflito que se agrava sem tentativas de resolução antecipada.[9] Nos estágios iniciais, antes de o conflito se tornar público, os membros da equipe começam a sentir a tensão se desenvolvendo. As pessoas não têm certeza do que está errado e ficam com vergonha de dizer alguma coisa. Mas esse é o melhor momento para abordar o conflito, pois ainda há confiança e a comunicação está fluindo livremente. Se as tensões iniciais não forem tratadas, os membros da equipe começarão a ficar confusos sobre o que exatamente está acontecendo, quem ou o que está causando o conflito e qual é o seu papel no conflito. A comunicação geralmente começa a se deteriorar nesse estágio. Quando isso acontece, os membros da equipe envolvidos no conflito geralmente se sentem ameaçados e começam a se afastar uns dos outros. Se o conflito não for resolvido nesse estágio, os membros da equipe envolvidos geralmente começam a guardar rancor e a fazer uma lista de todas as coisas negativas que a outra pessoa ou pessoas envolvidas fizeram contra eles. Isso geralmente é uma preparação para algum tipo de confronto. Se isso for mal administrado, as injustiças acumuladas pelas várias partes podem ser reveladas de uma forma que prejudica os relacionamentos. No entanto, se for bem administrada, essa

---

9 Esses estágios são baseados em Donald Palmer, *Managing Conflict Creatively: A Guide for Missionaries and Christian Workers* (Pasadena: William Carey Library, 1990), 61–64.

ainda pode ser uma oportunidade para esclarecer e resolver diferenças. Esse estágio não pode continuar por muito tempo, pois é muito desgastante do ponto de vista emocional. Mais cedo ou mais tarde, todos procuram maneiras de fazer ajustes para encerrar o confronto.

Quando um conflito não pode ser resolvido em uma equipe multicultural, há vários resultados possíveis. Em alguns casos, a questão que causa o conflito é inicialmente encoberta, mas o problema fundamental permanece e, muitas vezes, volta à tona. Em outros casos, a equipe estagna ou "fica presa". Em algumas equipes, o conflito não resolvido leva à dissolução da equipe e à confusão e trauma contínuos que os membros da equipe carregam por anos. Os membros da equipe que fizeram parte de equipes que se dissolveram devido a conflitos não resolvidos apontaram a falta de perdão e o esgotamento dos membros da equipe como as principais causas. Em outros casos de conflitos não resolvidos, a equipe permanece unida, mas a confiança entre os membros da equipe se desgasta. Um membro da equipe fez uma descrição particularmente comovente das consequências de um conflito não resolvido na equipe:

> O conflito explode e depois vai embora. A grande questão é que a população local vê isso - que não somos unânimes, que não pensamos da mesma forma. Isso é muito triste, é uma agonia. Todos nós nos sentimos muito magoados… Alguns de nós sentem uma dor profunda, como um buraco no coração, de certa forma, porque sabemos que isso não está certo.

## CONFLITO E CULTURA

Embora os diferentes valores culturais de uma equipe sejam uma sementeira para o conflito, os membros da equipe geralmente não se conscientizam desses valores diferentes até que vivenciem o conflito. Portanto, o conflito pode desempenhar um papel importante para ajudar a equipe a negociar um conjunto de valores compartilhados. Os membros da equipe podem achar que podem discutir diferenças culturais e demonstrar respeito uns pelos outros durante o processo, mas depois descobrem que estão tendo reações emocionais negativas e entram em conflito com seus colegas de equipe. Isso acontece porque eles veem que seus valores mais profundos estão sendo violados. Somente quando experimentamos as emoções associadas ao conflito é que começamos a perceber quão profunda e apaixonadamente defendemos nossos valores. Emoções poderosas podem ser despertadas por questões inesperadamente pequenas quando nossos valores são ameaçados. Uma família do leste asiático, por exemplo, entrou em conflito com um líder da EDG quando a quantidade de comida dada a seus filhos foi regulamentada pelo líder. Cada parte descobriu que tinha um valor culturalmente diferente com relação à comida, e o choque de valores levou a fortes reações emocionais. É a força da emoção e a imprevisibilidade dela que tornam o conflito tão difícil de gerenciar.

Uma vez que o conflito tenha surgido, ele pode se tornar mais complexo e intenso porque os membros da equipe de diferentes culturas percebem que ele é causado por coisas diferentes. A tentativa de resolver um conflito também se torna mais difícil em uma equipe multicultural, porque pessoas de culturas diferentes abordam o processo de negociação da gestão de conflitos de maneiras diferentes. O que é útil em uma cultura pode ser um obstáculo em outras. Por exemplo, as culturas EDG geralmente precisam ouvir um pedido de desculpas falado, incorporando as palavras "I'm sorry" (Sinto muito) quando percebem que outra pessoa agiu de forma inadequada. Algumas culturas do leste asiático, por outro lado, usam principalmente meios não verbais para resolver conflitos e restaurar o relacionamento, como convidar a(s) outra(s) pessoa(s) para uma refeição em conjunto ou dar um presente. O conflito também pode aumentar quando os membros da equipe não têm conhecimento dos diferentes estilos culturais possíveis de gerenciamento de conflitos. Eles podem facilmente interpretar erroneamente o estilo de interação de seus colegas de equipe como sendo rude, agressivo, enganoso ou sem comprometimento.[10]

As causas dos conflitos estão, na maioria das vezes, embutidas em suposições profundamente arraigadas que continuam a ferver sob a superfície e dão origem a mais conflitos, mesmo depois de o conflito inicial ter sido resolvido. Um exemplo disso é a dinâmica de poder entre diferentes grupos étnicos em países e organizações. Se um membro da equipe que pertence a um grupo cultural minoritário em seu próprio país estiver envolvido em um conflito com um membro da equipe de cultura majoritária (por exemplo, um membro da equipe hispânico em conflito com um americano EDG em uma organização predominantemente americana EDG), embora o conflito agudo possa parecer resolvido, é muito difícil ter certeza de que o processo de resolução não foi influenciado por preconceitos da cultura majoritária. Por esse motivo, para que as

---

10 Mitchell Hammer, "The Intercultural Conflict Style Inventory: A Conceptual Framework and Measure of Intercultural Conflict Resolution Approaches", *International Journal of Intercultural Relations* 29 (2005): 675–95.

equipes compreendam e gerenciem conflitos de forma eficaz, é necessário explorar os significados mais profundos por trás do conflito para todos os participantes. As suposições etnocêntricas e os sentimentos de que "o nosso jeito é o jeito certo" podem nos impedir de estarmos abertos a considerar outras formas de pensar e agir e devem, na medida do possível, ser trazidos à tona. Qualquer tipo de rigidez aumenta o conflito. Aspirações rigidamente mantidas em relação à segurança, identidade, respeito, princípios muito fortes e opções de uma ou outra tendem a ampliar o conflito e dificultar sua resolução.[11]

## ENTENDER COMO OS MEMBROS DA EQUIPE ABORDAM O CONFLITO

Antes de analisarmos as formas de abordar a resolução de conflitos, é importante perceber que nem todos os conflitos podem ser resolvidos e nem sempre há uma solução para cada questão. Mesmo quando há uma solução, nem sempre fica claro se a resolução foi alcançada. Por esses motivos, mesmo que o líder tenha excelentes habilidades de resolução de conflitos, elas nem sempre garantem uma solução. Em alguns casos, é necessária a intervenção de líderes externos ou de outras pessoas. Isso pode envolver reorganização estrutural, reatribuição ou a saída de um ou mais membros. É mais provável que essas estratégias sejam necessárias quando a equipe estiver dividida em vários subgrupos, quando as atitudes negativas não puderem ser ajustadas, quando as emoções estiverem muito voláteis ou quando os membros da equipe tiverem perdido muito prestígio.

As abordagens da EDG para o gerenciamento de conflitos tendem a separar as pessoas dos problemas e geralmente se concentram na eficiência em detrimento dos relacionamentos. Valores como justiça, escolha individual e capacitação são enfatizados. Por outro lado, as pessoas de culturas coletivistas geralmente não separam o problema da pessoa com quem estão tendo o conflito. Os gerentes japoneses, por exemplo, consideram as críticas e objeções às suas ideias como ataques pessoais, enquanto os gerentes da EDG geralmente não o fazem.[12] As pessoas de culturas coletivistas enfatizam valores como honra e harmonia de grupo

---

[11] Dean Pruitt e Sung Hee Kim, *Social Conflict: Escalation, Stalemate, and Settlement* (Boston: McGraw-Hill, 2004), 19.

[12] Gudykunst, *Bridging Differences*, 278.

e são mais propensas a ver as situações de forma holística. Elas buscarão soluções que envolvam a combinação de várias opções. As abordagens da EDG tendem a tratar os problemas como situações em que uma opção deve ser selecionada e a outra rejeitada. Os membros da equipe EDG geralmente veem os estilos de conflito asiáticos e latino-americanos como fracos ou passivos. No entanto, as pessoas dessas e de outras culturas coletivistas não veem suas abordagens de resolução de conflitos como negativas, mas como as melhores maneiras de preservar o rosto e os relacionamentos e de atingir os objetivos de cada parte.[13]

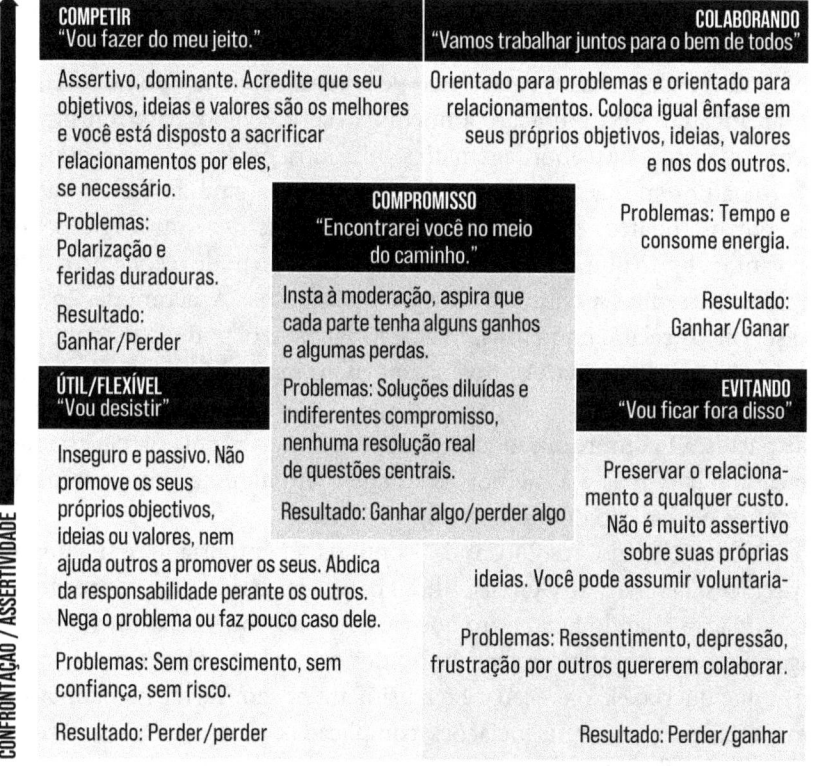

*Figura 15: Estilos de gerenciamento de conflitos (adaptado de Thomas, "Conflict")*

Os membros de equipes multiculturais usarão estilos diferentes para lidar com conflitos. O estilo de cada membro da equipe de administrar conflitos é influenciado em parte pela cultura e em parte por seu histórico

---

13 Stella Ting-Toomey, "The Matrix of Face: An Updated Face-negotiation Theory", em *Theorizing about Intercultural Communication*, ed., William Gudykunst (Thousand Oaks, CA: SAGE, 2005), 80.

individual único. Um modelo amplamente utilizado para categorizar as abordagens ao conflito descreve cinco respostas pessoais ao conflito: evitar (também conhecido como retrair-se), acomodar (também conhecido como ceder ou obrigar), competir (também conhecido como dominar), comprometer-se e colaborar (também conhecido como integrar).[14] Essas respostas são mostradas no diagrama (fig. 15) abaixo, que representa cada estilo de acordo com o grau de assertividade (tentativa de satisfazer as próprias preocupações) e cooperatividade (tentativa de satisfazer as preocupações da outra parte) que cada estilo representa.

Há aspectos positivos e negativos em cada um desses estilos. A colaboração é geralmente vista como o melhor estilo pelos escritores das culturas EDG e, idealmente, produz uma solução que atende às necessidades de ambas as partes, mas pode levar muito tempo e esforço para ser alcançada. A colaboração também é descrita como "carefronting", um termo que expressa a abordagem direta da outra pessoa de forma atenciosa e o trabalho em busca de uma solução vantajosa para ambas as partes.[15] Os outros quatro estilos geralmente são vistos como tendo mais desvantagens do que a colaboração. A competição pode resolver o conflito rapidamente, mas prejudica os relacionamentos. A acomodação pode preservar os relacionamentos, mas, a longo prazo, pode fazer com que a pessoa fique ressentida. A prevenção evita o perigo em curto prazo, mas não consegue lidar com as necessidades ou os medos reais de nenhuma das partes. O compromisso atende apenas parcialmente às necessidades de cada parte, mas é a melhor abordagem em algumas circunstâncias e pode ser necessário quando o tempo é crítico.

Cada estilo de resolução de conflitos é apropriado em situações específicas. No livro de Gênesis, Abrão parece ter usado uma abordagem de acomodação quando ficou claro que ele e Ló não poderiam ficar no mesmo lugar. Embora, como tio e mais velho dos dois, ele pudesse ter escolhido a terra que queria, ele ofereceu a Ló a primeira opção. Talvez isso tenha sido, em parte, para evitar negociações complicadas e uma possível perda da honra da família, mas, acima de tudo, parece ter sido a maneira como Abrão comunicou a prioridade que dava ao relacionamento deles (Gn 13:1-12).

Evitar conflitos é negativo e prejudicial para os relacionamentos

---

14 Esse modelo é descrito por Kenneth Thomas, "Conflict and Conflict Management", em *Handbook of Industrial and Organizational Psychology*, ed. Marvin Dunette (Chicago: Rand-McNally, 1976), 88-935. Marvin Dunette (Chicago: Rand-McNally, 1976), 889–935. Os termos descritivos alternativos são de Afzalur Rahim, "A Measure of Styles of Handling Interpersonal Conflict", *Academy of Management Journal* 26 (1983): 368-76.

15 David Augsburger, *Caring Enough to Confront* (Glendale, CA: Regal Books, 1973).

quando envolve fingir ser tolerante e que não há nada de errado, mas, ao mesmo tempo, sentir-se magoado e evitar o relacionamento. Mas há um tipo positivo de evitar conflitos. Pode ser apropriado quando a questão é relativamente insignificante ou temporária, ou quando uma decisão não afetará a visão ou as metas de longo prazo da equipe. Quando a maneira de agir de um colega de equipe o ofende, há muitas situações em que o melhor curso de ação é ignorar o que ele está fazendo. Há momentos em que aplicar o provérbio bíblico "A sabedoria de uma pessoa produz paciência; é para a glória de alguém ignorar uma ofensa" (Pv 19:11 NVI) é a melhor abordagem para o conflito. Também parece ser o que Paulo previu ser necessário na comunidade cristã quando escreveu: "Sejam completamente humildes e gentis; sejam pacientes, suportando uns aos outros em amor" (Ef 4:2 NVI). Ignorar uma ofensa é uma abordagem tipicamente confucionista ao conflito e provavelmente será usada com frequência pelos membros chineses e coreanos da equipe. A tolerância, a tolerância e o fato de ignorar as falhas dos outros são considerados necessários para a vida em comunidade. Essa abordagem envolve uma ação de misericórdia, em grande parte não verbal, por parte de apenas uma das partes do conflito.[16]

Usar um estilo competitivo em um conflito para conseguir o que se quer pode ser uma expressão de egoísmo, mas nem sempre é. Quando tiver certeza de que um colega de equipe está agindo de uma forma que contraria o coração do evangelho, é importante manter-se firme no que é certo e verdadeiro. A disputa de Paulo com Pedro, registrada em Gálatas 2:11-21, na qual ele diz: "Eu me opus a ele na cara dele" (2:11 NVI), dizia respeito à salvação somente pela graça e exigiu que ele se engajasse em um estilo competitivo de resolução de conflitos. Esses tipos de conflitos são relativamente raros, mas quando esses conflitos de base teológica surgem em equipes, eles podem resultar na separação da equipe em duas ou mais partes. As questões sobre se as mulheres podem ou não liderar e ensinar os homens e se todos os dons do Espírito estão ou não em operação hoje são os dois conflitos de base teológica que vimos dividir as equipes.

Um exemplo maravilhoso de resolução colaborativa de conflitos é encontrado em Atos 6:1-7. Os judeus helenistas estavam reclamando que suas viúvas estavam deixando de receber as provisões de alimentos distribuídas pela igreja, enquanto as viúvas judias hebraicas estavam recebendo essa ajuda. Assim que tomaram conhecimento do conflito, os apóstolos estabeleceram diretrizes para resolvê-lo, dizendo-lhes que nomeassem sete

---

16 David Augsburger, *Conflict Mediation across Cultures: Pathways and Patterns* (Louisville: Westminster / John Knox, 1992), 264–66.

homens para supervisionar a distribuição de alimentos e especificando suas qualidades. Os fiéis ficaram felizes com essa decisão e foram encarregados de escolher os sete homens. Todos os homens que eles escolheram têm nomes helenísticos e, ainda assim, todos parecem ter ficado felizes com o resultado da colaboração. Foi uma situação genuína de ganho mútuo.

Mais adiante em Atos, no capítulo 15, há um exemplo de compromisso que abriu o caminho para que a igreja continuasse crescendo. Surgiu uma forte disputa entre Paulo e Barnabé e um grupo de judeus que insistiam que os gentios fossem circuncidados para se tornarem cristãos. Todos foram incluídos no processo de discussão dessa questão, e cada grupo teve permissão para expressar seus pontos de vista. Tiago, o líder da igreja de Jerusalém, depois de ouvir todos os diferentes pontos de vista, discerniu que Deus estava levando o grupo a não exigir que os gentios fossem circuncidados, porque essa era uma questão que estava no centro do evangelho. Em questões secundárias, no entanto, eles se comprometeram, solicitando que os crentes gentios evitassem algumas práticas que teriam causado ofensa aos cristãos judeus.

Embora esses cinco estilos tenham sido descritos tendo em mente os individualistas da EDG, eles também nos ajudam a entender algumas das formas como os membros da equipe de outras origens culturais abordam o conflito. No entanto, é importante perceber que esses cinco estilos não abrangem todas as maneiras possíveis de as pessoas, especialmente as de culturas coletivistas (que representam a maioria das sociedades do mundo), lidarem com conflitos.

Para descobrir como resolver conflitos em uma equipe multicultural, precisamos olhar além da literatura que pressupõe um contexto monocultural da EDG e a suposição de que a colaboração é sempre a melhor abordagem. A Bíblia apóia outras maneiras de lidar com conflitos que são diferentes das cinco abordagens. É vital que os líderes e membros da equipe apreciem essas outras maneiras de lidar com conflitos e percebam que, em algumas situações e com membros da equipe de algumas origens culturais, essas serão as melhores maneiras de resolver conflitos e reconciliar pessoas.

As abordagens culturalmente aprendidas para lidar com conflitos variam em duas dimensões, descritas por Mitchell Hammer, que estudou equipes multiculturais de astronautas e equipes de terra da NASA.[17] Ele descobriu que pessoas de diferentes culturas variam de acordo com a forma como se comunicam diretamente em conflitos e com a forma

---

17 Hammer, "Intercultural Conflict Style Inventory" (Inventário de Estilo de Conflito Intercultural).

como são emocionalmente expressivas em conflitos. As culturas que usam a comunicação direta concentram a atenção nas palavras específicas que as pessoas usam ao discutir questões e enfatizam a linguagem precisa e explícita. Elas preferem métodos de resolução de conflitos face a face e querem que as pessoas digam o que pensam. As pessoas de culturas que usam a comunicação indireta observam principalmente o contexto da comunicação, inclusive o comportamento não verbal, e não as palavras que estão sendo ditas, para descobrir o que as pessoas querem dizer, e geralmente preferem usar mediadores para ajudar a resolver conflitos. Na segunda dimensão, as culturas emocionalmente expressivas valorizam as demonstrações evidentes de emoção durante o conflito e querem ouvir como a outra pessoa está se sentindo, bem como o que ela está pensando sobre uma questão. Para ser autêntico e sincero em uma cultura emocionalmente expressiva, é preciso demonstrar suas emoções. As culturas emocionalmente restritas, por outro lado, concentram-se em manter o controle emocional e esconder sentimentos fortes. Para elas, manter a calma transmite sinceridade.

*Figura 16: Estilos de conflitos interculturais*
*(Hammer, "Intercultural Conflict Style Inventory", 691)*

Essas variações levaram Hammer a descrever quatro estilos principais de comunicação em conflitos, que são mostrados na figura 16: (1) um estilo de "engajamento" que é verbalmente direto e emocionalmente expressivo - típico dos afro-americanos; (2) um estilo de "discussão" que é verbalmente direto e emocionalmente contido - típico das culturas EDG, norte-americanos de origem europeia, canadenses, australianos e neozelandeses; (3) um estilo "dinâmico" que é emocionalmente expressivo, mas verbalmente indireto - típico dos árabes; e (4) um estilo de "acomodação" que é verbalmente indireto e emocionalmente contido - típico do leste e sudeste da Ásia (incluindo China, Japão, Tailândia, Indonésia e Malásia) e da América Latina.

Esse modelo de variação intercultural destaca o fato de que não existe uma maneira única e universal de as pessoas resolverem conflitos. É importante que os líderes de equipe ajudem suas equipes a perceber que não existe um nível ideal de expressão emocional ou de franqueza que os membros da equipe devam demonstrar durante o conflito. O modelo também desafia a ideia de que todos devem sempre usar a abordagem de colaboração para resolver conflitos. Para as pessoas de algumas culturas - especialmente as coletivistas e de alto contexto -, o tipo de comunicação verbal direta que é fundamental para a abordagem de colaboração ou de enfrentamento pode facilmente fazer com que as pessoas percam a face. Isso é fortemente expresso no provérbio chinês "Não remova uma mosca do rosto do seu vizinho com um machado".[18] O rosto de uma pessoa é sua autoimagem pública ou honra social. Trata-se de ser querido e aceito pelos outros. Enquanto o rosto de uma pessoa EDG depende em grande parte de ela se sentir bem-sucedida, autossuficiente e no controle de si mesma, o rosto das pessoas de culturas coletivistas depende de os outros as verem de forma positiva e quererem incluí-las em seu grupo. Os coletivistas esperam não tanto ser bem-sucedidos de forma autossuficiente (e, assim, serem vistos positivamente pelos outros), mas serem vistos como simpáticos, cooperativos e bons de se ter em um grupo. Como a imagem para eles depende muito da qualidade de seus relacionamentos, seu foco está em não perder a imagem que têm.[19]

Para evitar a perda de prestígio para si mesmos ou para aqueles com quem estão em conflito, as pessoas de culturas coletivistas geralmente lidam com conflitos de forma mais indireta do que as abordagens usadas

---

18 Augsburger, *Caring Enough to Confront*, 84.

19 Christopher Flanders, *About Face: Rethinking Face for 21st Century Mission* (Eugene, OR: Pickwick, 2011), 93.

nas culturas EDG. Essas formas incluem o uso de um mediador, a adoção de uma "posição de um para baixo" (explicada abaixo), dar presentes, contar uma história e outros meios indiretos de comunicação. Cada uma dessas formas é uma estratégia de comunicação que protege a necessidade de ambas as partes de continuarem a ser incluídas no grupo e de serem vistas de forma positiva pelos outros.

Um mediador é uma terceira pessoa que atua como intermediário entre as duas partes em conflito. O uso de um mediador evita o confronto face a face e, portanto, minimiza a possibilidade de uma das partes em conflito perder a face ou se sentir desonrada. Um dos principais objetivos do uso de um mediador é evitar ofensas e, dessa forma, preservar o relacionamento entre as duas partes e a harmonia na equipe. Um dos benefícios de usar um mediador é que ele pode interpretar as mensagens de cada parte para a outra e agir como um amortecedor, filtrando palavras, tom de voz ou linguagem corporal inúteis, negativas ou potencialmente ofensivas. O mediador precisa ser alguém respeitado e confiável por ambas as partes e visto como neutro e justo. Ele também precisa ser capaz de exercer alguma influência sobre ambas as partes e ser alguém que ambas levem a sério. Para equipes multiculturais, os líderes organizacionais, como líderes de campo e regionais ou treinadores de equipe, são mediadores ideais.

Os mediadores são frequentemente mencionados na Bíblia, e seu papel é retratado de forma positiva. Deus abordou o conflito final - a inimizade entre a humanidade e Deus como resultado da rebelião humana - enviando Jesus Cristo como mediador. "Porque há um só Deus e um só mediador entre Deus e os homens, Jesus Cristo, homem, o qual se deu a si mesmo em resgate por todos os homens" (1Tm 2:5,6 NVI). Quando Absalão fugiu de seu pai, o rei Davi, depois de matar outro filho de Davi, Joabe agiu como mediador para permitir que Davi trouxesse Absalão de volta a Jerusalém (2Sm 14). Barnabé atuou como mediador entre os cristãos de Jerusalém e Saulo, que eles acreditavam que não poderia ter se tornado cristão, levando Saulo até os apóstolos e explicando-lhes o que havia acontecido com ele (Atos 9:26-28). O próprio Paulo atuou como mediador entre Filemom e seu escravo fugitivo Onésimo, suplicando: "Portanto, se vocês me consideram um parceiro, recebam-no como me receberiam a mim" (Filem 17 NVI).

Duane Elmer cunhou o termo "the one-down position" (a posição de um para baixo) como uma abordagem de resolução de conflitos em que uma pessoa se torna vulnerável ao assumir uma posição de necessidade e pedir a ajuda da outra pessoa. Essa abordagem pode ser usada quando não há um mediador adequado disponível ou quando não há tempo para encontrar um.

Geralmente envolve pedir à outra parte que preserve sua honra e, no processo, que preserve a dela também.[20] Assumir a posição de um para baixo comunica que, acima de tudo, você valoriza o relacionamento com a outra pessoa e confia que ela poderá ajudá-lo. Na Bíblia, Abigail usou essa abordagem ao suplicar a Davi, que estava a caminho de matar todos os homens da casa de Nabal (1Sm 25). O filho pródigo, na parábola de Jesus, também se rebaixou diante do pai quando procurou voltar para a casa dele (Lucas 15:21).

Dar presentes pode ser uma forma de sinalizar para outra pessoa que você deseja se reconciliar com ela. Em uma equipe que entrevistamos, um casal coreano e um casal inglês estavam em conflito um com o outro há algum tempo. Certa manhã, o casal inglês encontrou um presente na porta de sua casa, que havia sido colocado pelo casal coreano. Para os coreanos, o presente era uma forma indireta e não verbal de expressar que estavam arrependidos de sua participação no conflito e que queriam se reconciliar com o casal inglês. Jacó usou presentes para comunicar a Esaú que queria se reconciliar com ele (Gn 32:13-20; 33:8-11). No conceito teológico de propiciação, o próprio Jesus é um presente para apaziguar a ira de Deus, de modo que o relacionamento com a humanidade possa ser restaurado.

Relacionadas à doação de presentes estão outras formas não verbais de expressar que você se importa com seus colegas de equipe e quer o melhor para eles, mesmo que tenha ideias diferentes sobre como realizar o ministério da equipe. Nos primeiros meses em que liderava uma equipe multicultural, um membro da equipe espanhola e Evelyn tiveram uma série de desentendimentos graves. Eles discordavam tão intensa e abertamente que Richard achou que a equipe entraria em colapso antes mesmo de atingir o estágio de normalização e começar a fazer um trabalho útil. Então, toda a nossa família ficou muito doente, de modo que não pudemos nem sair da cama por várias semanas. Todos os dias, o membro da equipe espanhola trazia uma refeição para nossa casa, cuidadosamente preparada com tudo de que precisaríamos. O ato de trazer uma refeição comunicou de forma mais forte do que qualquer palavra que ela se importava conosco. A partir daquele momento, não importava mais que houvesse discordâncias sobre a maneira como deveríamos abordar nossa tarefa de treinar líderes locais. Sabíamos que poderíamos superar essas discordâncias porque, por trás delas, nosso relacionamento era baseado na apreciação e no cuidado mútuos. Podíamos discutir nossos diferentes pontos de vista de forma aberta e apaixonada, confiantes de que nossas diferenças não prejudicariam a confiança e o cuidado fundamentais que tínhamos um pelo outro.

---

20 Elmer, *Cross-cultural Conflict*, 80–98.

Contar histórias é outra abordagem poderosa para resolver conflitos que usa a comunicação indireta para preservar o rosto e a honra. Quando o profeta Natã confrontou Davi sobre seu adultério com Bate-Seba e o assassinato do marido dela, ele contou uma história (2Sm 12:1-9). Em suas muitas interações cheias de conflitos com os líderes religiosos judeus, Jesus frequentemente contava histórias. Quando, por exemplo, os fariseus e os mestres da lei estavam reclamando que Jesus passava tempo com "pecadores", Jesus contou as parábolas da ovelha perdida, da moeda perdida e do filho perdido (Lucas 15). Essa abordagem evitou a ofensa direta, mas também comunicou claramente sua mensagem. A narração de histórias ainda é usada em muitas sociedades quando há conflitos. Keith Basso explica como os índios americanos apaches contam histórias para informar indiretamente a alguém que fez algo que ofendeu o grupo. Uma adolescente apache que contrariou as normas tradicionais em um evento cerimonial, comparecendo com os cabelos enrolados, foi a uma festa duas semanas depois; na festa, sua avó contou a todos a história de um policial apache esquecido que se tornou muito parecido com um homem branco. Embora a história tivesse sido contada a todos, a adolescente sabia que era sobre ela. [21]

A narração de histórias também pode ser usada por equipes que estão em conflito. Primeiro, as partes em conflito podem usar histórias para comunicar indiretamente o que não podem comunicar diretamente. Os membros da equipe também podem contar histórias de suas próprias vidas para ajudar seus colegas de equipe a entendê-los, inclusive suas necessidades e medos, que muitas vezes estão envolvidos no conflito. A narração de histórias pode ajudar a aliviar a tensão e ajudar os membros a desenvolver uma compreensão mais profunda uns dos outros.

Cada membro de uma equipe multicultural terá um ou mais estilos preferidos de resolução de conflitos. As linhas gerais desses estilos são aprendidas culturalmente, mas também são moldadas de acordo com a personalidade individual e única de cada pessoa. É importante que os líderes de equipe reconheçam cada uma dessas abordagens como uma tentativa válida de resolver conflitos e que ajudem os membros da equipe a perceber isso também. Os membros da equipe precisarão ajustar seus estilos de gerenciamento de conflitos para se comunicarem de uma forma

---

21 Keith Basso, "Stalking with Stories: Names, Places, and Moral Narratives among the Western Apache", em *Text, Play, and Story: The Construction and Reconstruction of Self and Society*, ed. Stuart Plattner e Edward Bruner (Washington, DC: American Ethnological Society, 1984), 40-41.

que seja compreendida e que tenha menos probabilidade de causar danos aos relacionamentos. Embora seja desconfortável para os membros da equipe fazer esses ajustes, isso é necessário para uma comunicação eficaz.

Os membros da equipe de culturas individualistas e de baixo contexto devem ser incentivados a usar abordagens menos diretas do que as que estão acostumados a usar quando se aproximam de colegas de equipe de alto contexto. Eles devem tentar ajudar seus colegas de equipe coletivistas a manter a face, não os envergonhando em público, prestando atenção ao comportamento não verbal, sendo mais hesitantes no uso da linguagem e usando mais palavras qualificativas, como "talvez" e "possivelmente". Os membros da equipe de culturas coletivistas e de alto contexto devem considerar adaptar sua abordagem e ser mais diretos na comunicação do que seriam com alguém de sua própria origem cultural. Essa abordagem incluirá o uso de mais afirmações do tipo "eu" do que normalmente usariam, a declaração direta de opiniões e sentimentos e o fornecimento de mais feedback verbal aos individualistas do que normalmente forneceriam. Os membros da equipe precisarão ser sensíveis à forma como os outros colegas de equipe se expressam emocionalmente durante o conflito e tentarão ajustar sua própria expressão de emoção de acordo com isso, para que se perceba que estão levando o conflito a sério.

Todos os membros da equipe serão pressionados quando começarem a se envolver em conflitos de maneiras que estão fora de sua zona de conforto. Quando o conflito se intensifica ou parece insolúvel, os membros da equipe precisam estar dispostos a usar métodos desconhecidos de gerenciamento de conflitos, como mediadores e dar presentes aos membros da equipe EDG, como parte do processo de restauração do relacionamento. Também é importante que as emoções sejam reconhecidas e tratadas adequadamente. Também deve haver permissão para que os membros da equipe que estejam lutando com suas emoções se retirem temporariamente para que possam trabalhar suas emoções com Deus e perdoar verdadeiramente quaisquer ofensas percebidas. O perdão superficial que não lida adequadamente com os sentimentos só levará a conflitos contínuos e persistentes. Os líderes devem estar alertas para que isso ocorra na equipe e insistir para que os membros da equipe façam o que for necessário para lidar com seus sentimentos e, em seguida, lidar com a questão que os provocou.

# O PAPEL DO LÍDER DA EQUIPE NA GESTÃO DE CONFLITOS

A primeira coisa que um líder de equipe pode fazer para preparar as equipes para gerenciar bem os conflitos é permitir que cada membro da equipe compreenda seu próprio estilo preferido de resolução de conflitos e o de seus colegas de equipe. É útil que cada membro da equipe esteja ciente de cada um dos cinco estilos de resolução de conflitos descritos na Figura 15 e descubra qual estilo ou estilos ele usa na maioria das vezes. Uma maneira de fazer isso é preencher um dos inventários de estilo de conflito disponíveis on-line.[22] Os membros da equipe também podem usar a figura 16 para discutir as abordagens preferidas de sua cultura em relação ao conflito e as implicações para a gestão de conflitos na equipe. Outra forma de ajudar a equipe a discutir as diferentes abordagens de gerenciamento de conflitos é fazer um exercício de narração de histórias em que cada membro da equipe compartilhe uma história sobre um conflito e como ele foi tratado em sua cultura de origem. A partir dessas discussões iniciais, a equipe pode preparar um esboço de um conjunto de diretrizes que indique como eles gostariam de abordar a gestão de conflitos quando surgirem conflitos na equipe. Quanto mais específicas forem essas diretrizes em termos de medidas concretas que os membros da equipe possam adotar, mais úteis elas serão e mais fácil será revê-las após a ocorrência de um conflito. Trabalhar com um estudo de caso de um conflito específico vivenciado por outra equipe pode ajudar a tornar as questões e os possíveis problemas mais específicos e concretos.

A comunicação é a pedra angular da resolução de conflitos. O líder da equipe deve ser um modelo de comunicação clara e ajudar os membros da equipe a se comunicarem entre si de forma aberta e honesta. O objetivo da comunicação é restaurar relacionamentos. Não importa o estilo de resolução de conflitos usado pelos membros, desde que envolva comunicação. Os membros de culturas de alto contexto geralmente usam e esperam mais comunicação não verbal do que os membros de culturas de baixo contexto, e é importante que os membros da equipe aprendam a "linguagem silenciosa" de seus colegas de equipe. Mas também é vital que a comunicação inclua um componente verbal, especialmente para membros de culturas de

---

22 Um bom exemplo de inventário gratuito de estilos de gerenciamento de conflitos (baseado nos cinco estilos) é o amplamente utilizado Thomas-Kilmann Conflict Mode Instrument. Outra ferramenta muito semelhante que ajuda as pessoas a avaliar seu uso dos cinco estilos é o Rahim Organizational Conflict Inventory.

baixo contexto que valorizam muito as palavras. Deus se comunica com a humanidade tanto verbalmente (por meio dos profetas, dos anjos e da Bíblia) quanto não verbalmente (por meio da criação, do tabernáculo, do templo e do sistema de sacrifício; por meio de milagres, de sua provisão para nós e de sua presença pessoal). Jesus é o exemplo da comunicação de Deus conosco por meio de sua pessoa e de suas palavras - tudo o que ele é, faz e diz. Ele espera que sigamos seu exemplo, fazendo o melhor possível para nos comunicarmos de forma que nossos colegas de equipe tenham maior probabilidade de entender, usando meios verbais e não verbais.

Uma vez que os membros da equipe compreendam seus diferentes estilos preferidos de resolução de conflitos, o líder pode ajudar a equipe a trabalhar para ajustar suas formas de comunicação, de modo que seus colegas de equipe possam ouvir claramente o que estão dizendo e diminuir a interferência de extremos chocantes de expressão emocional e franqueza verbal. Os membros da equipe que entrevistamos enfatizaram a importância de os líderes e membros da equipe ajustarem sua forma de comunicação, comportamento e expectativas ao enfrentarem problemas.

Uma das coisas mais importantes que um líder pode fazer para ajudar uma equipe a se preparar para o conflito é estabelecer um clima de equipe positivo. Criar uma atmosfera em que os membros da equipe se sintam seguros para serem eles mesmos e dizerem o que pensam permite que todos compartilhem livremente e resolvam mal-entendidos e sentimentos. O líder da equipe precisa criar um clima no qual os membros se sintam emocionalmente seguros e livres para discordar uns dos outros. É muito mais provável que os membros da equipe estejam dispostos a compartilhar coisas que os incomodam quando sentem que os outros membros da equipe, inclusive o líder, incentivam a diversidade e não os forçam a adotar a maneira preferida de fazer as coisas de uma cultura.

Outro aspecto fundamental de um clima positivo é a flexibilidade. Ser flexível significa suspender o julgamento e estar aberto à ambiguidade e à complexidade. Uma adesão obstinada às nossas próprias formas culturalmente aprendidas de pensar e se comportar só piorará o conflito. Os líderes de equipe podem ajudar os membros da equipe a serem flexíveis em suas formas de ver as coisas, modelando a flexibilidade por meio da suspensão do julgamento e da paciência de dedicar tempo à equipe para considerar diferentes aspectos das questões que estão sendo discutidas.

Quando a equipe estiver ciente do estilo preferido de resolução de conflitos de cada membro e os membros da equipe tiverem começado a ajustar seus próprios estilos para que sua comunicação seja mais bem compreendida pelos colegas, o líder deve ajudar a equipe a estabelecer algumas diretrizes acordadas em comum sobre como abordar o conflito. Essas diretrizes serão, pelo menos parcialmente, baseadas nos valores acordados pela equipe e devem ser expressas por escrito em uma seção do pacto da equipe que se concentre em como a equipe pretende lidar com conflitos. O processo de ter de concordar com o que será escrito ajuda a equipe a articular clara e especificamente o que considera importante. Um líder em nosso estudo descobriu que deixar essas diretrizes acordadas muito claras ajudou a equipe a evitar problemas relacionados a salvar a face, porque todos eram donos das decisões sobre como abordar o conflito. As diretrizes precisam ser discutidas e acordadas pela equipe, mas podem incluir declarações como as seguintes:

> Comprometemo-nos a nos comunicar de forma aberta, honesta, simples e clara uns com os outros sobre nossos pensamentos e sentimentos, usando declarações do tipo "eu" sempre que possível, em vez de "você", e usando linguagem concreta em vez de abstrata o máximo possível (Josué 22).
>
> Concordamos em ouvir ativamente nossos colegas de equipe para entender o que eles estão pensando e sentindo, do que precisam e do que têm medo. Daremos a todos os membros da equipe oportunidades frequentes de nos dizer o que estão fazendo, pensando e sentindo (Tg 1:19).
>
> Faremos tudo o que pudermos para confiar, respeitar e pensar o melhor uns dos outros (Fp 4:8,9). Isso significa que também evitaremos comentários divisivos e fofocas, falaremos de forma a edificar a outra pessoa e verificaremos diretamente com os colegas de equipe se tivermos ouvido rumores sobre eles (Ef 4:29).
>
> Quando percebemos que podemos ter um conflito com um colega de equipe, nós
>
> - Pedir ao Senhor que revele qualquer atitude errada, rancor ou comportamento em nós mesmos e lidar com isso (Mt 7:1-5);
> - Peça ao Senhor que nos ajude a perdoar a outra pessoa em nosso coração (Lucas 17:3,4; Colossenses 3:13);
> - Aproxime-se deles para conversar sobre o problema e não permita que o relacionamento se deteriore (Mt 18:15);
> - Afirme a outra pessoa e ouça-a com atenção (Tg 1:19);

- Identificar áreas de concordância e discordância e explorar opções para resolver o conflito (Ef 4:15);
- Comprometer-nos a fazer tudo o que pudermos para nos reconciliarmos com eles, inclusive estarmos dispostos a adotar o estilo de gerenciamento de conflitos preferido da cultura deles. (Acrescente aqui as abordagens culturais específicas dos membros da equipe em relação ao conflito que foram identificadas nas discussões da equipe - por exemplo, pedir "desculpas" aos norte-americanos, fazer uma refeição com os coreanos).

Se não conseguirmos resolver o conflito por meio da comunicação com nossos colegas de equipe, pediremos a ajuda de um mediador (cf. Atos 9:26-28). Concordamos em fazer isso o mais rápido possível (por exemplo, dentro de dois dias após a conversa com nossos colegas de equipe) para que os relacionamentos não tenham tempo de se deteriorar ainda mais.

Como equipe, concordamos que a restauração de relacionamentos é uma das principais prioridades da nossa equipe. Quando ocorre um conflito, sua resolução tem prioridade sobre as atividades programadas da equipe. Isso significa que, se os colegas de equipe estiverem em conflito, o fato de se reunirem para resolver o problema é mais importante do que participarem de uma reunião regular da equipe ou realizarem alguma outra atividade da equipe.

Essas diretrizes são orientadas para lidar de forma construtiva com os conflitos com base no compromisso de preservar os relacionamentos, reconciliar-se quando houver um conflito e comunicar-se de forma clara e aberta. Essa é a ênfase do Novo Testamento com relação ao conflito nos relacionamentos. Uma vez que a equipe tenha um conjunto claro de diretrizes, o líder da equipe deve manter todos responsáveis por elas à medida que lidam com os conflitos.

Os líderes de equipe devem fazer o possível para prever conflitos e lidar com os problemas antes que eles se agravem. Eles devem tentar reconhecer os primeiros sinais de que um conflito pode estar se formando, como quando os membros da equipe começam a reclamar com mais frequência ou a se opor à sua liderança. O líder da equipe deve estar especialmente atento a possíveis conflitos quando alguém da equipe estiver com problemas sérios na vida e no ministério, quando uma grande mudança estiver pendente ou quando houver um problema antigo que não tenha sido resolvido. Quando um membro da equipe parece não estar contribuindo para a equipe ou para sua tarefa, os outros membros da equipe podem ficar irritados. Nessa situação, o líder da equipe deve abordar esse problema logo no início, conversando com o membro da equipe envolvido para explorar as questões com as quais ele pode estar lutando e tentar ajudar a resolvê-las. Os entrevistados em nosso estudo disseram que é importante "tentar resolver os problemas imediatamente" e que o líder precisa "cortar o mal pela raiz". Um entrevistado disse,

> Se você acha que há algo errado, provavelmente há, e você provavelmente não sabe o que é, especialmente se estiver em um ambiente incomum ou se tiver alguém que talvez não saiba que está ofendendo. Você provavelmente diria: "Ah, isso é por causa da cultura. Eu não falaria com eles sobre isso. Não sei como fazer isso". Bem, você tem que encontrar uma maneira.

Abordar o conflito logo no início significa que, quando dois ou mais membros da equipe parecem estar em conflito, o líder da equipe deve incentivar os membros da equipe a conversarem entre si. Ele também pode precisar se reunir com os membros que estão em conflito e ajudar a esclarecer e resolver problemas ou mal-entendidos. Os líderes de equipe precisam ser sensíveis e ter tato ao fazer isso. Isso pode levar muito tempo, mas é um investimento fundamental para a saúde da equipe. Os líderes também precisam ser sensíveis ao ambiente em que levantam as questões com os membros da equipe. Eles devem fazer tudo o que puderem para garantir que os membros da equipe se sintam confortáveis, relaxados e seguros.

As mensagens não-verbais comunicadas pelo local e horário em que o líder conversa com os membros da equipe sobre questões delicadas têm o potencial de fazer com que a pessoa se sinta aceita e à vontade ou de fazê-la se sentir muito desconfortável. Os membros da equipe do Leste e Sudeste Asiático podem gostar especialmente de serem convidados para uma refeição como cenário para falar sobre algo difícil. Uma refeição transmite cuidado, preocupação com a pessoa, respeito e desejo de conhecê-la melhor, além de ser uma oportunidade de conversar com ela sobre como está se saindo, sua família e muitos outros assuntos. Após a refeição, é um bom momento para levantar gentilmente a questão relacionada ao conflito.

O próprio comportamento do líder da equipe em conflitos funciona como um modelo vital que pode ajudar a equipe a lidar com conflitos. Ser acessível e acolhedor com os membros da equipe é uma parte vital desse exemplo e um poderoso incentivo para que os membros da equipe se abram uns com os outros. Os entrevistados em nosso estudo enfatizaram o valor da acessibilidade do líder da equipe para permitir que os membros da equipe levantem preocupações e conversem sobre os problemas. Um membro da equipe comparou líderes acessíveis e inacessíveis:

> Sei que, em muitos casos, quando há conflitos ou problemas, se o líder da equipe for acessível, isso faz uma grande diferença, e os membros da equipe sentem que podem resolver os problemas porque sabem que o líder da equipe não se importa de ser abordado. Outros líderes de equipe que já vi .... Suas vidas ocupadas quase dizem: "Não me incomodem com mais nada".

Outros aspectos importantes da modelagem do líder incluem perdoar os membros da equipe, pedir perdão a eles, morrer para si mesmo e limitar a expressão de frustração. Uma entrevistada admirava seu líder de equipe porque ele estava pronto para pedir perdão quando magoava os outros. Se o líder da equipe for acessível e perdoador, os membros da equipe se sentirão seguros para levantar questões com o líder e confessar comportamentos inadequados. Um entrevistado achava que "a menos que você tenha um coração de perdão, terá conflitos o tempo todo". Os líderes também precisam morrer para si mesmos, deixando de lado preconceitos, ideias e valores que os impedem de trabalhar de forma eficaz com a equipe. Isso pode exigir que o líder abra mão de algo precioso de sua herança cultural, como, por exemplo, um líder norte-americano que aprende a tolerar que os membros da equipe cheguem atrasados às reuniões. Por fim, o líder deve trabalhar para administrar a expressão de suas emoções, especialmente a frustração e a raiva, de modo que a expressão emocional descontrolada não prejudique os membros da equipe, não feche as portas para a comunicação futura e não prejudique os relacionamentos.

A fase de tempestade da vida da equipe é caracterizada por conflitos mais frequentes e intensos do que em outros momentos. O líder da equipe deve estar preparado para a transição da fase de formação, quando os membros estão tipicamente otimistas e em seu melhor comportamento. A tempestade geralmente ocorre no primeiro ano de vida de uma equipe. Durante a tempestade, os membros da equipe geralmente sentem insatisfação, pois suas esperanças e sonhos para a vida da equipe são ameaçados pela realidade, e eles sentem tensão em relação ao quanto devem se doar à equipe e fundir sua identidade individual com a identidade da equipe. Existem tipos saudáveis e não saudáveis de tempestades. O objetivo do líder da equipe nessa fase é ajudar a equipe a lidar com os conflitos de forma saudável, de modo que os relacionamentos permaneçam bons e as normas para a vida em equipe sejam estabelecidas. Os líderes de equipe podem ajudar suas equipes a superar as tempestades permitindo que os membros reconheçam que as tempestades são uma parte normal do desenvolvimento da equipe, esperando e acolhendo os membros da equipe para que expressem suas expectativas sobre a vida e o trabalho da equipe, agendando reuniões frequentes da equipe com momentos para discutir ideias, tornando a comunicação aberta e contínua uma prioridade e organizando sessões de "esclarecimento" para os membros da equipe em conflito.

Os líderes de equipe podem precisar encontrar um mediador quando um conflito não puder ser resolvido ou quando eles próprios estiverem profundamente envolvidos no conflito. Quando dois ou mais membros da equipe estão envolvidos em um conflito e não conseguem resolvê-lo, é importante que o líder da equipe se ofereça para atuar como mediador a fim de permitir que as pessoas em conflito interajam entre si. Se o líder da equipe não conseguir resolver o problema ou estiver pessoalmente envolvido, talvez seja necessário contratar uma pessoa de fora da equipe para atuar como mediador. Um mediador, atuando como uma pessoa externa ao conflito, pode trazer uma perspectiva útil para as questões, já que os envolvidos nem sempre as veem claramente.

Além de criar uma comunidade de equipe saudável, pode ser útil para a equipe negociar um acordo de equipe em conjunto. O processo de concordar com o pacto pode ser tão ou mais importante do que o próprio documento. Nos primeiros meses de uma equipe multicultural, esse documento precisa ser flexível, pois não é possível para os membros da equipe prever todas as possibilidades de cenários que causarão conflitos na equipe e como eles reagirão. O pacto deve ser preparado durante a formação da equipe e usado no debriefing após a resolução de cada conflito.

Como parte do processo de preparação do pacto, as equipes devem discutir as expectativas de cada membro em relação à equipe e à liderança e as suposições sobre como a equipe funcionará. As perguntas para ajudar a equipe a fazer isso são fornecidas no Apêndice 2. A equipe também precisa definir como planeja trabalhar em conjunto para resolver problemas e tomar decisões. O processo acordado pela equipe para a administração de conflitos, resultante de discussões relacionadas a diferentes abordagens culturais para a resolução de conflitos, também deve ser incluído. Nos estágios iniciais da vida da equipe, o pacto da equipe também deve ser revisado após cada incidente de conflito da equipe para verificar se precisa ser modificado. O processo de preparação e aperfeiçoamento do pacto é uma oportunidade para a equipe desenvolver ainda mais sua capacidade de trabalhar com conflitos e tomar decisões em conjunto.

CAPÍTULO 8

# QUALIDADES DE CARÁTER A SEREM CULTIVADAS

Em nosso trabalho de treinamento de equipes missionárias, procuramos recursos para ajudar os líderes de equipes com dificuldades. Encontramos muitas ferramentas úteis voltadas para equipes monoculturais e, principalmente, norte-americanas, mas muito poucas foram projetadas para lidar com a complexidade das equipes multiculturais. Os poucos recursos disponíveis eram, em sua maioria, baseados em opiniões e não em pesquisas.

Para atender a essa necessidade, decidimos descobrir o que os supervisores, líderes e membros de equipes multiculturais consideravam as características e competências essenciais dos líderes de equipes multiculturais. Queríamos criar um perfil de um bom líder de equipe multicultural que pudesse ser usado para ajudar a selecionar e treinar líderes de equipes multiculturais, e queríamos que esse perfil refletisse a experiência real dos líderes e membros de equipes que trabalham em equipes multiculturais e incorporasse suas opiniões.[1]

Começamos analisando a literatura sobre equipes e organizações multiculturais. Em seguida, realizamos grupos focais com cinquenta membros de equipes de organizações multiculturais, perguntando-lhes o que consideravam características e competências de bons líderes de equipes multiculturais.[2] Essa lista de características e competências dos

---

[1] Evelyn Hibbert, "Identifying Essential Characteristics and Competencies of Good Multicultural Team Leaders: A Pilot Study" (dissertação de doutorado, University of New England, 2010).

[2] Membros de três organizações grandes e altamente multiculturais da Austrália participaram desses grupos.

grupos focais foi comparada com um perfil de liderança desenvolvido a partir da pesquisa com mais de cem líderes de uma agência missionária internacional[3] e com as características e competências da literatura sobre liderança de equipes. Essa comparação e análise levaram a uma lista composta de mais de 50 características e competências de bons líderes de equipes multiculturais. Em seguida, entrevistamos 51 supervisores, líderes e membros de equipes - todos eles já haviam trabalhado ou estavam trabalhando atualmente em uma equipe multicultural - para refinar ainda mais essa lista. A maioria dos nossos entrevistados era de agências missionárias cristãs,[4] mas também incluímos algumas pessoas de organizações seculares que tinham equipes multiculturais. Os entrevistados vieram de 18 origens culturais diferentes e trabalharam com uma média de cinco culturas diferentes representadas em suas equipes. Coletivamente, os entrevistados haviam trabalhado com pessoas de setenta e cinco culturas diferentes.

Os entrevistados foram solicitados a classificar a importância de cada um dos itens da lista e, em relação às cinco características que consideravam mais importantes, explicar o que entendiam por essa característica e dar exemplos concretos dessa característica em sua própria experiência. Também foi solicitado que acrescentassem outras características de líderes de equipe que não estivessem na lista. Depois de analisar as respostas, conseguimos desenvolver uma lista refinada de características e competências de um bom líder de equipe multicultural. Adaptamos essa lista em um Inventário do Líder de Equipe Multicultural que pode ser usado pelos líderes e membros da equipe para avaliar o desempenho do líder. Esse inventário encontra-se no Apêndice 3.

As características e competências de bons líderes de equipes multiculturais são descritas neste capítulo, usando as palavras dos líderes e membros da equipe que entrevistamos, tanto quanto possível, neste e no próximo capítulo. Este capítulo concentra-se nas qualidades de caráter do líder de equipe multicultural - o que o líder precisa ser. O Capítulo 9 descreve as competências dos bons líderes de equipes multiculturais - o que eles precisam ser capazes de fazer.

---

3 Líderes da WEC International, uma agência missionária internacional e interdenominacional, que na época tinha cerca de 1.700 membros de mais de cinquenta países trabalhando em mais de setenta países.

4 Os entrevistados vieram de várias agências missionárias internacionais, incluindo SIM, World Team, OM, CMS e WEC International.

## O CARÁTER É, EM ÚLTIMA ANÁLISE, MAIS IMPORTANTE DO QUE A COMPETÊNCIA

As qualidades de caráter tiveram mais destaque do que as competências, tanto nas respostas dos entrevistados quanto na literatura. As competências ainda são importantes, mas o caráter é, em última análise, fundamental. A competência pode ser aprendida no trabalho, conforme necessário, enquanto o caráter geralmente leva muito mais tempo para ser desenvolvido. Uma implicação importante para as organizações é que o caráter, e não a competência, é a primeira área a ser observada na seleção de pessoas para a liderança de equipes.

O caráter é desenvolvido por meio da experiência de vida, não em salas de aula. O caráter leva tempo para se desenvolver e requer exposição a bons modelos de comportamento. O desenvolvimento do caráter requer disposição para mudar atitudes e abordagens profundamente arraigadas na vida, abertura para que o Espírito Santo nos dê uma visão de outras culturas e uma abertura disciplinada para receber feedback de outras pessoas sobre como nos relacionamos e respondemos a elas. Quando estamos em situações de alto estresse, mesmo que tenhamos aprendido a reagir bem aos outros em condições normais, muitas vezes voltamos a atitudes e formas de comportamento menos maduras. Como as equipes multiculturais costumam ser estressantes, isso significa que geralmente respondemos menos bem aos outros do que em uma situação monocultural.[5] Em uma equipe multicultural, portanto, precisamos aprender a nos controlar quando estamos sob estresse e a pedir perdão quando nos comportamos de forma a causar problemas para os outros.

As competências, em contraste com as qualidades de caráter, são habilidades. Isso significa que é possível treinar as pessoas para desenvolvê-las, mesmo que sejam complexas e difíceis. Com as qualidades de caráter corretas, os líderes de equipes multiculturais desejarão trabalhar e estarão dispostos a perseverar no desenvolvimento dessas habilidades e serão mais capazes de buscar o perdão quando cometerem erros ou ofenderem os membros da equipe.

---

5 Mitchell Hammer, "Solving Problems and Resolving Conflict Using the Intercultural Conflict Style Model and Inventory", em *Contemporary Leadership and Intercultural Competence: Exploring the Cross-cultural Dynamics within Organizations*, ed., Michael Moodian (Los Angeles: Soodian), 221.

Uma das tarefas mais importantes do líder é desenvolver um "saldo bancário emocional" positivo na equipe. Uma conta bancária emocional é "uma metáfora que descreve a quantidade de confiança que foi construída em um relacionamento. É a sensação de segurança que você tem com outro ser humano".[6] Fazemos depósitos em uma conta bancária emocional com outra pessoa por meio da expressão de qualidades como compaixão, bondade, humildade, gentileza e paciência (Colossenses 3:12). Em uma equipe, o saldo bancário emocional refere-se ao grau de confiança que cada membro da equipe tem uns nos outros e, principalmente, no líder. Quando o saldo do banco emocional de uma equipe é positivo e alto, isso significa que houve um forte investimento nos relacionamentos. Quando as coisas dão errado ou os membros da equipe são prejudicados, é mais fácil para eles perdoar porque construíram um nível de confiança e cuidado uns com os outros. Esse tipo de construção de relacionamento requer boas habilidades de comunicação, mas, mais do que isso, requer as qualidades de caráter que permitem ao líder se envolver com os outros, preocupar-se genuinamente com eles, buscar o melhor para eles e construir confiança.

## QUAIS SÃO AS QUALIDADES DE CARÁTER DE UM BOM LÍDER DE EQUIPE MULTICULTURAL?

Liderar uma equipe multicultural é uma tarefa exigente, e nem todos estão convencidos de que o esforço vale a pena. Além de ser exigente, as equipes multiculturais levam mais tempo para serem formadas e enfrentam mais conflitos do que as equipes monoculturais. Diante desses desafios, os líderes de equipes multiculturais precisam estar convencidos de que vale a pena o esforço de tentar formar uma equipe multicultural e estar convencidos o suficiente para perseverar quando as coisas ficarem difíceis. Por esse motivo, a primeira qualidade de caráter do Multicultural Team Leader Inventory é uma medida da convicção do líder de que vale a pena trabalhar em equipes multiculturais.

As próximas duas qualidades de caráter listadas no Inventário - um amplo conhecimento de outras culturas e um conhecimento específico das culturas representadas na equipe - foram discutidas nos capítulos 2 e 3. Uma quarta qualidade do Inventário - o compromisso de trabalhar com conflitos para chegar a uma solução - é descrita no capítulo 7. As qualidades de caráter restantes são descritas aqui.

---

6 Covey, *7 Habits*, 188.

## Uma atitude positiva em relação a outras culturas

As pessoas são muito sensíveis a atitudes negativas em relação a elas e são rápidas em reconhecer se os líderes de equipe têm um problema com sua cultura ou com outras culturas. Ter uma atitude positiva não significa assumir ingenuamente que tudo é bom em relação a uma determinada cultura, mas significa ter uma orientação autêntica e positiva em relação a ela, o que será demonstrado por meio do desejo contínuo de aprender mais sobre essa cultura e de ser respeitoso com as frustrações. Vários de nossos entrevistados acharam que o modo como os líderes de equipe falavam sobre outras culturas era um indicador de como esses líderes reagiriam às suas culturas.

Quando os líderes têm uma atitude positiva em relação a outras culturas, eles intencionalmente procuram aspectos positivos em situações em que as diferenças culturais estão causando problemas. Um supervisor deu o exemplo de um membro da equipe mais consultivo que constantemente não cumpria os prazos organizacionais. O líder da equipe reconheceu os aspectos positivos da abordagem consultiva desse membro da equipe, o que facilitou para o líder encontrar maneiras de contornar o problema.

Ter uma atitude positiva não significa fingir que os líderes acham que tudo o que veem ou vivenciam é bom. Um líder de equipe explicou:

> Isso não significa que você tenha que gostar de tudo o que há na outra cultura ou na outra pessoa. Por experiência própria, acho que às vezes as pessoas pensam que, ingenuamente, é preciso gostar de tudo ou de todos, mas não acho que isso seja real, normal ou mesmo possível, mas acho que você pode se orientar positivamente em relação à cultura de outra pessoa, e isso tem de ser autêntico. Se os membros da equipe acharem que o líder adora tudo em um determinado grupo de pessoas e que tudo o que elas fazem é ótimo, isso não é realista e as pessoas não o seguirão. Acho que o líder tem de ser autêntico, e ter uma atitude positiva não exclui a possibilidade de ser respeitoso e verdadeiro em relação às suas frustrações.

No entanto, os líderes de equipe devem ter cuidado com a forma como falam sobre outras culturas, especialmente quando fazem piadas. Mesmo uma coisa pequena, como fazer um comentário sobre um sotaque, pode expressar o que é percebido como uma atitude negativa e dificultar muito o funcionamento da equipe. Um supervisor comentou,

Os membros da equipe percebem como você conta histórias sobre outras culturas quando faz uma visita como líder. Pode ser que você conte uma piada ou algo sobre outra cultura que nem mesmo está representada na equipe, mas as pessoas percebem: "Ah, é assim que ele pensa sobre as culturas, então nunca saberei como ele pensa sobre a minha cultura".

Quando uma equipe está trabalhando de forma intercultural, os líderes podem se esforçar para ser positivos em relação à cultura anfitriã, mas deixar de ser positivos em relação às culturas da equipe. Uma maneira de superar isso é comprometer-se a continuar aprendendo e encontrando aspectos a serem apreciados nas outras culturas da equipe.

## Humilde

A humildade foi descrita pelos entrevistados principalmente em termos de coisas que o líder humilde não faz. Os líderes humildes não se elevam sobre os membros ou os alienam, não acham que sabem tudo, não exigem que os outros os sigam e não são "arrogantes, condescendentes e prepotentes".[7] Os líderes humildes não se sentem ameaçados por pessoas da equipe que têm opiniões diferentes. Eles não se assustam com o fato de as pessoas da equipe quererem experimentar coisas que são diferentes da política.

O lado positivo é que, por não presumirem que sabem tudo, os líderes humildes estão sempre aprendendo e tentando entender os outros. Eles consultam outras pessoas, ouvem o que os outros dizem e perguntam aos membros da equipe o que eles acham que seria melhor fazer em diferentes situações. Um membro da equipe descreveu um líder de equipe humilde como

> uma pessoa [que] não tem nada a defender ou nada a esconder ou nada a provar, estará disposta a ouvir, aceitar as coisas e cometer erros e ainda assim continuar e pedir perdão... .
> Não se trata de se colocar à frente, mas de dar espaço a muitas maneiras diferentes de viver, de lidar com as coisas e de resolver os problemas.

Parte da humildade, de acordo com os membros da equipe, era que seus líderes se tornavam vulneráveis. Os líderes humildes têm o cuidado de ouvir as preocupações e certificar-se de que entendem o que os membros da equipe estão dizendo, mesmo quando se sentem atacados. Isso significa que os líderes humildes não se sentem ameaçados pelas

---

7 Os entrevistados individuais não são identificados para preservar seu anonimato.

reações dos membros da equipe. Os líderes humildes ficam relaxados quando são desafiados e são capazes de "receber os membros da equipe em seu coração" sem se preocuparem consigo mesmos. Um líder de equipe humilde não coloca seus próprios interesses em primeiro lugar, mas, de acordo com um membro da equipe, "está pronto para ser magoado e pede nossas ideias sobre as coisas ou opiniões e quer ouvir, ... [não] se defende rapidamente, mas é capaz de se sentir à vontade para falar com os outros. [Não se defende rapidamente, mas é paciente o suficiente para esperar, perguntar e descobrir o que queremos dizer".

Os líderes humildes são capazes de trabalhar com a "base" e nem sempre convivem com pessoas mais poderosas. O fato de se sentirem à vontade para trabalhar com pessoas da "base" significa que os líderes não se consideram superiores. Vários entrevistados foram rápidos em apontar que ser humilde como líder não significa, entretanto, que eles não sejam capazes de confrontar. Um líder pode ser corajoso e humilde ao mesmo tempo. Os líderes humildes ainda precisam ter a coragem de confrontar os membros da equipe quando necessário.

## Paciente

Em equipes multiculturais, a complexidade de se relacionar com culturas e idiomas diferentes significa que leva mais tempo para se comunicar, garantir a compreensão, tomar decisões e obter resultados. Isso exige que o líder seja paciente. Um líder enfatizou o fato de que, ao trabalhar com pessoas de culturas diferentes, é preciso ter paciência,

> [As pessoas irão mais devagar do que você. As pessoas levarão tempo para tentar entender a direção que você quer seguir e, em alguns casos, a direção que você quer seguir está em desacordo com a herança cultural delas. Portanto, as coisas ou conquistas que você deseja alcançar levarão duas ou três vezes mais tempo do que se estivessem em sua própria cultura.

Outro líder deu mais detalhes sobre o que significa ser paciente ao trabalhar com pessoas de culturas muito diferentes:

> A paciência é, na verdade, um dado importante no contexto de uma equipe multicultural, simplesmente porque... há muitas culturas diferentes que são muito, muito caladas por natureza e não gostam de falar quando não entendem alguma coisa, então, às vezes, é preciso ser muito paciente e explicar as coisas também. E se eles não entenderem ou tiverem uma

barreira de idioma, ou se não entenderem totalmente o tom em que você está falando ou as palavras que está usando, você realmente tem que demonstrar muita paciência para garantir que eles entendam.

Um supervisor explicou que é necessário ter paciência porque, às vezes, a resolução de problemas pode levar anos:

> Um dos grandes problemas se arrastou por vários anos. Portanto, não se trata de uma questão de uma semana ou de um mês. Pode ser um processo longo. Deus está levando as pessoas em uma jornada. É um processo para elas. Não se pode apressar isso. As pessoas não estão prontas para fazer certas coisas. É preciso esperar.

## Pronto para ouvir e acessível

Muitos membros e líderes de equipe enfatizaram a importância de os líderes de equipes multiculturais estarem prontos para ouvir. Estar pronto para ouvir significa atrair os outros, ir até os membros da equipe, ser curioso, fazer perguntas para entender melhor e verificar se o que foi ouvido era o que realmente se queria dizer, além de realmente querer ouvir as respostas. Significa esperar pacientemente para ter certeza de que os membros da equipe terminaram de dizer o que queriam dizer. Inclui ouvir os sentimentos e entender o estado emocional dos membros da equipe.

Ouvir envolve uma abertura real do líder para a possibilidade de diferentes maneiras de fazer as coisas. Significa ter um coração aberto para ouvir a origem dos membros da equipe e o que eles pensam sobre as coisas. Ouvir envolve não apenas deixar que os outros falem, mas ativamente atraí-los, de maneiras culturalmente sensíveis, e certificar-se de que você está ouvindo claramente o que a outra pessoa está tentando comunicar. Significa fazer com que os membros da equipe se sintam confortáveis e relaxados, não apenas por meio de palavras, mas também de forma não verbal, para que os membros da equipe se sintam "em casa". Significa ter uma maneira de convidar perguntas e expressar disponibilidade. Um membro da equipe disse o seguinte:

> Em um ambiente multicultural, as pessoas compartilham, e as ideias expressas por diferentes culturas sempre são transmitidas de maneiras diferentes. Acho que percebi que um bom líder multicultural é capaz de ouvir atentamente as ideias de outras culturas e fazer com que as pessoas de outras culturas se sintam à vontade e bem-vindas para compartilhar.

Estar pronto para ouvir não se trata apenas de ouvir as palavras que as pessoas dizem. Ouvir envolve um desejo genuíno de entender a pessoa, seu histórico, seus sentimentos, seu estado emocional atual, sua cultura e quem ela é. Isso envolve dedicar tempo além da conversa imediata. Trata-se de transmitir respeito e valor. Os entrevistados esperavam que seus líderes demonstrassem curiosidade e fizessem muitas perguntas sobre si mesmos. Um jovem membro da equipe esperava que seu líder avaliasse como ela se encontrava como indivíduo, em termos de seu estágio de vida, os problemas que estava tendo e como isso poderia afetar seu trabalho na equipe. Um supervisor falou sobre a importância de passar um tempo com cada membro da equipe "para perguntar a ele sua história" e aprender sobre "sua família, seu passado e quem ele é" e depois continuar a desenvolver esse relacionamento. Um membro da equipe reforçou isso referindo-se ao exemplo positivo de seu líder: "Eu me senti respeitada pela minha líder porque ela dedicou tempo para ouvir minhas experiências, para ouvir minhas experiências de fundo, experiências do passado e do presente, e essa escuta parecia não ter fim, e com isso eu me senti valorizada e realmente apreciei isso."

Mesmo quando os líderes de equipe têm mais experiência do que os membros da equipe, eles precisam deixar de lado suas próprias preferências e ouvir as sugestões e contribuições dos membros da equipe. Uma líder de equipe descreveu um incidente em que precisou conversar com os membros da equipe e pedir-lhes que a ajudassem a entender o que estava acontecendo. Embora isso não tenha resolvido o problema imediatamente, ela disse: "Várias vezes eles disseram o quanto gostaram de serem ouvidos e de alguém tentar entender as coisas do ponto de vista deles, em vez de tentar obter resultados".

Estar pronto para ouvir significa que o líder é acessível, e isso está relacionado à maneira de agir do líder. Um líder acessível não parece estar muito ocupado e oferece tempo livre aos membros da equipe. Os membros da equipe precisam sentir que é "fácil perguntar qualquer coisa ao líder". Um supervisor explicou que ser acessível envolve "como nos portamos" e ter "um rosto amigável".

Um supervisor descreveu uma crise que resultou em grande sofrimento e divisão, mas que foi revertida em um período muito curto de tempo por meio da escuta gentil e silenciosa dos novos líderes. Devido à sua acessibilidade, o membro da equipe que estava lutando no centro da crise "sentiu-se capaz de desabafar com eles e compartilhar seu coração com eles, o que levou a uma boa resolução". A acessibilidade do líder é essencial para resolver conflitos e solucionar problemas na equipe. Ela proporciona segurança aos membros da equipe, pois eles sabem que podem resolver seus problemas.

## Sempre aprendendo

Um bom líder de equipe multicultural está sempre aprendendo, conversando com as pessoas e lendo. Os bons líderes de equipes multiculturais demonstram esse aprendizado contínuo fazendo perguntas e deixando que os outros saibam que as perguntas são bem-vindas. Eles também estão dispostos a experimentar coisas novas e novas maneiras de fazer as coisas. Vários membros da equipe afirmaram que as pessoas estão mais dispostas a ouvir os líderes que aprendem do que os líderes que acham que sabem tudo.

Três supervisores enfatizaram a importância de o líder continuar lendo. Um deles comentou que bons líderes de equipes multiculturais estão sempre aprendendo em várias disciplinas. Eles leem amplamente e sua amplitude de aprendizado se reflete em suas conversas. Um membro da equipe observou que os líderes que ele viu serem mais sensíveis a outras culturas são aqueles que leem sobre outras culturas e estão sempre tomando conhecimento delas. Outro supervisor também achava que era necessário continuar lendo novos livros, refletindo sobre eles e aplicando as percepções obtidas. Ela viu isso como uma forma de ajudar a manter sua mente aberta.

O fato de ser um aprendiz contínuo está associado à sensação de ter muito mais a aprender, o que é o oposto da arrogância ou da suposição de que o líder sabe o que é melhor. Dois supervisores reconheceram com pesar que a experiência e os estudos mais recentes os ajudaram a perceber os erros que haviam cometido no passado ao se relacionarem com pessoas de outras culturas. Um líder disse que ainda tinha muito a aprender, mesmo depois de décadas de trabalho e anos de estudo. Quanto mais os líderes tinham experimentado, menos eles achavam que sabiam.

## Pronto para experimentar novas maneiras de fazer as coisas

Os líderes bem-sucedidos em equipes multiculturais têm a mente aberta e estão abertos a novas experiências. Eles têm uma atitude de abertura e apreciação dos valores e práticas dos outros e uma disposição para experimentar maneiras diferentes de fazer as coisas. Eles criam uma cultura de abertura e exploração e incentivam a criatividade. São curiosos, não julgam, estão dispostos a correr riscos, são flexíveis e são bons em pensar de novas maneiras.

Um líder de mente aberta dá a impressão aos membros da equipe de que sua opinião será aceita, e isso faz com que os membros da equipe se sintam confortáveis. Um membro da equipe elaborou:

> Se eu achar que essa coisa específica deve ser feita dessa maneira e alguém vier de uma cultura diferente que possa fazer isso de forma diferente, tenho que estar pronto para ouvir a pessoa, aceitá-la e ouvir os motivos, porque talvez o que a pessoa esteja dizendo seja verdade; talvez seja uma maneira melhor de fazer isso.

Estar disposto a experimentar coisas novas requer um contexto de equipe seguro no qual se possa explorar novas ideias e estar aberto a cometer erros. Os erros são inevitáveis, mas é possível aprender com eles. Um líder enfatizou que cometer erros é inevitável ao tentar coisas novas, mas também é uma parte essencial do crescimento pessoal. Para tentar coisas novas, os líderes de equipe precisam estar dispostos a assumir o risco de que a equipe cometa erros.

Quando novas ideias ou maneiras de fazer as coisas são reprimidas, os membros da equipe podem não querer continuar trabalhando juntos. É importante que os membros da equipe "se sintam seguros, que possam dizer: 'Olha, eu tive essa nova ideia' e não sintam que isso pode ser jogado fora desde o início. Nós apreciamos isso". Um membro da equipe falou sobre o sentimento negativo que teve como resultado da falta de vontade do líder de sua equipe de tentar coisas novas ou de ouvir algo novo. Ela se submeteu à liderança dele, mas queria ir embora e não se sentia mais segura para dizer o que pensava.

## Respeitar os outros, independentemente do histórico

Bons líderes respeitam os membros da equipe independentemente de sua origem cultural ou função na equipe. Os entrevistados disseram que isso requer paciência, mente aberta e flexibilidade por parte do líder. Isso também significa que os líderes devem investir tempo ouvindo as histórias dos membros da equipe e aprendendo a entendê-las, valorizando-os intencionalmente como indivíduos e reconhecendo suas habilidades e qualificações profissionais. O líder também deve estar disposto a aprender com os membros da equipe.

O líder que respeita os outros, independentemente de suas origens culturais, ajusta sua abordagem de acordo com os valores e as expectativas inerentes a essas origens. O líder demonstra respeito ao estar disposto a adotar maneiras diferentes de fazer as coisas. Embora não seja sustentável que o líder atenda às expectativas de todos o tempo todo, ainda é importante que, ao interagir com os indivíduos da equipe, ele demonstre disposição para ser sensível às suas origens culturais. O desafio para o líder de equipe multicultural é conseguir equilibrar de forma justa os ajustes para cada membro da equipe sem comprometer os relacionamentos e o funcionamento da equipe como um todo. O bom líder de equipe multicultural permite que sua equipe não apenas aceite as diferenças, mas também trabalhe com elas.

Um líder recomendou fazer um "investimento de respeito" nos membros da equipe. Isso significa dedicar tempo para entender melhor os membros da equipe e estar disposto a ajustar a abordagem para se adequar melhor ao histórico deles. Significa também estar disposto a permitir que diferentes membros da equipe façam as mesmas coisas de maneiras diferentes. Respeito significa honrar os membros da equipe, ser tolerante com eles e paciente ao interagir com eles.

Os membros da equipe sentiram que os bons líderes evitavam estereotipar as pessoas de acordo com sua formação cultural e reconheciam que os indivíduos diferiam dentro dos grupos culturais. Um membro da equipe deu um exemplo de sua vida em equipe em que a equipe precisou trabalhar com um muçulmano. As pessoas da equipe ficaram muito paranóicas com base nos estereótipos que tinham dos muçulmanos. Quando finalmente perceberam o que estavam fazendo, falaram sobre seus medos e conseguiram reconhecê-los e superá-los. Outro exemplo vem de um supervisor que relatou sua experiência de interação com coreanos de duas gerações diferentes e como suas suposições sobre os coreanos baseadas em uma geração não se aplicavam à outra. Ele ficou muito frustrado até perceber que o estereótipo que havia criado em sua mente não era apropriado. Ele ressaltou que a maneira de superar essa tendência ao estereótipo é aprender continuamente sobre outras culturas. Outro líder comentou que o estereótipo surge de expectativas baseadas em experiências anteriores e que a única maneira de superar isso é tratar todos individualmente. Um supervisor expressou isso da seguinte forma:

> Uma das coisas que tentamos fazer foi não apenas reconhecer as diferentes culturas, mas, mesmo dentro das culturas, tentar

não colocar todos os membros juntos, como se disséssemos: "Então, agora eu entendo todos os australianos, agora eu entendo todos os holandeses". Cada um traz sua própria bagagem ambiental, experiências, estilos de personalidade, além de generalidades culturais.

Outro aspecto do respeito é a imparcialidade. Os líderes de equipe precisam ser justos na forma como se relacionam com os membros da equipe. Os membros da equipe são sensíveis a qualquer variação na forma como os líderes expressam que se importam ou respeitam os diferentes membros da equipe. A percepção de tratamento justo depende do sentimento de que os líderes são confiáveis, que são imparciais em seus julgamentos e que tratam todas as pessoas com a dignidade e o respeito apropriados para todos os membros do grupo. Quando as pessoas são tratadas com justiça, isso comunica que elas são importantes, incluídas no grupo e igualmente valorizadas.

## Inclusivo

O bom líder de equipe multicultural é capaz de ajudar cada membro da equipe a participar plenamente da equipe e de seus processos de tomada de decisão. As barreiras à plena participação dos membros da equipe incluem idioma, timidez, silêncio, introversão e orientações culturais, que impedem a participação ativa na discussão em grupo. Bons líderes de equipe incluem cada membro da equipe no processo de tomada de decisão, tomando uma decisão com base no que todos disseram.

Os entrevistados relataram vários motivos pelos quais os membros da equipe foram excluídos da participação plena na equipe: falta de proficiência no idioma da equipe, choque cultural, erros que cometeram, reações fortes que demonstraram e silêncio nas reuniões da equipe. Uma pessoa disse que aqueles que esperavam para receber sua opinião eram frequentemente excluídos. Somente quando o líder pedia especificamente que as pessoas quietas contribuíssem é que elas obtinham insights valiosos que ajudavam na tomada de decisões. Referindo-se aos membros da equipe mais quietos ou menos vocais, um supervisor reforçou a necessidade de "trazê-los" continuamente e fazer com que "se sintam parte do processo", incentivando os mais tímidos a falar. Um líder de equipe precisou ajudar sua equipe a ajustar o uso do idioma e a maneira de se comunicar para ajudar os falantes não nativos do idioma da equipe a se sentirem incluídos. Outro líder descreveu como sua própria experiência de trabalho no exterior a ajudou a entender por que os novos membros da equipe se sentem alienados e a levou a ser mais tolerante e a garantir que sua equipe não fosse "excludente".

A inclusão de todos da equipe na tomada de decisões exige que o líder consulte os membros da equipe sobre as decisões que afetam seu trabalho e, em seguida, tome uma decisão ou ajude a equipe a tomar uma decisão com base no que todos disseram. Isso significa que parece que toda a equipe tomou a decisão em conjunto. Foi relatado que um líder de equipe fez um esforço consciente para evitar colocar "seus próprios interesses em primeiro lugar" ao ouvir as ideias e opiniões dos membros da equipe. Em contrapartida, outro entrevistado relatou que o líder da equipe tomava decisões por conta própria, sem perguntar aos membros da equipe, e simplesmente as anunciava para a equipe. Isso acabou levando à dissolução da equipe.

## Autoconsciência

Ter autoconhecimento significa que os líderes de equipes multiculturais são honestos consigo mesmos. Os líderes que são autoconscientes compreendem suas limitações e falhas. Uma supervisora descreveu como sua própria autoconsciência a afetou como líder:

> Quanto mais eu estiver em contato comigo mesmo - quem eu sou, minhas próprias limitações, o desespero total de não conseguir fazer diferente do que sou - isso me ajuda a ter compaixão ou até mesmo a querer acomodar ou respeitar outra pessoa que diz que eu não consigo fazer diferente. Portanto, essa autoconsciência de quem eu sou me dá autoridade para liderar.

Um líder descreveu a autoconsciência como sendo autêntica, o que significa ser você mesmo e não tentar ser como os outros. Ele também sentiu que é importante ser um modelo de autenticidade para os membros da equipe. Um entrevistado descreveu a autoconsciência como "entender como você está sendo recebido pelos outros". Essa compreensão é desenvolvida por meio da obtenção de feedback dos outros. A avaliação mais precisa dos líderes de equipe vem das pessoas que veem sua liderança com mais clareza: os membros da equipe.

Os líderes autoconscientes aceitam sua própria singularidade e a forma como Deus os criou. É particularmente importante que os líderes de equipes multiculturais tenham um forte conceito de sua própria identidade, porque muitas vezes eles sentirão que seus limites pessoais estão ameaçados pelas exigências que os colegas de equipe culturalmente diversos fazem a eles.[8] Os líderes que têm confiança em sua própria identidade em Cristo não sentem a necessidade de esconder suas fraquezas dos outros. Eles podem ser transparentes sobre seus motivos e comportamento porque não têm medo de que os membros da equipe os vejam como realmente são.

A autoconsciência é desenvolvida por meio de um esforço pessoal e do recebimento de feedback de outras pessoas. A experiência anterior com dificuldades desenvolve a empatia e permite que os líderes entendam como estão sendo percebidos pelos outros. Uma supervisora descreveu como a experiência a ajudou a desenvolver a autoconsciência:

> Sei mais do que a teoria e o quanto pode doer ou quanto esforço é necessário para realmente se conectar e realmente entender, portanto, é mais do que algo que podemos estudar. Como nos machucamos mutuamente em culturas diferentes, é bom ter tido uma experiência de estar fora de minhas próprias profundezas, de ser ampliado, de abrir um arquivo em meu cérebro para ter uma noção de coisas que não estão em minha visão de mundo. Eu cresci com isso, e isso ampliou quem eu sou.

As exigências feitas aos líderes multiculturais podem ser tão grandes que ameaçam o próprio senso de ser do líder. Os entrevistados esperavam que seus líderes de equipes multiculturais fossem abertos e vulneráveis, mas que não se sentissem ameaçados, mesmo quando criticados. Ser vulnerável e se abrir para os outros, especialmente quando eles estão chateados ou querendo criticar, exige um alto grau de autoconfiança e autoconsciência. Isso pode ser particularmente desafiador em interações interculturais em que os limites que definem o comportamento adequado não são claros. Esses tipos de exigências ao líder requerem estabilidade emocional.

Um líder emocionalmente estável também regula a forma como expressa suas emoções. Os líderes precisam ter autocontrole ao interagir com os outros. Um membro da equipe ressaltou a importância de os líderes conseguirem controlar suas reações físicas quando sentem emoções fortes. Por exemplo, se os líderes estiverem com raiva, devem ser capazes de controlar sua expressão facial para não demonstrar isso.

---

8 Susan Schneider e Jean-Louis Barsoux, *Managing across Cultures* (Harlow, Reino Unido: Prentice Hall, 2002), 208.

## COMO VOCÊ DESENVOLVE ESSAS QUALIDADES?

Nosso desenvolvimento fundamental do caráter ocorre durante a infância e a adolescência por meio da observação e da imitação de adultos proeminentes em nossas vidas. Também ocorre por meio da reflexão sobre experiências difíceis. Há uma certa progressão normal do caráter ao longo da vida, como, por exemplo, da cabeça quente da adolescência para a maturidade (geralmente!) mais ponderada dos adultos mais velhos. O desenvolvimento do caráter na idade adulta exige intencionalidade e trabalho árduo.

Em nossa experiência, o desenvolvimento intencional do caráter requer um compromisso definitivo de mudar uma atitude ou um modo de comportamento específico. Um exemplo desse tipo de compromisso é quando decidimos intencionalmente perdoar alguém que nos magoou e nos comprometemos a nos tornar uma pessoa que perdoa no futuro. Reconhecendo que a mudança é impossível sem a ajuda do Espírito Santo, começamos a colocar em prática o novo comportamento por causa da mudança que Deus está realizando dentro de nós. Mas colocar o novo comportamento em prática apenas uma vez é inadequado, porque a mudança de caráter tem a ver com o desenvolvimento de um hábito de atitude e comportamento. No caso do perdão, isso envolve uma disciplina constante de decidir perdoar, buscar a ajuda de Deus e recusar-se a não perdoar, mesmo quando você realmente preferiria se vingar.

Os modelos de conduta são fundamentais para o desenvolvimento do caráter. Cristãos mais maduros que demonstram as qualidades que queremos desenvolver tornam-se uma referência para examinarmos nossas próprias atitudes e comportamento. O apóstolo Paulo escreveu aos cristãos em muitas ocasiões dizendo-lhes que seguissem seu exemplo e o exemplo de pessoas como ele. Por exemplo, ele disse à igreja de Filipos: "Irmãos e irmãs, sigam juntos o meu exemplo e, assim como vocês nos têm como modelo, mantenham os olhos naqueles que vivem como nós" (Fp 3:17 NVI). Os melhores modelos são pessoas vivas que conhecemos pessoalmente, embora também seja possível encontrar modelos em figuras históricas.

Outra forma de desenvolver as qualidades de caráter necessárias para liderar uma equipe multicultural é encontrar um mentor que lhe dê feedback sobre suas atitudes e comportamento. É melhor ter um mentor que veja como você vive, em vez de um que apenas ouça seus próprios relatos sobre os problemas com os quais você está lidando. Alguns líderes pedem à equipe que lhes dê feedback sobre como estão se saindo. Embora isso possa ser útil em determinadas situações, é importante estar ciente de que isso pode abalar a confiança de alguns membros da equipe no líder e criar uma dinâmica inútil na equipe.

## MANTER SEU BEM-ESTAR ESPIRITUAL, EMOCIONAL, PSICOLÓGICO E FÍSICO

Muitos líderes estão dolorosamente conscientes de sua imperfeição, como um líder de equipe nos lembrou quando disse: "Olhando para os critérios aqui, será que eu personifico todos eles? Quem me dera! Se eu personificasse pelo menos metade deles, seria ótimo, não seria?" Embora os líderes sejam pessoas imperfeitas, Deus, que é perfeito, disponibiliza sua força e é capaz de aperfeiçoar sua força em nossa fraqueza e nos capacitar, por meio de Cristo, a fazer tudo o que Ele nos chamou para fazer (2 Cor 4:7; 12:9; Fp 4:13). No entanto, nomear pessoas para serem líderes de equipes multiculturais que ainda não apresentem as qualidades pessoais acima, pelo menos de forma rudimentar, é uma receita para o desastre, não apenas para o líder, mas também para a equipe.

Depois que os líderes são nomeados, eles precisam desenvolver um senso de dependência de Deus a fim de encontrar forças para perseverar, concentrar-se no caos e curar-se da dor que sofrerão. Às vezes, os líderes recebem feedbacks não solicitados que podem ser muito dolorosos. Ser capaz de lidar com isso desenvolve o caráter. Quando a faca da crítica entra profundamente, achamos útil imaginar uma ferida aberta em nosso coração e oferecê-la a Jesus para que ele derrame seu sangue curador sobre ela. A capacidade de lidar com acusações e mágoas emocionais é crucial para a sobrevivência do líder de equipe multicultural. Como disse um escritor: "Você só pode exercer a liderança na medida em que consegue suportar a dor".[9] Portanto, os líderes organizacionais devem ter cuidado para não aumentar a dor do líder da equipe na forma como interagem com ele. Em vez disso, eles devem ouvir esse tipo de mágoa e pedir a Deus palavras e ações de incentivo e afirmação para dar ao líder.

---

9 Gary Corwin, "Leadership as Pain-bearing", *Evangelical Missions Quarterly* 34 (1998): 16.

É importante que, como líderes, não assumamos fardos que não são nossos para carregar. No final das contas, o povo de Deus é Dele, mesmo quando são membros da equipe. As exigências que Ele faz a eles são as mesmas que faz a nós. Seja qual for a origem cultural dos membros da equipe, eles precisam aprender a amar e perdoar. O líder não precisa consertar tudo e, às vezes, uma equipe não funcionará e precisará ser dissolvida. Não se trata de fracasso, mas da maneira como as coisas são. As equipes precisam ser livres para se dissolverem e também para continuarem. Como líderes, precisamos cultivar a capacidade de deixar de lado a necessidade de controlar e fazer as coisas acontecerem e deixar que Deus faça o trabalho dele em nós e nos outros membros da equipe. As equipes do ministério multicultural estão trabalhando para os propósitos de Deus. Temos de deixar que Deus realize seu propósito à sua maneira, e não tentar fazer o que somente Deus pode fazer.

É importante identificar limites razoáveis que equilibrem as prioridades da família e do ministério com o que você é capaz de suportar. Em qualquer situação ministerial, as demandas sobre os líderes geralmente são muito maiores do que eles podem suportar sozinhos. Definir limites e elaborar maneiras práticas de garantir que você possa cumpri-los é muito importante para seu bem-estar físico, mental e espiritual a longo prazo. Mentores ou outras pessoas de fora da equipe que possam oferecer um ponto de vista objetivo são boas pessoas para ajudá-lo a definir limites razoáveis.

Somos todos seres humanos, feitos à imagem de Deus. Os líderes de equipes multiculturais precisam ter um senso claro de sua própria identidade, aceitar a si mesmos como Deus os criou e não tentar ser algo que não são. Pode ser tentador tentar ser super-humano, mas depois se esgotar. Dê a si mesmo permissão para ser humano. Estabeleça limites razoáveis (de preferência com a ajuda de uma pessoa objetiva de fora da situação). Faça o que puder e deixe o resto com Deus. Enquanto isso, certifique-se de manter um descanso adequado, relaxamento, exercícios, sono, alimentação e tempo com sua família e amigos. Se estiver descansado e saudável e se seus relacionamentos familiares forem bons, você terá mais força e perspectivas sensatas ao enfrentar as demandas e as tempestades da vida em equipe e do trabalho multicultural.

# CAPÍTULO 9

# HABILIDADES A SEREM TRABALHADAS

Algumas das habilidades de que os líderes de equipes multiculturais precisam já foram discutidas em outros capítulos. O Capítulo 4 discorre sobre a habilidade de se comunicar e permitir que a equipe se comunique bem. O Capítulo 5 descreve a habilidade de comunicar e esclarecer a visão comum. O Capítulo 6 concentra-se na habilidade de ajudar a equipe a entender e equilibrar as personalidades e funções da equipe, e o Capítulo 7 fala sobre a gestão de conflitos interculturais na equipe. Neste capítulo, apresentamos as demais habilidades que os membros da equipe, líderes e supervisores que entrevistamos consideraram essenciais para bons líderes de equipes multiculturais.

## VALORIZE E DEMONSTRE RESPEITO POR CADA MEMBRO DA EQUIPE

Bons líderes de equipe valorizam e demonstram respeito por cada membro da equipe. Eles demonstram isso afirmando as contribuições de cada pessoa. Eles comunicam o quanto valorizam suas contribuições a cada membro da equipe pessoalmente, ao restante da equipe e às pessoas de fora da equipe. É útil que o líder identifique especificamente as contribuições de cada membro da equipe, pois isso torna seu valor claro e específico, em vez de geral e fácil de questionar.

Parte da demonstração de respeito pela singularidade de cada membro da equipe é feita respondendo a eles de acordo com suas necessidades específicas, em vez de abordar todos exatamente da mesma maneira. Um supervisor descobriu que, em alguns casos, ele teve de incentivar alguns membros da equipe que se sentiam negativamente em relação a aspectos de sua própria cultura que "era assim que eles tinham de ser" e que a equipe "precisava ser positiva uns com os outros para também ser autêntica consigo mesma".

O líder deve demonstrar respeito e valor mesmo quando ainda não compreende bem os membros da equipe. Um membro da equipe expressou isso da seguinte forma:

> Vejo isso em nosso líder de equipe, que talvez não entenda realmente o que está acontecendo com nosso amigo coreano, mas, na forma como se relaciona com ele, continua a atraí-lo. Isso demonstra respeito e, é claro, a forma como o respeito é exercido ou expresso novamente é culturalmente diferente e precisa ser aprendida. Isso demonstra respeito e, é claro, a forma como o respeito é exercido ou expresso novamente é culturalmente diferente e precisa ser aprendida.

O respeito e o valor são comunicados por meio da escuta e do deleite com a pessoa e sua cultura. Não é suficiente apenas conhecer uma cultura diferente, pois isso não resulta necessariamente em apreciação por ela. A apreciação será evidente na ação. Os líderes de equipe podem promover a celebração da diferença cultural incorporando as celebrações culturais de todos na equipe à vida da equipe e desfrutando-as juntos. Isso inclui afirmar as contribuições de cada membro da equipe e enfatizar as diferenças que permitem que eles trabalhem bem juntos. Isso também significa rir das diferenças. Um membro da equipe disse o seguinte:

> Deleite-se com essa pessoa. Deleite-se em estar com essa pessoa. Isso está próximo de celebrar as diferenças, mas não se trata de celebrar apenas as diferenças. É celebrar a pessoa e quem ela é…
> . Acho que quando os membros da equipe sentem que, mesmo quando estão passando por momentos difíceis, se souberem que alguém está se deleitando com quem eles são, eles se manterão firmes e continuarão a enfrentar as dificuldades.

Uma maneira de os líderes de equipe demonstrarem respeito e valorizarem os membros da equipe é recebê-los em suas casas e no ministério da equipe. Um casal comentou sobre seus líderes marido e mulher:

Imediatamente nos sentimos bem-vindos em sua casa. Eles nos receberam pessoalmente em sua casa. Deram-nos as boas-vindas ao ministério e disseram: "Vocês são parte essencial deste ministério agora, pertencem a nós, pertencem ao ministério, damos as boas-vindas a vocês". Eles simplesmente nos aceitaram durante todo o tempo.

## AJUSTE SUA ABORDAGEM DE ACORDO COM AS CULTURAS DOS MEMBROS DA EQUIPE

Os líderes de equipe precisam ajustar sua abordagem para se comunicar com os membros da equipe de diferentes culturas. Esses ajustes incluem variar o grau de franqueza que usam na comunicação com diferentes membros da equipe. Um líder exemplificou como aprendeu a ajustar seu estilo de comunicação para um estilo mais indireto com uma funcionária de Cingapura depois de tê-la ofendido terrivelmente:

> Com o tempo, aprendemos a pedir que ela fizesse as coisas. Você tinha que pedir de forma muito indireta. Não se pode dizer: "Você pode esvaziar o lixo?" Se você quisesse que ela esvaziasse o lixo, diria: "Sabe, o lixo está muito cheio. Você tem alguma ideia de como podemos lidar com isso?" E então ela diria: "Bem, eu faço isso".

Os ajustes no estilo de comunicação que um líder faz precisam ser específicos à cultura. Convidar os membros da equipe coreana para uma refeição antes de abordar um assunto no final do tempo em que estiverem juntos é um tipo de ajuste específico que não será útil para os membros de muitas outras culturas. Um líder explicou:

> Aprendi que, com os coreanos, para lidar com questões difíceis, muitas vezes, é muito bom fazer isso em torno de uma refeição e de forma bem indireta. Porém, quando eu conversava com um membro da equipe escocesa - ela era uma pessoa muito, muito direta - ela não gostava de coisas do tipo "bater no traseiro" e "eventualmente chegar lá". Se você tem algo a dizer, diga logo. Assim, em ambos os casos, você realmente tinha de se ajustar em termos de abordagem.

Os líderes de equipe também precisam fazer ajustes em sua comunicação nas reuniões de equipe. Os ajustes incluem chamar a atenção especificamente para membros de culturas que tendem a não falar nas discussões em grupo e aprender a ser mais expressivo nas discussões com culturas mais expressivas. Uma líder de equipe que trabalhava com americanos, por exemplo, descobriu que precisava ajustar seu estilo para que pudesse "participar" das discussões da equipe.

Líderes habilidosos são diplomáticos com mais do que apenas palavras. Eles precisam ser capazes de controlar suas próprias emoções e reconhecer e responder às emoções dos membros da equipe de forma apropriada. A comunicação não-verbal adequada, especialmente a expressão facial, é essencial para uma comunicação eficaz. Os líderes habilidosos também precisam ajustar a maneira como interpretam o comportamento dos membros da equipe. Eles devem perceber, por exemplo, que os comentários críticos de membros de culturas diretas geralmente são apenas um comentário sobre um problema, e não um ataque pessoal a eles, e que a argumentação ruidosa de membros de culturas emocionalmente expressivas não significa necessariamente que eles estejam profundamente chateados ou que a equipe esteja prestes a se desintegrar. Um líder de equipe explicou como aprendeu a entender os comentários de outro membro de sua equipe:

> Tínhamos uma senhora sueca em nossa equipe que nos parecia, pela nossa experiência, sempre crítica e sempre cortante em suas observações. Finalmente, alguém nos falou sobre o caráter sueco, que é muito direto, muito franco. E acho que foi como se a lâmpada tivesse se acendido para nós. Esse foi um verdadeiro momento de transição para nós - trabalhar com ela, entendê-la, compreender que sua franqueza não era crítica, era apenas um comentário.

## CAPACITAR OS MEMBROS DA EQUIPE

Capacitar os membros da equipe significa identificar seu potencial e permitir que eles o alcancem. Capacitar é ajudar as pessoas a se sentirem confiantes e capazes de realizar uma tarefa específica por meio de orientação, delegação e incentivo. Nas palavras de um líder de equipe, significa desenvolver as pessoas por meio de "mentoria e ajuda, desafiando-as e sendo gracioso para levá-las adiante". Envolve a identificação dos dons das pessoas e a oferta de oportunidades para que façam aquilo em que realmente são boas. Um líder de equipe descreveu sua função como "estar presente para ajudar as pessoas a encontrar seu ministério" e desenvolvê-lo da melhor maneira possível "de acordo com seus dons e circunstâncias". Outro líder explicou que capacitava os membros da equipe dedicando tempo a ouvi-los, conversando com eles sobre os problemas, incentivando-os e dando-lhes ideias, ferramentas e recursos. Seu foco era ajudá-los a se sentirem frutíferos e realizados em seu trabalho.

As atividades específicas envolvidas na capacitação dos membros da equipe incluem orientá-los, ajudá-los a identificar seus dons e oferecer-lhes oportunidades de usá-los, ajudando-os a encontrar aspectos do ministério da equipe para os quais suas habilidades são particularmente adequadas. A capacitação continua com o desenvolvimento deles nesse contexto, ouvindo, fazendo perguntas, incentivando e fornecendo ferramentas e recursos.

Capacitar os outros sempre envolve dar-lhes áreas de responsabilidade. Portanto, os líderes de equipe precisam "abrir mão" e permitir que os membros da equipe assumam áreas da tarefa da equipe pelas quais se tornem responsáveis e liderem a equipe. Os membros da equipe precisam ter a liberdade de cometer erros. Uma vez que a responsabilidade é dada, os líderes de equipe não devem minar os esforços dos membros da equipe para cumprir essa responsabilidade. Isso funciona melhor quando o líder da equipe aloca as responsabilidades de acordo com a competência e os dons, pois isso permite que os membros da equipe se saiam bem. Isso gera confiança e um sentimento de realização, além de criar uma sensação de segurança, pois todos conhecem seu papel na equipe e se sentem felizes com ele. Quando os líderes têm experiência em áreas específicas, como discipulado transcultural ou negociação com líderes locais, eles podem capacitar os outros nessas áreas, passando para os outros as coisas que sabem até que possam fazê-las sem o líder da equipe.

Um membro da equipe descreveu como seu novo líder de equipe perguntou aos membros da equipe quais áreas de responsabilidade eles gostariam de ter e tentou encontrar o melhor trabalho para cada pessoa. Isso significava que as pessoas podiam "trabalhar com o que faziam bem". A atribuição de responsabilidades pressupõe e cria confiança e dá a todos um senso de satisfação por sentirem que podem contribuir.

## PROBLEMAS DE ENDEREÇO

A competência mais frequentemente colocada no topo da lista de habilidades necessárias por nossos entrevistados foi a capacidade de lidar com problemas. Bons líderes identificam e abordam os problemas da equipe, tratando-os adequadamente. Se os problemas não forem enfrentados, a equipe será prejudicada. É preciso energia emocional e comprometimento para fazer isso, mas é essencial. O fato de a equipe ser multicultural aumenta a probabilidade de conflitos, o que significa que é vital que os líderes de equipe tenham a coragem de enfrentar os problemas.

A resolução de problemas sempre envolve falar sobre o problema com um ou mais membros da equipe. É necessário comunicar-se sobre o problema. Fazer isso bem feito dá às pessoas a oportunidade de aprender e crescer. Quando os problemas são evitados, eles não desaparecem, mas tendem a se tornar maiores e a se deteriorar. A única maneira de evitar que isso aconteça é trazer o problema à tona, conversando sobre ele.

Todos os entrevistados concordaram que confrontar as pessoas é difícil, mas que o líder precisa fazer isso, caso contrário, a equipe e seu trabalho serão prejudicados. Um entrevistado enfatizou que isso requer energia emocional e um compromisso intencional de investir energia nesse processo para abrir a questão e lidar com o problema. Outro insistiu que, embora culturas diferentes tenham maneiras diferentes de confrontar as pessoas, o líder ainda deve encontrar uma maneira de abordar os problemas conversando com as pessoas envolvidas. Outro membro da equipe chegou a dizer que, se o líder tiver medo de confrontar, não poderá fazer seu trabalho, pois há muitos conflitos em um contexto de equipe multicultural.

Para resolver os problemas, o líder precisa primeiro ser capaz de identificar corretamente a origem do problema. Pode ser uma diferença cultural, um choque de personalidade ou uma questão de um membro da equipe que prejudica os outros com seu comportamento. Os líderes de equipes multiculturais geralmente precisam lidar com problemas de comportamento ou atitude dos membros da equipe e das pessoas com quem a equipe interage. Vários entrevistados deram exemplos de como eles ou seus líderes de equipe confrontaram as pessoas. Um líder teve de dizer a um motorista que seu comportamento era ofensivo para os outros. Outro líder teve de conversar com um cristão local que estava sempre reclamando que os membros da equipe não o entendiam.

Outra área problemática com a qual os líderes de equipes multiculturais têm de lidar é o mau desempenho relacionado às tarefas de trabalho. Um entrevistado deu o exemplo de uma colega de equipe que insistia em pregar, apesar de sua habilidade com o idioma não ser boa o suficiente e de a população local achar que ela não deveria pregar. Embora explicar isso ao membro da equipe pudesse magoá-la, esse membro da equipe sentiu que era vital que o líder da equipe falasse com ela. Um supervisor falou sobre um líder de equipe que designou um casal para uma tarefa ministerial que eles realmente queriam fazer, mas que não era adequada para eles, porque o líder tinha medo de conversar com eles sobre sua inadequação para essa tarefa. Isso teve consequências importantes para o recrutamento da organização naquela área. Uma líder de equipe deu um exemplo útil de como ela lidou com um problema de mau desempenho de um membro da equipe:

> Recebi um membro da equipe que não tinha um bom desempenho, então eu a conduzi por um processo de, você sabe, qual é a visão da equipe e coisas assim, e ela teve que dar seu feedback, e foi a primeira vez que alguém disse: "Meu problema é que concordamos com essa visão e você não está trabalhando para alcançá-la... e simplesmente não estamos chegando a lugar algum. O que está acontecendo?"
>
> O membro da equipe se emocionou e chorou, percebendo pela primeira vez que estava decepcionando a equipe. Ela começou a se comprometer com a visão e o trabalho da equipe e acabou se tornando a líder da equipe.

Outro tipo de problema que os líderes de equipe precisam resolver é a perturbação emocional dos membros da equipe, mesmo quando eles não têm ideia do que a causou. Um membro da equipe expressou seu apreço pelo fato de o líder da equipe reconhecer quando ela estava emocionada ou chateada. Ela gostou especialmente do fato de seu líder ter iniciado a conversa perguntando a ela sobre o assunto, em vez de ela ter que falar sobre isso.

Os membros da equipe elogiaram os líderes que sempre se mostraram dispostos e corajosos o suficiente para lidar com os problemas. Um supervisor enfatizou a importância de confrontar os problemas logo no início, antes que eles comecem a causar danos maiores:

> Se há um elefante na sala, você tem que lidar com ele. É também aquela coisa de cortar o mal pela raiz. Se você acha

que há algo errado, provavelmente há, e você provavelmente não sabe o que é, especialmente se estiver em um ambiente incomum ou se tiver alguém que não sabe que está ofendendo.

Um membro da equipe explicou que os mal-entendidos em sua equipe eram particularmente difíceis de resolver, pois uma pessoa queria evitar o conflito não dizendo nada. Mas ele enfatizou a importância de ter alguém que abordasse o conflito: "Como grupo, tivemos alguém que simplesmente se levantou e disse: 'Não, vamos abordar esse conflito novamente'. E acho que isso realmente ajudou o grupo." Esse membro da equipe enfatizou a importância de ter uma pessoa comprometida com a resolução do conflito, apesar de outros quererem evitá-lo ou ignorá-lo. Ele comentou que, às vezes, surgiam problemas na equipe e eles eram rápidos em deixá-los de lado, mas era melhor quando eles eram levantados e resolvidos. Quando não eram resolvidos, eles tendiam a continuar crescendo cada vez mais. Um supervisor comentou: "Se há algo que está em andamento e o líder da equipe não está realmente disposto a confrontar a situação, ela vai se deteriorando e se deteriorando e se deteriorando até explodir".

A resolução eficaz dos problemas exige que o líder da equipe se comunique com clareza. Um membro da equipe relatou que seu líder tentou resolver os problemas, mas de forma confusa e indireta, colocando avisos escritos em um quadro de avisos. Os membros da equipe não conseguiam entender, com base nesses avisos, quem estava causando o problema ou mesmo qual era a questão. Quando a líder da equipe conversava com os membros da equipe pessoalmente, ela agia como se tudo estivesse bem. Outro líder de equipe foi um pouco mais longe ao punir um membro da equipe que havia cometido uma infração sem dizer explicitamente qual era a infração. Esse membro da equipe enfatizou a importância de o líder conversar com o membro da equipe que estava causando os problemas para encontrar uma solução. Em outra equipe, o líder nunca conversou com a pessoa que causou o problema, mas apenas com outros membros da equipe, causando muita mágoa.

## PERDOAR ERROS

Bons líderes de equipes multiculturais demonstram sua confiança nos membros da equipe e que os valorizam ao dar-lhes responsabilidade e permitir que cometam erros. A menos que os novos funcionários tenham a liberdade de experimentar coisas novas e cometer erros, eles não poderão aprender. Os erros são parte integrante do processo de aprendizado. Portanto, o líder da equipe deve perdoar prontamente os erros. Sem esse perdão, a equipe corre o risco de entrar em colapso.

Um membro da equipe chegou a dizer que "se não houver perdão dos erros, não pode haver equipe". Sua equipe havia se desfeito com consequências danosas para os membros, e ele atribuiu isso a coisas que não foram perdoadas. Um líder de equipe comentou que os erros são inevitáveis em uma equipe multicultural quando o idioma da equipe é o segundo ou terceiro idioma de alguns membros da equipe: "As pessoas não vão entender claramente qual é a tarefa ou a orientação, e podem achar que entenderam e vão fazer um trabalho que pode não ser necessariamente correto, e assim, a menos que você tenha um coração de perdão, você terá conflitos o tempo todo." Outro membro da equipe deu um exemplo pessoal de como foi útil para ele e para sua equipe quando o líder da equipe perdoou um erro que ele havia cometido:

> Eu estava cansado e precisava de um descanso e decidi que precisava sair da cidade e queria fazer uma caminhada no domingo, mas era domingo de Páscoa e, sem avisar ninguém, saí e fui caminhar nesse dia muito, muito importante na mente dos cristãos e, quando voltei, todos estavam decepcionados comigo. O líder estava quase com raiva de mim. Mas foi um erro, foi confessado, esquecido e seguimos em frente.

# ESTABELECER UMA BOA REDE DE CONTATOS COM A ORGANIZAÇÃO E COM OUTRAS PESSOAS FORA DA EQUIPE

Líderes eficazes atuam como uma ponte entre a equipe e o resto do mundo, criando relacionamentos entre a equipe e grupos externos.[1] Ser capaz de estabelecer uma boa rede de contatos com a organização e com outras pessoas de fora da equipe é uma habilidade fundamental que os entrevistados acham que os bons líderes de equipes multiculturais têm. Toda equipe é afetada pelas redes sociais em que está inserida e, principalmente,

---

1 Philip Harris e Kevin Harris, "Managing Effectively through Teams", *Team Performance Management* 2, no. 3 (1996): 23-36.

pela organização à qual pertence. Os bons líderes se comunicam com a organização mais ampla para buscar os recursos de que a equipe precisa e para influenciar a organização em benefício da equipe. Eles comunicam a visão da equipe a outros grupos e garantem que a organização endosse a visão da equipe.

Ao gerenciar o ambiente externo da equipe, o líder da equipe protege a equipe de pressões externas desnecessárias, protege os membros da equipe de críticas inúteis, garante que a comunicação esteja ocorrendo com outras equipes ministeriais que trabalham na mesma área, informa a organização sobre as necessidades da equipe e tenta garantir que os recursos - como treinamento, desenvolvimento profissional ou recursos materiais - sejam disponibilizados aos membros da equipe. Bons líderes de equipe também tomam a iniciativa de levantar questões relevantes para a equipe com a liderança organizacional, como a necessidade de reduzir os processos administrativos que estão atrapalhando a equipe ou a necessidade de diminuir as demandas externas sobre os membros da equipe, como gerenciar muitas equipes ministeriais de curto prazo, para que a equipe possa se concentrar em sua tarefa.

Ser capaz de estabelecer uma boa rede de contatos também significa que os líderes entendem e podem se relacionar com a organização da qual a equipe faz parte e, por isso, podem ajudar os membros da equipe a se adaptarem e funcionarem de forma eficaz dentro do sistema organizacional. Os membros de equipes multiculturais às vezes têm muita dificuldade para entender e atuar com eficiência na cultura da organização mais ampla. Os líderes de equipe desempenham um papel especial na interpretação da cultura organizacional para os membros da equipe. Essa é uma tarefa muitas vezes desafiadora.

Também é importante que os líderes de equipe sejam capazes de se relacionar com outras pessoas fora da equipe e da organização. Isso permite que o líder esteja ciente dos tipos de problemas que os membros da equipe enfrentam ao interagir com as pessoas na comunidade e como isso afeta a forma como a equipe aborda sua tarefa. Um líder de equipe explicou que é importante estar ciente de "com quem os membros da sua equipe se relacionam na comunidade, porque isso tem um impacto sobre o tipo de programas que você precisa oferecer". O trabalho em rede fora da equipe também permite que o líder tenha uma ideia melhor dos recursos que os membros da equipe precisam para cumprir suas tarefas. Por fim, o networking inclui a promoção do trabalho da equipe na comunidade em geral e para outros grupos.

## COMO VOCÊ PODE DESENVOLVER ESSAS COMPETÊNCIAS?

As competências são habilidades - coisas que as pessoas podem fazer. Como as habilidades se referem à prática, elas só podem ser aprendidas por meio da prática. Com muita frequência, as pessoas tentam ensinar habilidades falando sobre elas. Mas ser capaz de falar sobre como trocar uma arruela em uma torneira que está pingando não significa que você seja realmente capaz de trocar uma arruela. Escolher e ser capaz de usar as ferramentas certas, desmontar a torneira, lidar com a água jorrando quando você se esquece de fechar a torneira principal, descobrir o tamanho certo da arruela e como inseri-la, e montar a torneira novamente para que não vaze, tudo isso exige ação física. As habilidades são aprendidas ao praticá-las e receber feedback, seja de observadores ou, no caso da torneira pingando, de outros fatores, como se a água está pingando ou se você consegue colocar a torneira de volta em sua base.

Como as habilidades são coisas que as pessoas fazem, elas podem ser observadas e medidas em termos de se os componentes da habilidade foram executados com competência ou não. Os observadores, especialmente os mais experientes, podem dar feedback específico sobre o que precisa ser feito para aumentar a competência. Desenvolvemos a competência praticando uma habilidade, recebendo feedback sobre ela e implementando o feedback. Desenvolvemos ainda mais a competência quando nosso desempenho da habilidade é avaliado por nós mesmos e por outras pessoas e quando continuamos a praticar a habilidade à luz do feedback dessas avaliações até que ela seja dominada. No caso de habilidades muito complexas, como tocar instrumentos musicais, a competência é desenvolvida por meio do recebimento de feedback de mestres executantes que avaliam intuitivamente vários aspectos do desempenho ao mesmo tempo.[2] Independentemente de você querer trocar uma torneira, tornar-se um pianista de concerto ou tornar-se mais acessível, as habilidades são aprendidas ao praticá-las, não ao falar sobre elas.

No treinamento para serem médicos, os alunos são ensinados a "ver um, fazer um, ensinar um". Para aprender a inserir uma cânula intravenosa, por exemplo, um médico em treinamento passará a observar um médico experiente colocar uma cânula, depois tentará colocar uma por conta

---

2 Schön, *The Reflective Practitioner (O profissional reflexivo)*.

própria e, quando tiver dominado o processo, ensinará outro médico em treinamento a fazê-lo. Essa é uma boa abordagem para o desenvolvimento de todas as habilidades. É a mesma abordagem que está incorporada no que Paulo disse a Timóteo para fazer: "Você me ouviu ensinar coisas que foram confirmadas por muitas testemunhas confiáveis. Agora, ensine essas verdades a outras pessoas de confiança, que poderão transmiti-las a outros" (2 Timóteo 2:2). Ele estava dizendo a Timóteo que transmitisse as coisas que tinha ouvido Paulo dizer a outras pessoas, que, por sua vez, poderiam transmiti-las a outros.

O modelo "veja um, faça um, ensine um" implica que, para aprender a executar bem uma habilidade, primeiro você precisa ver outra pessoa executá-la bem. Treinadores de equipe, mentores, líderes que você admira e instrutores em seminários podem fornecer modelos para você imitar. Peça a essas pessoas que lhe mostrem como elas fazem isso. Acompanhe-as e observe-as quando elas trabalharem com outras pessoas. Peça à sua organização que lhe dê oportunidades de ver o que você precisa fazer. A menos que você possa observar o que precisa fazer, será difícil reproduzi-lo. Jesus primeiro modelou para seus discípulos o que queria que eles fizessem e depois os enviou. Muitas vezes, os líderes de equipe são deixados à própria sorte sem que essa etapa crucial de demonstração seja fornecida, e eles não sabem exatamente o que precisam ser capazes de fazer.

Depois de ver o que precisa fazer, você precisa ter a oportunidade de praticar. Embora a prática ocorra no contexto da equipe que você está liderando, é bom poder praticar primeiro a habilidade em uma situação mais neutra, como em um seminário ou com o treinador da equipe em sua própria sala de estar. Outra maneira é praticar em um ambiente de ministério simulado ou em uma situação em que você não exercerá o ministério no futuro. Também é bom que a prática seja supervisionada por alguém mais experiente e que possa lhe dar apoio e feedback imediato. Novamente, foi assim que Jesus treinou seus discípulos antes de enviá-los ao mundo.

A prática envolve aprender a controlar a maneira como você pensa e age. Inclui conversar consigo mesmo de forma construtiva sobre como e por que está fazendo o que está fazendo e aprender a controlar a forma como expressa as emoções que sente ao trabalhar em uma habilidade. Às vezes, isso pode envolver a preparação e a prática de roteiros específicos de como responder a determinados cenários que podem ocorrer em uma equipe. Um membro da equipe, por exemplo, pode demonstrar impaciência de forma consistente quando a equipe precisa trabalhar com diretrizes para coisas como gerenciamento de crises ou ao analisar o progresso das metas. Outros membros da equipe respondem à impaciência do colega com comentários cortantes, e essas reuniões se tornam um caos. Como líder da equipe, você contribuiu para o caos ao demonstrar muita frustração por meio de suas palavras, comportamento e expressões não verbais. Preparar um roteiro para ajudar a responder de forma mais adequada nessa situação envolve reunir um conjunto ordenado de respostas melhores e praticar o uso dessas respostas em um ambiente neutro, como com um coach ou mentor ou em um seminário. Simulações e dramatizações podem recriar as experiências estressantes que algumas situações de equipes multiculturais envolvem, de modo que você possa experimentar como é o estresse e praticar o aprendizado para controlar suas respostas físicas, emocionais, verbais e de pensamento.

Algumas habilidades, como a de ouvir, são relativamente simples de desenvolver, mas também podem ser aprimoradas quando outras pessoas observam como as fazemos e nos dão feedback. Podemos pensar que é fácil avaliar a nós mesmos se estamos falando em vez de ouvir, mas como nem sempre estamos muito conscientes do que estamos fazendo, podemos ter uma percepção distorcida de nossas ações. Por esse motivo, é bom ter medidas mais objetivas. No caso de ouvir, outra pessoa pode observar nossa interação com os outros e medir a quantidade exata de tempo que falamos ou ouvimos. Outra forma importante de medir a atenção é o quanto realmente ouvimos do que estamos ouvindo. Podemos fazer isso resumindo para o orador o que ele disse e fazendo com que ele nos dê um feedback sobre o quanto captamos os pontos principais do que ele disse. Os observadores também podem dar feedback aos ouvintes sobre sua comunicação não verbal, como, por exemplo, se eles pareciam estar ouvindo ativamente ou se pareciam entediados ou impacientes. Os exercícios de escuta também podem ser filmados para que os líderes possam se observar.

Ter um modelo a seguir pode ser muito importante para habilidades mais complexas. Algumas dessas habilidades complexas estão intimamente relacionadas às qualidades de caráter. A qualidade de caráter de estar pronto para ouvir e ser acessível, por exemplo, envolve habilidades que ajudam as pessoas a se sentirem bem-vindas. Nosso conceito de como é a acessibilidade se baseia no que as pessoas que julgamos acessíveis fazem. Para desenvolver habilidades nessa área, tentamos imitar o que elas fazem. Se observarmos que elas sempre têm a porta do escritório aberta, é provável que também adotemos essa prática. Se percebermos que eles sempre levantam os olhos do que estão fazendo e sorriem para quem quer que tenha indicado que gostaria de sua atenção, tentaremos fazer o mesmo. Quanto mais especificamente você puder identificar o que o modelo faz, mais será capaz de avaliar seu próprio comportamento e modificá-lo para se tornar mais parecido com ele.

Outra forma de desenvolver a competência é treinar outras pessoas. Ao fazer isso, nós nos treinamos ainda mais. Não precisamos nos tornar mestres profissionais antes de começarmos a ajudar outras pessoas a desenvolver as habilidades que queremos adquirir. Ao tentarmos ensinar outras pessoas a fazer coisas, temos de pensar muito especificamente sobre o que a habilidade envolve e como podemos ajudar os outros a produzi-la. Ser forçado a pensar sobre essas especificidades nos ajuda a refletir sobre o que nós mesmos estamos fazendo.

Treinar outras pessoas também nos ajuda a reconhecer alguns de nossos próprios erros com mais clareza e a nos tornarmos mais capazes de lidar com eles. Podemos estar treinando alguém nas habilidades relacionadas a ser acessível, por exemplo. Explicamos a um trainee que ele precisa ter uma política de portas abertas para que as pessoas se sintam bem-vindas. Então, notamos que, embora o trainee receba as pessoas na porta, ele fica na entrada, de modo que as pessoas sentem que não podem entrar na sala. Percebemos que os possíveis visitantes se sentem felizes com o fato de sua presença ser reconhecida, mas não têm certeza de que são realmente bem-vindos. Com isso, aprendemos que, para sermos acessíveis, precisamos ficar ao lado da porta, de modo que o caminho para nosso quarto ou casa fique aberto e os visitantes não recebam mensagens confusas sobre se são ou não bem-vindos em nosso espaço pessoal.

A maior parte do ensino cristão no Ocidente, e onde quer que o Ocidente tenha exportado sua abordagem educacional, é baseada em palavras. Isso é consistente com a comunicação de baixo contexto comum às culturas ocidentais, mas, infelizmente, significa que o aprendizado de como fazer as coisas é frequentemente negligenciado. Os líderes de equipes multiculturais precisam aprender a fazer as várias competências essenciais para o funcionamento eficaz da equipe. A melhor maneira de aprender essas competências é observando profissionais competentes, praticando as habilidades, recebendo feedback sobre o desempenho, colocando esse feedback em prática e refletindo sobre a prática pessoal. Treinar outras pessoas nessas competências também nos ajudará a aprimorar nossas próprias habilidades.

CAPÍTULO 10

# COMO AS ORGANIZAÇÕES PODEM APOIAR OS LÍDERES DE EQUIPE

As equipes não acontecem por acaso. Elas exigem muito trabalho árduo e um apoio externo significativo para que se tornem eficazes. O especialista em treinamento de ministérios interculturais Kenneth Harder resume a importância de fornecer apoio às equipes missionárias:

> As equipes missionárias, é claro, não se desenvolvem automaticamente. Como as plantas, elas devem ser cultivadas durante sua formação e nos estágios subsequentes... . As equipes precisam de cuidados periódicos e planejados e de horários regularmente programados para atividades de treinamento e crescimento da equipe. [1]

As equipes multiculturais requerem mais apoio do que as equipes monoculturais e, muitas vezes, levam mais tempo para se tornarem eficazes devido à maior complexidade de seus conflitos e à dificuldade de criar uma comunidade de equipe multicultural. Este capítulo dá sugestões às organizações sobre a melhor forma de treinar e apoiar os líderes e suas equipes em cada um dos estágios da vida da equipe e sobre como selecionar os líderes certos para suas equipes. As recomendações deste capítulo foram compiladas com base no que os membros da equipe nos disseram que sentiam necessidade em termos de apoio e nos fatores que, segundo eles, mais atrapalhavam e ajudavam a eficácia da equipe, bem como nas principais percepções da literatura sobre como as organizações podem ajudar as equipes.

---

1 Kenneth Harder, "Introduction to Part 3: Team Development", em *Missionary Care: Counting the Cost for World Evangelization*, ed. Kelly O Donnell (Pasadena: William Carey Library, 1992), 163.

Cada equipe é única devido ao conjunto exclusivo de pessoas e relacionamentos que a compõem, mas cada equipe também reflete, até certo ponto, a organização da qual faz parte. De certa forma, cada equipe é um microcosmo de sua organização matriz. As equipes serão ajudadas e apoiadas por sua cultura organizacional e liderança, ou serão afetadas negativamente por essa cultura e liderança se elas forem contra o que a equipe está tentando realizar. As organizações que desejam equipes saudáveis e eficazes precisam examinar sua cultura organizacional e moldá-la para apoiar, em vez de impedir, o desenvolvimento saudável da equipe.

## MODELE NA ORGANIZAÇÃO O QUE VOCÊ DESEJA VER NAS EQUIPES

As organizações precisam modelar os aspectos que desejam ver nas equipes. Em primeiro lugar, como o trabalho em equipe exige a tomada de decisões compartilhadas, a organização matriz deve modelar e apoiar esse tipo de tomada de decisões para ajudar as equipes a prosperar. Os líderes de equipe e os membros que entrevistamos descobriram que a organização os ajudou a tomar decisões participativas ao modelar isso em níveis mais altos de liderança. Se a tomada de decisão colaborativa é importante na microcultura da equipe, ela também deve ser evidente na macrocultura da organização e nas interações entre as equipes.

As organizações também devem mostrar aos líderes de equipe como querem que eles liderem. Os líderes de equipe devem ser capazes de ajudar suas equipes a compreender uma visão e valores claros e convincentes e comunicá-los continuamente à equipe. Eles também devem garantir que os membros da equipe entendam claramente suas funções e devem ser capazes de lidar com os problemas em vez de evitá-los. Uma organização que deseja apoiar seus líderes de equipe na realização de cada uma dessas funções vitais deve modelá-las. Os líderes organizacionais, portanto, precisam se comunicar e agir de acordo com uma visão e valores claros e convincentes, esclarecer as funções de cada membro da organização e lidar com os problemas. Os membros da equipe de uma das organizações em nossa pesquisa, por exemplo, sentiram que a falha da organização em confrontar os problemas de desempenho e buscar a excelência no ministério eram os principais pontos fracos que impediam a eficácia de suas equipes.

Para que as equipes multiculturais floresçam em uma organização, a liderança organizacional precisa ser um modelo de comunidade multicultural. Concentrar o poder nas mãos de membros de apenas uma cultura costuma ser uma fonte de problemas.[2] A maioria dos líderes em muitas organizações missionárias que foram iniciadas no Ocidente, por exemplo, continua a ser de culturas EDG, embora haja um aumento encorajador no número de líderes de outras culturas.

A cultura organizacional tende a refletir a cultura de seus fundadores e líderes.[3] Por esse motivo, as organizações fundadas e lideradas principalmente por pessoas de culturas EDG tendem a operar de acordo com as normas dessas culturas. Essas organizações fariam bem em examinar a diversidade cultural de sua liderança em relação à diversidade cultural dos membros da organização e, se necessário, recrutar proativamente mais pessoas de outras regiões culturais - América do Sul, Ásia e África - para a liderança. Para que as equipes multiculturais prosperem, as organizações precisam trabalhar em prol da diversidade cultural em todos os níveis e declarar explicitamente a importância da diversidade cultural nos documentos de missão e estratégia.[4]

Pode haver uma tendência de as organizações missionárias internacionais presumirem que estão indo bem na promoção da diversidade só porque recrutam e aceitam pessoas de várias culturas na organização. Entretanto, ao não abordar intencionalmente o desafio da diversidade, os pontos cegos culturais da organização não são percebidos e continuam sendo pontos cegos. A organização continuará a adotar as práticas do grupo cultural dominante como "a maneira como fazemos as coisas".

As organizações que levam a sério a promoção da diversidade cultural devem fomentar uma cultura de orientação de líderes emergentes de diversas origens culturais. As pesquisas sobre os caminhos percorridos por pessoas de minorias étnicas para se tornarem líderes de alto nível em organizações norte-americanas revelaram o papel fundamental desempenhado pelos mentores. Os mentores investem em membros de minorias, protegem-nos, abrem oportunidades e atuam como seus defensores. Esses mentores também interpretam a prática organizacional para os membros de minorias e fornecem

---

2 Roembke, *Building Credible Multicultural Teams*, 96.
3 Schein, *Organizational Culture and Leadership*, 22.
4 Taylor Cox, *Creating the Multicultural Organization: A Strategy for Capturing the Power of Diversity* (São Francisco: Jossey-Bass, 2001), 253-54.

acesso a caminhos de informação.⁵ Esse tipo de mentoria exige mais do que simplesmente disponibilizar informações aos líderes em potencial. Isso significa que o mentor fornece ajuda pessoal ativa para orientar o mentorado sobre como colocar em prática a visão e os valores organizacionais.

A organização também tem um papel fundamental a desempenhar na promoção e modelagem das qualidades de caráter que os líderes de equipes multiculturais precisam ter. A maneira mais eficaz de a organização ser um instrumento na formação dessas qualidades em seus líderes de equipe é os supervisores de nível superior, líderes regionais e líderes internacionais modelarem essas qualidades em relacionamentos de mentoria com líderes de equipe emergentes. As qualidades de caráter são adquiridas em vez de ensinadas.

Nosso estudo de líderes e membros de equipes multiculturais confirmou algo que já é amplamente conhecido na comunidade missionária: que os missionários são pessoas comuns que realizam uma tarefa extraordinária. Por serem pessoas comuns, eles têm mágoas, fraquezas de caráter e áreas de pecado com as quais ainda estão lidando. Eles trazem para suas equipes questões não resolvidas de seu passado, e essa "grande e variada ... bagagem cultural e psicológica que os missionários levam consigo para o campo" geralmente vem à tona sob o estresse intensificado da vida transcultural e do trabalho em equipe.⁶ Os membros da equipe que entrevistamos disseram que a insegurança, a baixa autoestima e o sentimento de rejeição eram problemas importantes que alguns de seus colegas de equipe haviam levado consigo para suas equipes e que haviam dificultado o trabalho em conjunto. Marjory Foyle, psiquiatra que se concentra no atendimento a missionários, salienta que muitas mágoas e fracassos pessoais, bem como frustrações para os colegas de equipe, poderiam ser evitados se os missionários fossem cuidadosamente selecionados e se os problemas em potencial fossem tratados antes da chegada do missionário ao campo.⁷

Quando uma organização tem uma cultura que reforça a excelência e a melhoria contínua, é mais provável que suas equipes sejam eficazes.⁸

---

5 David Thomas, "The Truth about Mentoring Minorities: Race Matters", *Harvard Business Review* 79 (2001): 98-107.

6 Roembke, *Building Credible Multicultural Teams*, 167.

7 Foyle, *Honourably Wounded*, 84.

8 Richard Hackman, "Work Teams in Organizations: An Orienting Framework", em *Groups That Work (and Those That Don't): Creating Conditions for Effective Teamwork*, ed., Richard Hackman (San Francisco: Jossey-Bass, 1990), 9-11.

Como os líderes são os principais influenciadores da formação e evolução da cultura organizacional, eles são os únicos que devem assumir a responsabilidade de moldar um clima de trabalho voltado para a excelência. Um primeiro passo para isso é articular uma visão de excelência e comunicá-la por meio de palavras e ações. Em segundo lugar, os líderes devem modelar o desenvolvimento pessoal em termos de compreensão e habilidades por meio de um estudo disciplinado. Em terceiro lugar, eles devem avaliar periodicamente sua própria prática e a de sua organização.

## APOIAR AS EQUIPES NO PROCESSO DE FORMAÇÃO

As organizações podem ajudar as equipes a se tornarem eficazes, selecionando os membros apropriados e ajudando-as no processo de formação. Os entrevistados expressaram um forte sentimento de necessidade de ajuda e apoio dos líderes organizacionais no processo de formação da equipe. Os membros da equipe sentiram que muitos dos problemas que enfrentaram como equipes poderiam ter sido evitados se tivessem uma combinação mais adequada de pessoas na equipe e se soubessem quais problemas precisavam discutir e resolver no início da vida da equipe. Essa ênfase na importância da formação da equipe está de acordo com a extensa pesquisa de Richard Hackman sobre equipes, que mostra que uma das intervenções mais poderosas e construtivas que um líder pode fazer é ajudar a equipe a ter um bom início. [9]

Não há garantia de que a "química" entre as pessoas sempre funcionará. A indicação de um orientador de equipe para ajudar cada equipe pode ajudar a construir um entendimento interpessoal e intercultural que pode compensar muitos dos problemas. Os treinadores de equipe também podem ajudar a equipe a resolver questões que sempre foram um problema com equipes semelhantes, como incompatibilidades teológicas em equipes de plantação de igrejas. No entanto, deve haver um limite de tempo estabelecido para o processo de formação e, se houver problemas graves, a equipe deve ter permissão para se dissolver sem que isso seja visto como um fracasso. É menos provável que os membros da equipe dissolvida desistam da ideia de trabalhar em equipe e mais provável que aprendam a ter resiliência com a experiência e estejam dispostos a tentar trabalhar em uma equipe com uma mistura diferente de pessoas. Nessa situação, um facilitador de fora da equipe pode ser muito útil para trabalhar com o

---
9 Hackman, "More Effective Work Groups", 503.

processo de dissolução e redistribuição dos membros da equipe para novas equipes, já que o líder da equipe geralmente estará muito envolvido com a equipe para vê-la objetivamente.

Quatro áreas que devem ser consideradas ao selecionar os membros da equipe são (1) suas qualidades de caráter; (2) suas personalidades à luz das personalidades dos outros membros da equipe; (3) suas competências - ou seja, seus dons, habilidades e pontos fortes em relação à tarefa da equipe e aos dons, habilidades e pontos fortes dos outros membros da equipe; e (4) a química dos relacionamentos - ou seja, o grau em que os membros da equipe sentem que se dão bem com os outros membros da equipe e querem trabalhar com eles.

Os membros da equipe que entrevistamos fizeram as quatro recomendações a seguir para os líderes de suas organizações (líderes internacionais, regionais e de campo) considerarem:

- Nomeie o líder da equipe antes da formação da equipe. Isso evita o problema de a equipe ter de resolver essa questão sozinha quando não tiver princípios ou procedimentos para selecionar um líder. Essa recomendação é apoiada por Lester Hirst, que estudou equipes urbanas de plantação de igrejas e aponta: "Um vácuo de liderança tende a promover a competição pela liderança informal da equipe."[10]

- Assuma um papel ativo ao ajudar os possíveis membros da equipe a descobrir se eles trabalhariam bem juntos. A equipe mais eficaz entrevistada contou com a ajuda da liderança de campo para selecionar os membros. Lianne Roembke sugere que esse processo deve levar em conta a escolha dos membros da equipe existente sobre com quem gostariam de trabalhar, caso conheçam os membros em potencial.[11] Descobrimos que as melhores situações eram aquelas em que a liderança de campo, a equipe existente e os possíveis membros da equipe tinham voz ativa e consultavam juntos sobre a entrada ou não dos possíveis membros em uma determinada equipe.

- Forneça uma lista de assuntos que precisam ser discutidos e resolvidos no início da vida da equipe. Os pontos a serem discutidos incluem o propósito ou a visão da equipe, metas ou alvos de fé para

---

10 Lester Hirst, "Urban Church Planting Missionary Teams: A Study of Member Characteristics and Experiences Related to Teamwork" (tese de doutorado, Trinity Evangelical Divinity School, 1994), p. 155.

11 Roembke, *Building Credible Multicultural Teams*, 177.

os primeiros meses, como os conflitos serão resolvidos, o estilo de liderança e como as decisões serão tomadas.

- Forneça diretrizes sobre como as equipes devem ser formadas. Essas diretrizes podem incorporar as recomendações acima, uma declaração sobre a visão e os valores da organização que devem ser refletidos em suas equipes, o objetivo geral da equipe e quaisquer outras recomendações específicas que a organização tenha considerado úteis.

Esses quatro tipos de apoio às equipes em formação ajudam a alcançar um melhor equilíbrio entre a autoridade fora da equipe e a autoridade dentro da equipe. Manter esse equilíbrio é difícil, mas a liderança externa à equipe deve exercer autoridade em termos da direção geral da equipe e das "restrições de limite externo" sobre o comportamento da equipe - o que ela deve sempre ou nunca fazer.[12] Em muitos casos, as equipes são deixadas à deriva sem direção ou apoio suficiente da liderança externa. Sem um conjunto de diretrizes da organização sobre o objetivo geral da equipe, formas de medir o progresso e os limites da equipe em termos de suas áreas de responsabilidade e autoridade, muitas equipes fracassam porque há muita ambiguidade. A organização deve fornecer essas diretrizes.

É importante que a liderança organizacional incentive os membros das equipes em formação a encontrar acomodações próximas o suficiente umas das outras para que os membros possam se encontrar facilmente e visitar uns aos outros fora das reuniões formais da equipe. Muitos membros da equipe que entrevistamos consideraram muito importante para a eficácia da equipe passar algum tempo juntos além do ministério da equipe. Isso era muito mais fácil quando os membros moravam suficientemente perto uns dos outros. As diferenças culturais entre os membros, especialmente entre os de culturas individualistas e os de culturas coletivistas, significam que viver perto uns dos outros é ainda mais importante, pois os aspectos de relacionamento da formação de equipes são especialmente importantes quando há diversidade cultural.

---

12 Hackman, "More Effective Work Groups", 496.

## FORNECER TREINAMENTO PARA OS MEMBROS DA EQUIPE

Outra maneira pela qual as organizações podem apoiar os líderes de equipe é oferecendo treinamento para os membros da equipe. Os membros das equipes que entrevistamos sentiram profundamente que suas equipes precisavam de treinamento em habilidades para o trabalho em equipe. Eles queriam especialmente treinamento em (1) como resolver conflitos, (2) como entender e apreciar as personalidades e culturas dos membros da equipe, (3) como se comunicar com clareza e (4) como reconhecer os dons uns dos outros. O ideal é que o treinamento focado nessas áreas seja oferecido logo no início da vida de uma equipe, para que se tenha uma boa base para apreciar e compreender uns aos outros e resolver conflitos.

Fornecer treinamento para as equipes em competência intercultural - a capacidade de responder e se relacionar de forma eficaz com colegas de equipe de uma ampla variedade de culturas - é especialmente importante, pois as diferenças culturais têm um impacto profundo na forma como as pessoas se comunicam e tomam decisões e prejudicam a eficácia da equipe se não forem compreendidas e valorizadas pelos membros da equipe. As pessoas que têm baixos níveis de competência intercultural acham difícil formar uma identidade de equipe com membros culturalmente diferentes, e a falta de empatia e compreensão intercultural pode causar disfunção na equipe. A implicação disso para as equipes multiculturais é que as diretrizes de recrutamento para membros de equipes multiculturais devem incluir a avaliação da competência intercultural, ou os membros da equipe devem ser intencional e especificamente treinados para isso.

Assim como os líderes de equipe precisam continuar a se desenvolver em qualidades de caráter cristão, os membros da equipe também precisam. Eles não podem ser relegados apenas ao processo de seleção e à orientação e treinamento pré-campo. No campo, os missionários precisam continuar a se desenvolver em direção à semelhança de Cristo. As organizações, em todos os níveis da agência, do campo e da equipe, precisam apoiar esse desenvolvimento promovendo a verdadeira comunidade, caracterizada pela submissão mútua e por andar na luz, e moldando um clima no qual as equipes possam ouvir Deus falando com elas por meio de atividades como a oração corporativa e o devocional da Bíblia (Gl 6:1; Ef 5:21; Cl 3:15,16; 1Jo 1:5-7).

A liderança organizacional deve fazer todo o possível para manter o pessoal da equipe, especialmente os líderes da equipe, o mais estável possível, pois as mudanças no pessoal - tanto a adição de novos membros quanto a saída dos membros existentes - significam efetivamente que a equipe entra novamente no estágio de formação e experimenta uma nova onda de choque cultural.[13] Os membros da equipe acham as mudanças na liderança da equipe especialmente chocantes e difíceis de se adaptar.[14]

As organizações precisam fazer todo o possível para manter os missionários no campo e para manter as equipes funcionando. A eficácia está fortemente relacionada ao tempo de permanência no campo e ao tempo de operação das equipes. O desenvolvimento de uma cultura organizacional que promova a espiritualidade, o treinamento em habilidades relacionais e ministeriais, o cuidado com os membros e as oportunidades de autoavaliação periódica ajudarão as pessoas a permanecerem nos campos e nas equipes.[15]

# COMO UM COACH DE EQUIPE PODE AJUDAR

Os membros da equipe que entrevistamos sentiram fortemente que precisavam de apoio contínuo na forma de coaching e mentoring. As áreas mais frequentemente mencionadas para a contribuição do instrutor foram (1) resolução de conflitos e mediação; (2) ajudar as equipes a elaborar princípios de como operar e, especialmente, como estabelecer linhas de responsabilidade; e (3) aconselhamento sobre como realizar a tarefa de plantar igrejas.

O técnico da equipe deve estar envolvido desde o primeiro momento da vida da equipe. Há duas coisas importantes que o técnico deve fazer:

## Estabeleça com a maior clareza possível qual será a tarefa geral da equipe

Conduza - ou ajude o líder da equipe a conduzir - a equipe por várias sessões de formação de equipe, de preferência durante vários dias. Preste atenção especial às primeiras reuniões e ações. Elas tendem a definir o tom, e as primeiras impressões são especialmente importantes.

---

13 Roembke, *Building Credible Multicultural Teams*, 176-77.
14 Hirst, "Missionary Teams" (Equipes Missionárias), 155
15 William Taylor, "Challenging the Mission Stakeholders: Conclusions and Implications; Further Research", em *Too Valuable to Lose: Exploring the Causes and Cures of Missionary Attrition*, ed. William Taylor (Pasadena: William Carey Library, 1997), 359.

Ajude a equipe a elaborar um pacto de equipe no primeiro mês de operação. Isso deve incluir:

- Uma declaração de visão clara
- Valores da equipe
- Principais objetivos, incluindo algumas tarefas e metas imediatas orientadas para o desempenho
- Algumas estratégias mutuamente acordadas
- Como a equipe resolverá os conflitos

Depois que a equipe estiver formada, o instrutor deve continuar a visitá-la regularmente, ficar atento aos sinais de tempestade e reunir-se com o líder da equipe, de preferência a cada uma ou duas semanas. De agora em diante, o foco do coach da equipe deve ser o apoio ao líder da equipe. Nas reuniões semanais, o coach da equipe deve ouvir o líder da equipe explicar como as coisas estão indo, responder às perguntas do líder, estimular mais aprendizado, dar palavras de incentivo e orar com o líder. A liderança de equipe é um trabalho árduo e os líderes de equipe apreciam muito esse tipo de apoio.

Uma vez iniciado o team storming, o coach da equipe deve continuar a visitá-la com frequência. Nesse estágio, o papel do coach da equipe é apoiar o líder da equipe, estar ciente dos relacionamentos na equipe, facilitar a compreensão intercultural e os processos de gerenciamento de conflitos e ajudar a equipe a refletir e aprender com os conflitos da equipe.

Quando o pior da tempestade tiver passado e o coach estiver confiante de que a equipe pode administrar seu próprio conflito, ele pode reduzir a frequência das visitas para, talvez, uma vez a cada dois ou três meses. À medida que a equipe passa para o estágio de desempenho, é hora de começar a treinar o líder e outros membros da equipe para serem coaches de novas equipes. Se a equipe aceitar novos membros, o coach deve novamente aumentar a frequência das visitas, pois a equipe precisa se formar novamente e pode ter sido embalada pelo sucesso recente no desempenho, esquecendo-se de quão difícil pode ser o processo de formação e de ruptura.

Pode ser muito difícil para os individualistas abrirem mão de sua independência. Também pode ser muito difícil para eles lidar com a maior orientação de grupo e as expectativas sociais dos membros coletivistas da equipe. Muitos adotarão por padrão uma abordagem de grupo de trabalho se não forem especificamente incentivados a desenvolver uma verdadeira abordagem de equipe para trabalhar em conjunto. Katzenbach e Smith enfatizam as dificuldades que os individualistas têm para se dedicar totalmente às equipes: "Devido a valores arraigados de individualismo e a uma relutância natural em confiar o próprio destino ao desempenho dos outros, a escolha da equipe exige um salto de fé."[16] À luz do desafio que é se tornar uma equipe de verdade, os treinadores de equipes precisarão incentivar os membros de equipes de culturas individualistas a assumir o risco de abrir mão do controle do trabalho e dos resultados individuais e se tornar parte do "nós" que é uma equipe. Os membros da equipe de culturas coletivistas podem, por outro lado, precisar de ajuda para entender o comportamento dos individualistas que podem, especialmente no início da vida de uma equipe, parecer-lhes distantes e desinteressados.

Os treinadores de equipes devem ler continuamente sobre equipes e seu desenvolvimento e coletar recursos que ajudarão as equipes a crescer. Eles devem ensinar aos outros o que aprenderam e construir bibliotecas de artigos, livros e recursos que possam emprestar ou dar às equipes. Dessa forma, eles fornecem um recurso valioso para a organização, não apenas sobre como as equipes da organização estão se saindo, mas sobre as melhores práticas para as equipes.

A função de um coach de equipe é intensa no início da vida da equipe, mas se os coaches fizerem bem o seu trabalho por meio da formação e do fortalecimento da equipe, haverá menos problemas no futuro e o coach poderá se concentrar em outras equipes. Os coaches de equipe ajudam os membros da equipe a avaliar, refletir, sintetizar e mudar de acordo com as diferentes dinâmicas culturais de qualquer equipe. Os instrutores devem entender as diferentes maneiras pelas quais as diferentes culturas resolvem conflitos e preservam a face. Eles também ajudam as equipes a refletir criticamente sobre sua prática e podem ajudar toda a organização a aprender com a experiência de suas equipes. Dessa forma, toda a organização e seus instrutores desenvolvem um conjunto de experiências que podem ser repassadas a novas equipes.

## Selecionar e fornecer treinamento para os líderes de equipe

Uma etapa vital que antecede o treinamento dos líderes de equipe é a seleção de estagiários adequados. Isso é particularmente importante em contextos de ministério cristão em que os recursos - humanos, financeiros

---

16 Katzenbach e Smith, *The Wisdom of Teams (A sabedoria das equipes)*, 92.

e outros recursos materiais - geralmente são escassos. Selecionar as pessoas certas e garantir que estejam equipadas para o trabalho pode evitar traumas emocionais e espirituais tanto para os líderes quanto para suas equipes. Como trabalhar em equipes multiculturais exige maturidade pessoal e o desenvolvimento do caráter é uma tarefa de longo prazo, é fundamental selecionar cuidadosamente as qualidades de caráter. As habilidades interpessoais podem ser aprimoradas por meio de treinamento e experiência, mas é importante que os líderes de equipe sejam selecionados com base no fato de já terem boas habilidades interpessoais. Também é importante que os líderes de equipes multiculturais já tenham alguma experiência intercultural. O ideal é que os possíveis líderes de equipe que não tenham tido experiência intercultural sejam colocados em um estágio de ministério transcultural em seu país de origem ou em outro contexto antes de se juntarem à equipe. Isso ajudará a selecionar os líderes em potencial quanto à inflexibilidade e evitará traumas para a equipe caso eles não consigam lidar com as demandas dos relacionamentos interculturais. Sempre que possível, é preferível escolher líderes que já tenham sido membros de equipes multiculturais.

Nem todos podem liderar uma equipe multicultural. Mesmo alguém que tenha liderado com sucesso uma equipe monocultural pode achar que liderar uma equipe multicultural é um desafio muito grande se não tiver um nível básico de competência intercultural. Infelizmente, pessoas que não têm conhecimento ou treinamento para trabalhar com pessoas de outras culturas ainda são, às vezes, indicadas para liderar equipes multiculturais. Diana Simkhovych afirma: "Uma das principais causas de fracasso ou de baixo desempenho em projetos internacionais ... é o desafio da cultura - falha em reconhecer a influência generalizada da cultura em todas as atividades e em selecionar e treinar o pessoal de acordo com isso."[17]

Os líderes de equipes multiculturais precisam estar familiarizados com outras culturas e devem ser especificamente selecionados e/ou treinados para a competência intercultural. O simples conhecimento sobre outras culturas não é suficiente, pois as interações interculturais afetam tanto o comportamento quanto as emoções, e os líderes de equipes multiculturais devem ter competência e autodisciplina para controlar e adaptar suas próprias reações.

---

17 Diana Simkhovych, "The Relationship between Intercultural Effectiveness and Perceived Project Team Performance in the Context of International Development", *International Journal of Intercultural Relations* 33 (2009): 383.

A competência intercultural não é desenvolvida em uma sala de aula. Ela é desenvolvida na vida real, com pessoas reais. É arriscado e exigente. Os trainees cometerão erros e se sentirão desconfortáveis e, às vezes, humilhados, mas, por meio desse processo, eles têm o potencial de desenvolver as habilidades e as qualidades de caráter necessárias para uma interação intercultural eficaz. Quando os programas de treinamento cultural se restringem a palestras ou transferência de informações, eles têm a tendência de fazer com que os trainees criem estereótipos de pessoas de outras culturas. Os programas de treinamento intercultural devem se concentrar em desenvolver nos trainees a curiosidade e a motivação para explorar, experimentar e perseverar em novas situações.[18]

Não há substituto para a experiência com outras culturas em primeira mão e por um longo período como parte fundamental do treinamento para a competência intercultural. Um entrevistado explicou que a compreensão de outras culturas "não pode ser aprendida de nenhuma outra forma a não ser vivenciando e sentindo esse tipo de coisa - sua alma e seu corpo, seu nariz e todos os lugares". Um dos motivos pelos quais a diferença cultural precisa ser vivenciada é a emoção que essa experiência evoca. Embora possamos saber intelectualmente sobre as emoções, vivenciá-las pode nos afetar poderosamente, e pode ser difícil aprender a reagir adequadamente quando nos sentimos tão fortes em relação a algo. As emoções também podem ser imprevisíveis, e a forma como um líder reage emocionalmente quando se depara com situações desafiadoras afeta de forma crítica os relacionamentos na equipe. É difícil desenvolver o autocontrole, especialmente o controle da expressão facial e de outras expressões não verbais, se você não tiver consciência do que precisa ser controlado até que seja tarde demais. O aprendizado sobre outras culturas precisa ser intencional e contínuo. Ele deve ir além das diferenças superficiais, como comida e saudações, e incluir o desenvolvimento da abertura para a enorme diversidade da experiência humana, bem como a compreensão dos possíveis problemas que podem surgir entre membros da equipe culturalmente diferentes.

Por outro lado, a simples exposição dos líderes de equipe em treinamento a outras culturas não necessariamente os levará a desenvolver competência intercultural. É possível viver perto de pessoas

---

18 Julia Brandl e Anne-Katrin Neyer, "Applying Cognitive Adjustment Theory to Cross-cultural Training for Global Virtual Teams", *Human Resource Management* 48 (2009): 341-53.

de outras culturas por muitos anos e nunca se envolver de fato com sua experiência ou visão de mundo. Essa falta de envolvimento profundo é evidente em muitos casos de tensão interétnica no mundo atual e é particularmente o caso de membros da cultura majoritária que têm pouco interesse ou compreensão dos grupos minoritários que vivem entre eles. O desenvolvimento da compreensão intercultural requer experiência no relacionamento próximo com pessoas de diferentes origens culturais. Essa experiência gera desconforto suficiente para fazer com que as pessoas ajustem suas estruturas de significado e mudem seu comportamento de maneira apropriada. Para aumentar o apreço por outras culturas e as habilidades interculturais, os líderes de equipe devem ter a intenção de aprender sobre outras culturas. Eles precisam estudar e fazer perguntas, observar pessoas que tenham bons níveis de competência intercultural, receber feedback sobre o desempenho e refletir sobre as experiências. A melhor maneira de fazer isso é viver em outra cultura e ter um mentor experiente.[19]

A mentoria de líderes de equipe é a principal maneira pela qual as organizações podem ajudá-los a desenvolver as qualidades de caráter de que precisam. Pesquisas demonstraram o impacto de poder observar bons modelos de comportamento.[20] Os mentores devem ser líderes de equipe multiculturais experientes que interagem regularmente com o líder. Eles sugerem ao líder coisas que ele deve fazer para crescer em sua liderança, ajudam o líder a refletir sobre como está se saindo e dão feedback e incentivo à luz de sua própria experiência. Em uma situação ideal, eles estão próximos o suficiente do líder da equipe para que o líder possa ver o mentor interagir com pessoas de outras culturas. O mentor também atua como um modelo para o líder em desenvolvimento.

O caráter e as habilidades necessárias para liderar com eficácia equipes multiculturais não são desenvolvidos em uma sala de aula, nem podem ser adquiridos por meio de palestras. Elas exigem experiência em se relacionar e liderar pessoas de outras culturas e reflexão orientada sobre essa experiência. O desenvolvimento dessas habilidades leva anos, não horas ou semanas. Isso significa que as organizações que estão comprometidas

---

19 Joyce Osland e Allan Bird, "Beyond Sophisticated Stereotyping: Cultural Sensemaking in Context / Executive Commentaries", *Academy of Management Executive* 14 (2000): 65–79.

20 Evan Offstein e Ronald Dufresne, "Building Strong Ethics and Promoting Positive Character Development: The Influence of HRM at the United States Military Academy at West Point", *Human Resource Management* 46 (2007): 95–114.

com o desenvolvimento de equipes multiculturais eficazes devem estar dispostas a fazer um investimento de longo prazo no desenvolvimento de seus líderes, fornecendo mentores.

Os líderes de equipe precisam de treinamento em áreas específicas. Os líderes de equipe que entrevistamos sentiram particularmente a necessidade de mais treinamento para definir e esclarecer expectativas, ajudar os membros da equipe a esclarecer suas funções e enfrentar problemas. Devido à complexidade da interação multicultural e ao fato de que cada equipe será única, de acordo com a mistura específica de personalidades e culturas nela representadas, é melhor que esse treinamento seja feito no local de trabalho para que possa ser adaptado para atender às necessidades específicas de cada líder.

Uma boa abordagem para fornecer treinamento é oferecer uma seleção de seminários periódicos que sejam facilmente acessíveis aos líderes, onde eles possam consultar e aprender com as experiências de outros líderes e combiná-las com o apoio contínuo de um coach de equipe. Os seminários oferecem exposição a questões importantes na liderança de equipes multiculturais e uma oportunidade de participar de uma comunidade de aprendizagem com outros líderes de equipe que estão lidando com questões semelhantes. Eles também oferecem oportunidades para os líderes organizacionais repensarem a visão dos líderes de equipes sobre equipes multiculturais e discutirem questões organizacionais que afetam as equipes. Nesses seminários, os líderes podem praticar habilidades em ambientes seguros, examinando estudos de caso, desenvolvendo boas respostas, praticando essas respostas em dramatizações e recebendo feedback de outros líderes e instrutores. As dramatizações são úteis porque as questões que surgem em equipes multiculturais costumam ser muito emotivas, e a dramatização permite que o líder vivencie a emoção, analise-a e compreenda-a, além de preparar e praticar respostas verbais e não verbais adequadas.

Um coach de equipe pode ajudar os líderes de equipe a trabalhar com os problemas específicos que estão enfrentando, fornecer recursos relevantes, dar treinamento específico em habilidades quando necessário e trabalhar com toda a equipe quando necessário. O treinamento just-in-time dos coaches, juntamente com os seminários, equilibra as necessidades mais previsíveis das equipes multiculturais com os problemas menos previsíveis que surgirão. Por exemplo, um seminário oferecido antes da formação de uma equipe pode alertar o líder sobre os problemas e desafios que provavelmente surgirão no início da vida da equipe. Isso pode ser acompanhado de conselhos e ajuda específicos dados por um coach de equipe no contexto da equipe. À medida que a equipe passa para a fase de tempestade, por exemplo, um seminário sobre gerenciamento de conflitos pode ser seguido de feedback e aconselhamento específicos de um coach de equipe direcionados aos conflitos específicos que a equipe enfrenta. Os coaches de equipe podem então ajudar os líderes a aplicar os princípios que aprenderam nos seminários às especificidades da equipe. Os adultos aprendem melhor quando a ajuda específica é fornecida exatamente quando eles sentem necessidade dela.[21] Isso significa que, quando surgem problemas nas equipes, a ajuda específica que aborda cada questão não só ajuda a resolver o problema, mas também fornece uma lição que será prontamente lembrada no futuro, quando surgirem problemas semelhantes.

O Multicultural Team Leader Inventory (Inventário do Líder de Equipe Multicultural) fornecido no Apêndice 3 pode ser usado para destacar as áreas que um líder de equipe multicultural precisa conhecer e trabalhar. Os líderes de equipe podem usá-lo como uma ferramenta de autoavaliação, mas terão uma visão melhor do que mais precisam trabalhar se pedirem aos membros da equipe que o preencham também. Pode ser usado para selecionar líderes de equipe e avaliar o desempenho deles. Quando for usado como parte do processo de seleção de um líder de equipe, é melhor pedir às pessoas que já trabalharam com o líder em potencial que o preencham e, idealmente, isso incluirá membros de equipes das quais o líder participou anteriormente e supervisores anteriores.

---

21 Evelyn Hibbert, "Designing Training for Adults", em *Integral Ministry Training: Design and Evaluation*, ed. Rob Brynjolfson e Jonathan Lewis (Pasadena: William Carey Library, 2006), 57.

# APÊNDICE 1

# PERGUNTAS PARA DISCUSSÃO SOBRE LIDERANÇA[1]

## STATUS E INFLUÊNCIA

Quem são as pessoas mais influentes em sua comunidade?

Quantas classificações diferentes de status são reconhecidas?

Como uma pessoa marca a transição de um nível de status para o próximo?

Há alguma luta por status?

Uma pessoa pode perder seu status? Uma pessoa pode subir de status? Como?

Que tipos de distinções de classe existem?

A classificação pode ser herdada? Por meio de qual linhagem?

Como alguém se torna um homem sábio?

Os idosos são considerados sábios? Os idosos têm autoridade?

A quem as pessoas recorrem para obter conselhos?

## LIDERANÇA

Como as pessoas se tornam líderes?

Há algum tipo de eleição ou escolha para a liderança?

Você precisa ter poder para se tornar uma pessoa de valor?

As mulheres podem se tornar líderes? Em que áreas?

---

[1] Extraído de Jacob A. Loewen, "Missionaries and Anthropologists Cooperate in Research", em *Readings in Missionary Anthropology II*, 2ª ed., ed., William A. Smalley (Pasadena: William Carey Library, 1978), 860–876.

A esposa de um líder tem mais autoridade do que uma mulher comum?

Qual é a divisão de trabalho entre líderes e seguidores?

O que é feito com os corpos dos líderes?

Como os líderes são desenvolvidos?

## TOMADA DE DECISÕES

Como a família toma decisões? Quem assume a liderança? Há discussão? Como a família resolve as brigas? Descreva algumas brigas que você viu ou sobre as quais lhe contaram.

O que é a unidade de tomada de decisão da comunidade? Qual é o processo?

Quanto cada membro pode participar da reunião? Em que base isso é determinado?

Existe alguma classificação no direito de falar?

## REUNIÕES E ENCONTROS

Por que as pessoas se reúnem?

Quem os reúne?

O que eles fazem quando se reúnem?

Quem inicia as reuniões?

Quem os lidera quando estão reunidos?

Como o grupo reunido é liderado?

Quanto cada membro pode participar da reunião? Em que base isso é determinado?

## IGREJA

Como a igreja é organizada?

Quanto poder os líderes da igreja têm sobre os outros cristãos?

Qual é a relação entre os líderes da igreja e os líderes políticos ou sociais?

Quanto poder os líderes da igreja têm na comunidade em geral?

Como os líderes cristãos são escolhidos e organizados?

# APÊNDICE 2

# IDENTIFICAÇÃO DE SUAS SUPOSIÇÕES E EXPECTATIVAS [1]

Uma expectativa é algo que estamos planejando, aguardando ansiosamente ou que consideramos provável de acontecer. Uma suposição é algo tido como certo. As expectativas são fatores estabilizadores e motivadores quando são comunicadas e compreendidas pelas partes apropriadas. Elas são perigosas e potencialmente mortais quando são presumidas. Expectativas irrealistas e suposições não baseadas em fatos são uma das principais fontes de estresse missionário e contribuem para uma série de problemas e mal-entendidos.

O exercício a seguir foi elaborado para ajudá-lo a identificar suas expectativas e quais delas são suposições potencialmente perigosas. Se você ainda não faz parte de uma equipe, pense na próxima equipe da qual espera fazer parte, discuta suas expectativas em duplas e, depois, reflita sobre a discussão com todo o grupo.

Tente identificar suas expectativas para o maior número possível de áreas abaixo. Escreva uma breve declaração sobre o que você espera e acha que provavelmente acontecerá.

Circule aqueles que podem ser suposições porque ainda não foram discutidos em equipe.

Discuta os itens circulados com sua equipe.

Quais são suas expectativas nas seguintes áreas?

## SUA VIDA PESSOAL

O que você espera em relação à sua situação de vida (casa e vizinhança)?
Como você a encontrará?

---

[1] Acreditamos que essas perguntas tenham sido extraídas de um Manual de Treinamento do Frontiers, mas estamos tendo dificuldades para localizar a fonte original. Se você souber de onde elas vieram, informe-nos.

Quais serão as exigências da vida diária?

Como você vai relaxar e o que vai fazer para se divertir? Quanto disso você fará com outros membros da equipe?

Quais você acha que serão as maiores fontes de estresse?

## APRENDIZADO DE IDIOMAS E CULTURA

Quantos idiomas você terá que aprender?

Qual é o nível de fluência que você precisa ter no(s) idioma(s)?

Como você fará para aprender?

Quanta estrutura ou orientação estará disponível e quão adequada ela será?

Quanto tempo você terá disponível diariamente ou semanalmente para o aprendizado do idioma?

Quanto tempo levará para atingir seu objetivo final de aprender o idioma?

Qual será a dificuldade para você pessoalmente?

Como seus colegas de equipe se sairão e como isso o afetará?

Você tem algum medo de coisas com as quais pode ter dificuldade de lidar na cultura?

Como você espera que os outros o ajudem com isso?

## A FORMA COMO A EQUIPE FUNCIONARÁ

Como sua equipe tomará decisões e sobre quais tipos de questões?

Com que frequência vocês se reunirão como uma equipe inteira? Com que objetivos?

Como o líder da equipe liderará (estilo de liderança)? Quanta autoridade ele ou ela terá?

O que o líder da sua equipe fará por você?

O que o líder da sua equipe espera de você?

O que os seus colegas de equipe esperam de você?

Que nível de amizades você desenvolverá em sua equipe e quanto tempo passarão juntos?

Qual é o grau e a natureza das tensões e conflitos interpessoais que você espera enfrentar?

Qual é sua capacidade de lidar e resolver problemas interpessoais?

Como sua equipe resolverá os conflitos?

Que função você desempenhará na equipe?

Como vocês apoiarão e incentivarão uns aos outros?

Como você espera que seja seu ambiente de trabalho? Como você prefere que ele seja organizado?

Como sua equipe lidará com as finanças? Vocês terão um fundo comum?

Como vocês se manterão responsáveis uns pelos outros?

Quanto tempo livre e de férias você terá? Com que frequência você voltará ao seu país de origem?

Que papel as esposas desempenharão na equipe?

## QUESTÕES SOBRE PLANTAÇÃO DE IGREJAS

Quando e por quem os conversos serão batizados?

Os grupos familiares serão abertos a descrentes?

Como os dons espirituais, incluindo línguas e profecia, serão usados nas reuniões da igreja?

Qual será a posição das mulheres na liderança?

Qual será a posição sobre o uso de dinheiro pelos membros da equipe?

Que tipo de governo de igreja (episcopal, presbiteriano, congregacional ou outro) você cultivará?

Qual é o modelo de igreja que você deseja alcançar?

## SEU MINISTÉRIO PESSOAL

Qual você espera que seja sua função e responsabilidade principal?

O que seus apoiadores e sua igreja local esperam de você?

O que o campo e seus apoiadores fornecerão?

O que você espera que o líder de campo, os líderes internacionais ou do país de origem e/ou o técnico da equipe ofereçam à sua equipe?

Como você negociará isso com eles?

Quais serão suas principais realizações pessoais e de equipe até o final dos primeiros três meses?

## REFLETIR E DISCUTIR

- Em que áreas as expectativas de todos os membros da equipe são semelhantes?
- Em quais áreas suas expectativas são diferentes?
- O que você fará com relação às áreas em que tem expectativas diferentes?

Coloque todos os valores ou formas de operar com os quais todos concordam como resultado dessa discussão em um rascunho de memorando de entendimento (pacto da equipe).

# APÊNDICE 3

# INVENTÁRIO DE LÍDER DE EQUIPE MULTICULTURAL

Esse inventário foi desenvolvido com base no perfil do bom líder de equipe multicultural. O perfil descreve o que o líder de uma equipe multicultural precisa saber, ser e fazer (pessoalmente e em termos de formação da comunidade da equipe); ele foi elaborado a partir das respostas de questionários e entrevistas de 51 membros, líderes e supervisores de equipes multiculturais representando 18 culturas que trabalhavam em equipes com pessoas de 75 culturas.

Instruções para usar este inventário:

Complete o inventário você mesmo.

Peça a cada membro que preencha o inventário de forma anônima e o devolva a você. Para cada item do inventário, some todos os números atribuídos pelos membros da equipe e, em seguida, divida o total pelo número de membros da equipe. Isso lhe dará a média da avaliação da sua equipe para cada item.

Compare a média da equipe com a sua própria avaliação de si mesmo. Em especial, procure por áreas em que haja grandes discrepâncias entre você e o que a equipe pensa.

Peça ao seu supervisor ou treinador de equipe para preencher o inventário como uma avaliação sua.

Use os resultados para refletir sobre as áreas que você precisa trabalhar especialmente para desenvolver. Prepare um plano para desenvolver intencionalmente essas áreas. Se não tiver certeza de como melhorar em determinadas áreas, discuta as opções com o seu supervisor ou treinador da equipe.

## Inventário de Líder de Equipe Multicultural

Circule o número que melhor indica o desempenho do seu líder.

| | Precisa de trabalho | | Certo | | Excelente |
|---|---|---|---|---|---|
| **O líder da equipe tem:** | | | | | |
| Uma convicção profunda do valor das equipes multiculturais | 1 | 2 | 3 | 4 | 5 |
| **Com relação a outras culturas, o líder da equipe tem:** | | | | | |
| Um amplo conhecimento de outras culturas | 1 | 2 | 3 | 4 | 5 |
| Conhecimento específico das culturas representadas na equipe | 1 | 2 | 3 | 4 | 5 |
| Uma atitude positiva em relação a diferentes culturas | 1 | 2 | 3 | 4 | 5 |
| **Com relação às qualidades pessoais, o líder da equipe é:** | | | | | |
| Humilde | 1 | 2 | 3 | 4 | 5 |
| Paciente | 1 | 2 | 3 | 4 | 5 |
| Pronto para ouvir e acessível | 1 | 2 | 3 | 4 | 5 |
| Sempre aprendendo | 1 | 2 | 3 | 4 | 5 |
| Pronto para experimentar novas maneiras de fazer as coisas | 1 | 2 | 3 | 4 | 5 |
| Respeitar os outros, independentemente do histórico | 1 | 2 | 3 | 4 | 5 |
| Inclusivo | 1 | 2 | 3 | 4 | 5 |
| Comprometido em trabalhar com conflitos para chegar a uma solução | 1 | 2 | 3 | 4 | 5 |
| Autoconsciência | 1 | 2 | 3 | 4 | 5 |
| **Com relação às habilidades, o líder da equipe:** | | | | | |
| Esclarece e comunica a visão comum | 1 | 2 | 3 | 4 | 5 |
| Comunica-se e ajuda a equipe a se comunicar bem | 1 | 2 | 3 | 4 | 5 |
| Valoriza e demonstra respeito por cada membro da equipe | 1 | 2 | 3 | 4 | 5 |
| Ajusta sua abordagem de acordo com as culturas dos membros da equipe | 1 | 2 | 3 | 4 | 5 |
| Ajuda a equipe a entender e equilibrar as personalidades e funções da equipe | 1 | 2 | 3 | 4 | 5 |
| Capacita os membros da equipe | 1 | 2 | 3 | 4 | 5 |
| Resolve problemas | 1 | 2 | 3 | 4 | 5 |
| Perdoa os erros | 1 | 2 | 3 | 4 | 5 |
| Gerencia conflitos interculturais na equipe | 1 | 2 | 3 | 4 | 5 |
| Redes com a organização e outras pessoas fora da equipe | 1 | 2 | 3 | 4 | 5 |

© Evelyn e Richard Hibbert 2013. Esse perfil pode ser copiado livremente e usado para fins ministeriais ou sem fins lucrativos, desde que a autoria do Multicultural Team Leader Inventory de Evelyn e Richard seja reconhecida.

# BIBLIOGRAFIA

Abdalla, Ikhlas, and Moudi Al-Homoud. "Exploring the Implicit Leadership Theory in the Arabian Gulf States." *Applied Psychology: An International Review* 50 (2001): 506–31.

Augsburger, David. *Caring Enough to Confront*. Glendale, CA: Regal Books, 1973.

Augsburger, David. Augsburger, David. *Conflict Mediation across Cultures: Pathways and Patterns*. Louisville: Westminster / John Knox, 1992.

Barth, Fredrik, ed. *Ethnic Groups and Boundaries: The Social Organization of Culture Difference*. Long Grove, IL: Waveland, 1969.

Basso, Keith. "Stalking with Stories: Names, Places, and Moral Narratives among the Western Apache." In *Text, Play, and Story: The Construction and Reconstruction of Self and Society*, edited by Stuart Plattner and Edward Bruner, 37–70. Washington, DC: American Ethnological Society, 1984).

Bates, Gerald. "Missions and Cross-cultural Conflict." *Missiology: An International Review* 5 (1980): 93–98.

Belbin, Meredith. *Management Teams: Why They Succeed or Fail*. Oxford: Butterworth-Heinemann, 2010.

Belbin, Meredith. *Team Roles at Work*. Oxford: Butterworth-Heinemann, 2010.

Bennett, Janet. "Transformative Training: Designing Programs for Culture Learning." In *Contemporary Leadership and Intercultural Competence: Exploring the Cross-cultural Dynamics within Organizations*, edited by Michael Moodian, 95–110. Los Angeles: SAGE, 2009.

Bhabha, Homi. "The Third Space: Interview with Homi Bhabha." In *Identity: Community, Culture, Difference*, edited by Jonathan Rutherford, 207–31. London: Routledge, 1990.

Bond, Charles, Adnan Omar, Adnar Mahmoud, and Richard Bonser. "Lie Detection across Cultures." *Journal of Nonverbal Behavior* 14, no. 3 (1990): 189–204.

Brandl, Julia, and Anne-Katrin Neyer. "Applying Cognitive Adjustment Theory to Cross-cultural Training for Global Virtual Teams." *Human Resource Management* 48 (2009): 341–53.

Cacioppe, Ron. "An Integrated Model and Approach for the Design of Effective Leadership Development Programs." *Leadership and Organization Development Journal* 19 (1998): 44–53.

Campion, Michael, Ellen Papper, and Catherine Higgs. "Relations between Work Team Characteristics and Effectiveness: Implications for Designing Effective Work Groups." *Personnel Psychology* 46 (1993): 823–50.

Canen, Alberto, and Ana Canen. "Multicultural Leadership: The Costs of Its Absence in Organizational Conflict Management." *International Journal of Conflict Management* 19 (2008): 4–19.

Chan, Frank. "Biblical Materials for a Theology of Cultural Diversity: A Proposal." In *Understanding Diversity: Theological Views on Diversity*, 140–41. Dubuque, IA: Kendall Hunt, 2005.

Chen, Stephen, Ronald Geluykens, and Chong Ju Choi. "The Importance of Language in Global Teams: A Linguistic Perspective." *Management International Review* 46 (2006): 679–96.

Cortes, Carlos, and Louise Wilkinson. "Developing and Implementing a Multicultural Vision." In *Contemporary Leadership and Intercultural Competence: Exploring the Cross-cultural Dynamics within Organizations*, edited by Michael Moodian, 17–31. Los Angeles: SAGE, 2009.

Corwin, Gary. "Leadership as Pain-bearing." *Evangelical Missions Quarterly* 34 (1998): 16–17.

Covey, Stephen. *The 7 Habits of Highly Effective People*. New York: Free Press, 1989.

Cox, Taylor. *Creating the Multicultural Organization: A Strategy for Capturing the Power of Diversity*. San Francisco: Jossey-Bass, 2001.

Dierck, Lorraine. "Teams That Work: Leadership, Power, and Decision-making in Multicultural Teams in Thailand." DMiss diss., Biola University, 2007.

Dodd, Carley. *Dynamics of Intercultural Communication*. 5th ed. Boston: Abilene Christian University, 1998.

Dorfman, Peter, Paul Hanges, and Felix Brodbeck. "Leadership and Cultural Variation: The Identification of Culturally Endorsed Leadership Profiles." In *Culture, Leadership, and Organizations: The GLOBE Study of 62 Societies*, edited by Robert House, Paul Hanges, Mansour Javidan, Peter Dorfman, and Vipin Gupta, 669–719. Thousand Oaks, CA: SAGE, 2004.

Douglas, Mary. *Purity and Danger*. London: Routledge, 1966.

Earley, Christopher, and Elaine Mosakowski. "Creating Hybrid Team Cultures: An Empirical Test of Transnational Team Functioning." *Academy of Management Journal* 43 (2000): 26–49.

Elmer, Duane. *Cross-cultural Conflict: Building Relationships for Effective Ministry*. Downers Grove, IL: InterVarsity Press, 1993.

Elmer, Duane. *Cross-cultural Connections: Stepping Out and Fitting In around the World*. Downers Grove, IL: InterVarsity Press, 2002.

Elmer, Duane. *Cross-cultural Servanthood: Serving the World in Christlike Humility*. Downers Grove, IL: IVP Books, 2006.

Farhadian, Charles. "Comparing Conversions among the Dani of Irian Jaya." In *The Anthropology of Religious Conversion*, edited by Andrew Buckser and Stephen Glazier, 55–68. Oxford: Rowman & Littlefield, 2003.

Flanders, Christopher. *About Face: Rethinking Face for 21st Century Mission*. Eugene, OR: Pickwick, 2011.

Foyle, Marjory. *Honourably Wounded: Stress among Christian Workers*. London: Monarch Books, 2001.

Gibson, Cristina, and Mary Zellmer-Bruhn. "Metaphors and Meaning: An Intercultural Analysis of the Concept of Teamwork." *Administrative Science Quarterly* 46, no. 2 (2001): 274–303.

Goetz, David, and Marshall Shelley. "Standing in the Crossfire: Interview with Bill Hybels." *Leadership: A Practical Journal for Church Leaders* (Winter 1993): 14–25.

Greenlee, David. *One Cross, One Way, Many Journeys: Thinking Again about Conversion*. Tyrone, GA: Authentic, 2007.

Gudykunst, William. "Applying Anxiety/Uncertainty Management (AUM) Theory to Intercultural Adjustment Training." *International Journal of Intercultural Relations* 22, no. 2 (1998): 227–50.

Gudykunst, William. *Bridging Differences: Effective Intergroup Communication*. London: SAGE, 2004.

Hackman, Richard. "Creating More Effective Work Groups in Organizations." In *Groups That Work (and Those That Don't): Creating Conditions for Effective Teamwork*, edited by Richard Hackman, 479–504. San Francisco: Jossey-Bass, 1989.

Hackman, Richard. "Work Teams in Organizations: An Orienting Framework." In *Groups That Work (and Those That Don't): Creating Conditions for Effective Teamwork*, edited by Richard Hackman, 9–11. San Francisco: Jossey-Bass, 1990.

Hall, Edward. *Beyond Culture*. New York: Anchor, 1976.

Halverson, Claire. "Group Process and Meetings." In *Effective Multicultural Teams: Theory and Practice*, edited by Claire Halverson and Aqeel Tirmizi, 111–33. Dordrecht, The Netherlands: Springer, 2008.

Halverson, Claire. "The Intercultural Conflict Style Inventory: A Conceptual Framework and Measure of Intercultural Conflict Resolution Approaches." *International Journal of Intercultural Relations* 29 (2005): 675–95.

Hammer, Mitchell. "Solving Problems and Resolving Conflict Using the Intercultural Conflict Style Model and Inventory." In *Contemporary*

*Leadership and Intercultural Competence: Exploring the Cross-cultural Dynamics within Organizations*, edited by Michael Moodian, 219–32. Los Angeles: SAGE, 2009.

Harder, Kenneth. "Introduction to Part 3: Team Development." In *Missionary Care: Counting the Cost for World Evangelization*, edited by Kelly O'Donnell, 163–65. Pasadena: William Carey Library, 1992.

Harris, Philip, and Kevin Harris. "Managing Effectively through Teams." *Team Performance Management* 2, no. 3 (1996): 23–36.

Hibbert, Evelyn. "Designing Training for Adults." In *Integral Ministry Training: Design and Evaluation*, edited by Rob Brynjolfson and Jonathan Lewis, 51–64. Pasadena: William Carey Library, 2006.

Hibbert, Evelyn. "Identifying Essential Characteristics and Competencies of Good Multicultural Team Leaders: A Pilot Study." EdD diss., University of New England, 2010.

Hibbert, Richard. "Enhancing WEC Church Planting Teams: A Study of the Factors Influencing Their Effectiveness." DMin diss., Columbia International University, 2002.

Hibbert, Richard, and Evelyn Hibbert. "Contextualizing Sin for Cross-cultural Evangelism." Unpublished manuscript, 2012.

Hiebert, Paul. *Anthropological Reflections on Missiological Issues*. Grand Rapids: Baker Books, 1994.

Hiebert, Paul. *The Gospel in Human Contexts: Anthropological Explorations for Contemporary Missions*. Grand Rapids: Baker Academic, 2009.

Hiebert, Paul. *Transforming Worldviews: An Anthropological Understanding of How People Change*. Grand Rapids: Baker Academic, 2008.

Hiebert, Paul. "Western Images of Others and Otherness." In *This Side of Heaven: Race, Ethnicity, and Christian Faith*, edited by Robert Priest and Alvaro Nieves, 97–110. Oxford: Oxford University Press, 2007.

Hirst, Lester. "Urban Church Planting Missionary Teams: A Study of Member Characteristics and Experiences Related to Teamwork." PhD diss., Trinity Evangelical Divinity School, 1994.

Hofstede, Geert. Foreword to *Leadership in a Diverse and Multicultural Environment: Developing Awareness, Knowledge, and Skills*, edited by Mary L. Connerley and Paul Pedersen, ix. Thousand Oaks, CA: SAGE, 2005.

Hofstede, Geert, Gert Jan Hofstede, and Michael Minkov. *Cultures and Organizations: Software of the Mind*. New York: McGraw-Hill, 2010.

House, Robert, Paul Hanges, Mansour Javidan, Peter Dorfman, and Vipin Gupta. *Culture, Leadership, and Organizations: The Globe Study of 62 Societies*. Thousand Oaks, CA: SAGE, 2004.

Hughes, Dewi. *Ethnic Identity from the Margins: A Christian Perspective.* Pasadena: William Carey Library, 2011.

Jarvenpaa, Sirkka L., and Dorothy E. Leidner. "Communication and Trust in Global Virtual Teams." *Journal of Computer-mediated Communication* 3, no. 4 (1998): 0.

Jehn, Karen A., Gregory Northcraft, and Margaret Neale. "Why Differences Make a Difference: A Field Study of Diversity, Conflict, and Performance in Workgroups." *Administrative Science Quarterly* 44, no. 4 (1999): 741–63.

Johnson, David, and Jeff VanVonderen. *The Subtle Power of Spiritual Abuse: Recognizing and Escaping Spiritual Manipulation and False Spiritual Authority within the Church.* Minneapolis: Bethany House, 1991.

Jones, Gordon, and Rosemary Jones. *Teamwork: How to Build Relationships.* Bletchley, UK: Scripture Union, 2003.

Katzenbach, Jon. *Teams at the Top: Unleashing the Potential of Both Teams and Individual Leaders.* Boston: Harvard Business School Press, 1998.

Katzenbach, Jon, and Douglas Smith. *The Wisdom of Teams: Creating the High-performance Organization.* New York: HarperCollins, 1999.

Keirsey, David. *Please Understand Me II: Temperament, Character, Intelligence.* Del Mar, CA: Prometheus Nemesis, 1998.

Kim, Dongsoo. "The Healing of Han in Korean Pentecostalism," *Journal of Pentecostal Theology* 15 (1999): 125–26.

Kroeger, Otto, Janet Thuesen, and Hile Rutledge. *Type Talk at Work: How the 16 Personality Types Determine Your Success at Work.* New York: Dell, 2002.

Kummerow, Jean, Nancy Barger, and Linda Kirby. *Work Types.* New York: Warner Books, 1997.

Lanier, Sarah. *Foreign to Familiar: A Guide to Understanding Hot- and Cold-climate Cultures.* Hagerstown, MD: McDougal, 2000.

Larson, Carl, and Frank LaFasto. *Teamwork: What Must Go Right / What Can Go Wrong.* Thousand Oaks, CA: SAGE, 2001.

Loewen, Jacob A. *Culture and Human Values: Christian Intervention in Anthropological Perspective.* Pasadena: William Carey Library, 1975.

Loewen, William. "Participation and Decision-making in a Changing Workforce." In *Cultural Diversity and Employee Ownership,* edited by Margaret Showers, Cathy Ivancic, William Loewen, Anthony Mathews, and Pamela Stout, 59–74. Oakland: National Center for Employee Ownership, 2002.

Matsumoto, David. *Culture and Psychology: People around the World.* London: Wadsworth, 2000.

Maznevski, Martha, and Mark Peterson. "Societal Values, Social Interpretation, and Multinational Teams." In *Cross-cultural Work Groups*, edited by Cherlyn Granrose and Stuart Oskamp, 61–89. London: SAGE, 1997.

Mellahi, Kamel. "The Teaching of Leadership on UK MBA Programmes: A Critical Analysis from an International Perspective." *Journal of Management Development* 19 (2000): 297–308.

Mezirow, Jack. "How Critical Reflection Triggers Transformative Learning." In *Fostering Critical Reflection in Adulthood*, edited by Jack Mezirow, 1–20. San Francisco: Jossey-Bass, 1991.

Myers, Isabel. *Gifts Differing: Understanding Personality Type*. Mountain View, CA: Davies-Black, 1995.

Myers, Isabel, Mary H. McCaulley, Naomi L. Quenk, and Allen L. Hammer. *MBTI Manual*, 3rd ed. Mountain View, CA: Consulting Psychologists Press, 1998.

Nkomo, Stella. "The Emperor Has No Clothes: Rewriting 'Race in Organizations.'" *Academy of Management Review* 17 (1992): 487–513.

Nykodym, Nick, Sonny Ariss, Jack Simonetti, and Jean Plotner. "Empowerment for the Year 2000 and Beyond." *Empowerment in Organizations* 3, no. 4 (1995): 36–42.

O'Dea, Thomas. "Five Dilemmas in the Institutionalization of Religion." *Journal for the Scientific Study of Religion* 1 (1961): 30–39.

Offstein, Evan, and Ronald Dufresne. "Building Strong Ethics and Promoting Positive Character Development: The Influence of HRM at the United States Military Academy at West Point." *Human Resource Management* 46 (2007): 95–114.

Osland, Joyce, and Allan Bird. "Beyond Sophisticated Stereotyping: Cultural Sensemaking in Context / Executive Commentaries." *Academy of Management Executive* 14 (2000): 65–79.

Palmer, Donald. *Managing Conflict Creatively: A Guide for Missionaries and Christian Workers*. Pasadena: William Carey Library, 1990.

Pasa, Selda, Hayat Kabasakal, and Muzaffer Bodur. "Society, Organisations, and Leadership in Turkey." *Applied Psychology: An International Review* 50 (2001): 559–89.

Peck, Scott. *The Different Drum*. London: Arrow Books, 1987.

Priest, Kersten, and Robert Priest. "Divergent Worship Practices." In *This Side of Heaven: Race, Ethnicity, and Christian Faith*, edited by Robert Priest and Alvaro Nieves, 275–91. Oxford: Oxford University Press, 2007.

Pruitt, Dean, and Sung Hee Kim. *Social Conflict: Escalation, Stalemate, and Settlement*. Boston: McGraw-Hill, 2004.

Rahim, Afzalur. "A Measure of Styles of Handling Interpersonal Conflict." *Academy of Management Journal* 26 (1983): 368–76.

Roembke, Lianne. *Building Credible Multicultural Teams*. Pasadena: William Carey Library, 2000.

Rosenberg, Noah, Jonathan Pritchard, James Weber, Howard Cann, Kenneth Kidd, Lev Zhivotovsky, and Marcus Feldman. "Genetic Structure of Human Populations." *Science* 298 (2002): 2381–85.

Said, Edward. *Orientalism*. London: Penguin, 1995.

Schein, Edgar. *Organizational Culture and Leadership*. 4th ed. San Francisco: Jossey-Bass, 2010.

Schneider, Susan, and Jean-Louis Barsoux. *Managing across Cultures*. Harlow, UK: Prentice-Hall, 2002.

Schön, Donald. *The Reflective Practitioner: How Professionals Think in Action*. Aldershot, England: Arena, 1995.

Senge, Peter. *The Fifth Discipline: The Art and Practice of the Learning Organization*. New York: Doubleday, 1990.

Shapiro, Debra, Blair Sheppard, and Lisa Cheraskin. "Business on a Handshake." *Negotiation Journal* 8, no. 4 (1992): 365–77.

Simkhovych, Diana. "The Relationship between Intercultural Effectiveness and Perceived Project Team Performance in the Context of International Development." *International Journal of Intercultural Relations* 33 (2009): 383–90.

Sinclair, Amanda. *Leadership for the Disillusioned: Moving Beyond Myths and Heroes to Leading That Liberates*. Crows Nest, Australia: Allen & Unwin, 2007.

Solansky, Stephanie. "Leadership Style and Team Processes in Self-managed Teams." *Journal of Leadership and Organizational Studies* 14 (2008): 332–41.

Span, John. "God Saves … Go in Peace: Wholeness Affirmed or Promotion Piece?" *St. Francis Magazine* 6 (2010): 218–36.

Taylor, William. "Challenging the Mission Stakeholders: Conclusions and Implications; Further Research." In *Too Valuable to Lose: Exploring the Causes and Cures of Missionary Attrition*, edited by William Taylor, 341–60. Pasadena: William Carey Library, 1997.

Thomas, David. "The Truth about Mentoring Minorities: Race Matters." *Harvard Business Review* 79 (2001): 98–107.

Thomas, Kenneth. "Conflict and Conflict Management." In *Handbook of Industrial and Organizational Psychology*, edited by Marvin Dunette, 889–935. Chicago: Rand-McNally, 1976.

Tillett, Gregory, and Brendan French. *Resolving Conflict*. Melbourne: Oxford University Press, 2010.

Ting-Toomey, Stella. "The Matrix of Face: An Updated Face-negotiation Theory." In *Theorizing about Intercultural Communication*, edited by William Gudykunst, 71–92. Thousand Oaks, CA: SAGE, 2005.

Triandis, Harry. *Individualism and Collectivism: New Directions in Social Psychology*. Boulder, CO: Westview, 1995.

Tuckman, Bruce. "Developmental Sequence in Small Groups." *Psychological Bulletin* 63 (1965): 384–99.

Turkle, Sherry. *Alone Together: Why We Expect More from Technology and Less from Each Other*. New York: Basic Books, 2011.

Turner, Victor, and Edith Turner. *Image and Pilgrimage in Christian Culture: Anthropological Perspectives*. New York: Columbia University Press, 1996.

Ungerleider, John. "Conflict." In *Effective Multicultural Teams: Theory and Practice*, edited by Claire Halverson and Aqeel Tirmizi, 211–38. Dordrecht, The Netherlands: Springer, 2008.

Van Gennep, Arnold. *The Rites of Passage*. London: Routledge & Kegan Paul, 1960.

Volf, Miroslav. *Exclusion and Embrace: A Theological Exploration of Identity, Otherness, and Reconciliation*. Nashville: Abingdon, 1996.

Walls, Andrew. *The Missionary Movement in Christian History: Studies in the Transmission of Faith*. Maryknoll, NY: Orbis, 1996.

Wu, Jenai, and David Laws. "Trust and Other-anxiety in Negotiations: Dynamics across Boundaries of Self and Culture." *Negotiation Journal* 19, no. 4 (2003): 329–67.

Yip, Jeffrey. "Leading through Paradox." In *Leading across Differences: Cases and Perspectives*, edited by Kelly Hannum, Belinda McFeeters, and Lize Booysen, 171–79. San Francisco: Pfeiffer, 2010.

www.ingramcontent.com/pod-product-compliance
Lightning Source LLC
Chambersburg PA
CBHW052136070526
44585CB00017B/1854